인생이
묻고
붓다가
답하다

인생이 묻고 붓다가 답하다

불교로 세상을 철학하다

이필원 지음

마음의숲

1장 불교로 사람을 말하다

2장 불교로 인생을 말하다

3장 불교로 마음을 말하다

4장 불교로 세상을 말하다

5장 불교로 철학을 말하다

비유를 통해 세상을 만나다

어린아이가 묻는다. "죽음이 뭐예요?" 이런 질문에 부딪히면 설명하기가 쉽지 않다. 물론 훌륭하게 대답하는 사람도 있겠지만 대부분 적잖이 망설이게 된다. 이럴 때, 어린아이에게 죽음을 직접적으로 설명하는 것보다는 비유를 들어 설명하는 것이 훨씬 효과적이다. 적절한 비유는 그 어떤 사실적 묘사보다도 더 훌륭하게 어떤 사태를 설명하기도 한다.

예를 들어 '윗물이 맑아야 아랫물이 맑다'라는 이야기는 권력자들이나 사회 지도층이 부패하면 국민들도 법을 가벼이 여겨 부정에 익숙해지게 된다는 것을 비유한다. 결국 사회 지도층이 부정부패를 저지르지 않고, 어떤 특권도 행사하지 않을 때 국민 또한 편법을 사용하지 않아 사회가 전체적으로 투명해진다는 의미일 것이다. 이렇듯 긴 의미를 한 줄로 간명하게 표현하면, 백 마디 말보다 훨씬 쉽게 이해할 수 있다.

경전에서는 부처님의 가르침을 '매우 심오하여 이해하기 어렵다' 라고 표현하기도 한다. 그래서인지 부처님은 다양한 비유를 즐겨 사용하셨다. 즉 부처님은 당신의 가르침을 대중들에게 쉽게 이해시키기 위해 비유를 사용하셨던 것이다. 어느 불교 학자는 "부처님은 지혜의 내용을 추상적인 교설보다도 오히려 비유의 형식을 통해 깊은 의미를 표현하는 경우가 많았다"라고 말하고 있다.

비유는 언어의 마술과도 같다. 설명도, 이해도 어려운 난해한 이야기를 명철하게 표현할 수 있기 때문이다. 하지만 이는 언어와 사물에 대한 깊은 통찰력을 필요로 한다. 부처님의 비유가 우리들을 깨닫게 하는 것은 부처님은 그 누구보다도 언어와 사물에 대한 깊은 혜안을 가졌기 때문일 것이다.

우리가 쓰는 '안다'라는 표현은 익숙하다는 측면에서의 앎과 이해한다는 측면에서의 앎이 있다. 비유에는 우리가 익숙하게 알고 있는 것을 통해 이해의 지평을 넓혀주는 탁월한 기능이 있다. 예를 들어 독화살의 비유, 갈대의 비유, 거문고의 비유나 손가락과 달의 비유 등에서 사용되는 소재는 모두 우리들이 일상에서 접할 수 있는 것들이다. 이렇듯 익숙한 소재를 통한 비유는 작게는 우리 자신의 일상을 되돌아보게 하고, 크게는 어떤 깨침을 얻게 하는데 용이하다. 즉 이해의 지평을 크게 확대시키는 것이 쉽다는 말이다.

이러한 비유적 표현들이 경전 곳곳에 가득 차있다. 그리고 그 이야기들은 현대사회의 다양한 문제들에 대한 시사점을 던져주기도 한다. 일례로 갈대의 비유는 연기법을 설명하는 것이기도 하지만, 나만 잘살면 된다고 생각하는 이기주의적 관점을 비판하는 비유로도 훌륭하다.

아무리 권력이 높은 사람일지라도 '천을 재단하여 재봉'하는 사람이 없으면 옷을 입을 수가 없다. 그처럼 사람은 누구나 다른 사람에 의지하고, 동시에 의지처가 되어 살아갈 수밖에 없는 사회적 존재임을 설명하는데 갈대의 비유만큼 적절한 비유도 없을 것이다.

하지만 경전 속 비유가 아무리 좋다 해도 우리의 삶 속에서 재해석되지 않으면 안 된다. 즉 그 비유를 통해 우리는 우리의 삶을 평가하고, 앞으로 나아갈 비전을 발견할 수 있어야 한다. 그럴 때 경전은 기록이 아닌 생생한 부처님의 가르침으로 다가올 수 있을 것이다. 이 책은 초기경전을 시작으로 대승에 이르기까지 여러 비유가 나오게 된 배경과 의미를 중심으로 그 속에 담긴 메시지를 오늘의 시점에서 재해석한 것이다.

인 생 이 묻 고 붓 다 가 답 하 다

1장

불교로
사람을
말하다

진정한
승리자란?

고대 그리스의 철학자 소크라테스는 '너 자신을 알라'라는 유명한 말을 남겼다. 우리는 '나를 잘 안다'라고 생각하며 살고 있지만 과연 나는 '나'를 얼마나 알고 있을까.

정확히 표현하자면, 우리가 '자신을 안다'고 생각하는 것은 착각이다. 내가 나를 잘 안다고 착각하는 것은 육체의 변화를 가장 먼저 파악할 수 있고, 또 정서적 변화에 민감하게 반응할 수 있기 때문이다. 가령 배가 고프면 다른 사람에게는 배고프다는 말을 해야 알릴수 있지만, 나는 나의 상태를 통해서 배가 고픈 것을 '바로' 알 수 있다. 그러니 나는 이 세상에서 누구보다 나를 잘 알고 있다고 생각하는 것이다. 하지만 이것은 커다란 착각이다.

부처님이 말씀을 통해 우리에게 전하신 내용은 다름 아닌 '자신을 바로 알라'는 것이다. 일례로 부처님의 다음과 같은 말씀이 있다. "전생의 자신을 알고 싶은가? 그러면 현재의 자신을 잘 살펴보아라. 내생의 자신을 알고 싶은가? 그러면 현재의 자신을 잘 살펴보아라." 사람들은 지금의 자신을 살피지도 않으면서 전생과 내생에만 관심을 갖는다. 하지만 전생이란 지금의 나를 있게 한 원인이요, 내생이란 지금의 내가 만들게 될 결과인 것이다.

그러니 지금의 나를 잘 관찰하면 전생도 알 수 있고, 내생도 알수 있게 된다는 말씀이다. 이는 달리 표현하면 전생은 과거이니 어쩔 수 없지만, 내생은 내가 원하는 대로 만들어갈 수 있음을 의미한다. 이러한 맥락에서 이해할 수 있는 적절한 비유가 『담마빠다』에 나온다.

"전쟁에서 백만의 대군을 이기는 것보다, 단 하나의 자신을 이기는 자, 그가 전쟁에서 최고의 승리자이다."

_『담마빠다*Dhammapada*』「천의 품*Sahassavagga*」 중에서

우리는 새해가 되면 어김없이 한 해의 계획을 세우지만, 그 계획을 제대로 실행하는 사람은 얼마나 될까. 오죽하면 '작심삼일'이란 말이 있을까. 우스갯소리로, 작심삼일을 100번하면 1년이 된다는 말도 한다. 우리는 이 사회를 치열한 경쟁사회라고 말하며 다른 사람과 경쟁한다고 생각한다. 하지만 잘 생각해 보자. 과연 그럴까? 물론 다른 사람과 경쟁하는 경우도 있다. 하지만 그 보다 더 많은 경우 우리는 자신과 싸우고 있다. 그리고 그것을 다른 사람과 싸우

고 있다고 착각한다.

일상을 되돌아보면 더욱 그렇다. 담배를 끊는다, 하루 1시간씩 운동을 한다 등은 모두 자신과의 약속이자 싸움이다. 그런데 이러한 자신과의 약속을 대부분의 사람들은 사소하게 생각한다. '못 지킬 수도 있지, 뭐!' '다음부터 하지, 뭐!'라고 하면서. 하지만 이러한 것이 반복되다 보면, 우리는 자신도 모르는 사이에 사소한 패배에 익숙해지게 된다.

부처님께서 수행자 시절 "패배해서 사느니, 차라리 싸우다 죽겠다"라고 말씀하신 적이 있다. 이는 자신을 핍박하는 악마나 사람들과의 싸움을 말하는 것이 아니다. 바로 자신과의 싸움에 모든 것을 걸고 있다는 것을 표현한 것이다.

우리가 승리자가 되는 것은 다른 사람을 이겨서 되는 것이 아니다. 바로 자신을 이겼을 때 승리자가 되는 것이다. 자신을 이기는 자는 외부환경에 흔들리지 않으며, 그 어떤 유혹과 힘에도 굴복당하지 않는다. 그럴 때 진정 자신의 주인으로서 당당하게 살 수 있게 되는 것이다.

부처님께서 무상정등각자가 되신 것은 자신과의 싸움에서 완벽하게 승리하셨기 때문이다. 그래서 부처님께서는 '자신을 이기는 자가 최고의 승리자'라고 말씀하셨다.

화장용 장작을
무엇에 쓸까?

　세상 사람들 가운데 현재 자신의 일에 만족하는 사람이 얼마나 될까? '내가 이 일을 하지 않고, 다른 일을 했으면 어떻게 됐을까?'하고 생각하는 사람은 없을까? 아마 적지는 않을 것이다.

　하나의 예를 들어보자. 공대에서 학생들을 가르치는 대학 교수가 자신의 일에 회의를 느껴 '빵을 만드는 제빵사가 되었으면 훨씬 행복했을 텐데'라고 생각한다고 하자. 그 교수는 학교에서 학생들을 가르치거나 연구하는 것이 즐겁지 않을 것이다.

　그리고 늘 제빵사가 된 자신의 모습을 상상할 것이다. 그런 그가 결단을 내려 제빵사가 되었다. 하지만 생각처럼 빵을 만드는 것이 쉽지 않고, 가르쳐주는 스승에게 혼만 난다. 그러면 그는 대학에 있었을 때를 생각하며, 지금의 선택이 옳은 선택인지 고민할 것이다.

　이 사람은 교수와 제빵사 두 가지 영역에 걸쳐있는 사람이다. 그를 정확히 표현하자면, 교수의 일에도 만족하지 못하고, 제빵사의 일에도 만족하지 못한다. 그러므로 교수의 일에서 느낄 수 있는 기쁨을 누리지 못하고, 제빵사의 일에서 느끼는 기쁨도 누리지 못하게 된다. 어느 쪽 일에도 마음껏 만족을 누리지 못하고, 기쁨을 느끼지 못하는 사람은 사실 어느 쪽에서도 환영받지 못한다.

초기경전 가운데 『이띠붓따까』라고 하는 경전이 있다. 여기에 부처님께서 제자들에게 하신 설법 가운데 '시체 화장용 장작(chavālāta)'이란 표현이 나온다. 이 비유가 나오는 경전의 일부를 인용하면 다음과 같다.

"비구들이여, 마치 중간에 쇠똥을 바르고 양쪽에 불이 붙다만 장작은 마을에서도 목재로 사용할 수 없고, 숲에서도 목재로 사용할 수 없는 것처럼, 비구들이여, 이와 같은 사람은 재가자로서의 즐거움도 누리지 못하고, 출가자의 목적도 성취할 수 없다고 나는 말한다."

_『이띠붓따까 Itivuttaka』「삶의 경 Jīvikāsutta」중에서

인도에는 시신을 화장하는 풍습이 내려오고 있다. 화장에 필요한 장작에는 화력이 좋고 오래 타도록 쇠똥을 발라 둔다. 그런데 간혹 그 장작이 타다가 남기도 한다. 경전에서는 그것을 "중간에 쇠똥을 바르고, 양쪽에 불이 붙다만 장작"이라고 표현하고 있다. 이런 장작을 누가 갖다가 쓸까. 마을에서도 숲에서도 이런 장작은 쓸모가 없다. 부처님께서 이런 비유를 말씀하신 이유는 제자들을 경

책하기 위해서다.

생계 수단으로 가장 천한 것이 '탁발'이라고 한다. 그래서 부처님께서는 세상 사람들이 저주할 때 "손에 발우나 들고 돌아다녀라"라는 말을 한다고 하면서, 수행자들이 이 일을 선택한 것은 누구의 강요가 아니라 스스로 고통을 종식시키기 위한 선택임을 강조하신다.

그런데 그러한 삶의 끝(antaṃ jīvīkanaṃ), 즉 가장 천한 생계 수단을 택한 제자들 중에는 세속적 욕망에 빠져 살고, 분노에 사로잡혀 타락하고 자신을 통제하지 못하는 사람들이 있었던 것이다. 부처님께서는 이들을 가르치기 위해 이 비유를 말씀하셨다.

출가란 재가의 삶을 버리고 선택한 삶이다. 그런 만큼 재가 삶의 특징인 욕망에 빠져 사는 삶, 분노에 사로잡힌 삶, 어리석음에 물든 삶도 버려야 한다. 그러한 재가의 부정한 특질을 버릴 때, 출가 본연의 목적이 성취된다. 출가의 상태에서 재가의 삶을 부러워하거나 그러한 삶을 향유하고자 하는 것은 마치 시체를 태우다가 타다 남은 장작처럼, 누구도 그것을 반기지 않는다. 그러한 사람은 출가의 즐거움도, 재가의 즐거움도 제대로 누리지 못한다고 부처님은 말씀하셨다.

출가든 재가든, 현재 내가 처한 상황에서 최선을 다하고 후회를 남기지 않도록 노력하는 것이 무엇보다 중요할 것이다. 남의 떡을 부러워하는 것만큼 어리석은 일도 없다. 지금 나에게 주어진 떡을 맛있게 먹는 일이 가장 현명한 처신이다.

누구나 갖고 있는
입안에 도끼

우스갯소리로 술자리에서 다른 사람 험담하는 것을 '술안주 삼는다'라고 표현한다. 우리는 두 사람 이상 모이면, 다른 사람 이야기를 하게 되는 경우가 많다. 하지 말아야지 하면서도, 어색한 분위기를 모면하기 위한 방편으로 다른 사람을 화제로 끌어올린다. 물론 좋은 이야기도 한다. 하지만 대부분, 험담이 아니더라도 흉을 보는 경우가 많은 것 같다. 그러다 보면 이것이 씨앗이 되고 소문이 퍼져, 곤란한 경우를 겪기도 한다. 어쩌다 그런 곤란한 경우를 당하면, 다시는 다른 사람 이야기는 하지 말아야지 하고 다짐하기도 한다. 간혹 칭찬을 했는데도 내 의도와는 다르게 와전되는 경우도 있다. 그러면 참 갑갑하고, 억울하다.

그래서 부처님께서는 '말을 조심하라'고 하셨다. 『중아함경』에는 아무리 좋은 말이라도 그것이 나와 남을 이롭게 하고 시의적절할 때 말하라는 말씀이 있다. 좋은 말도 말할 때가 아니면 그 의미가 퇴색될 수 있다는 것이다. 그러니 나쁜 말은 오죽하겠는가.

『법구비유경』에 '입안의 도끼(斧在口中)'란 표현이 나온다. 이 도끼가 내 몸을 두 동강 낼 수 있는데, 그것은 다름 아니라 나쁜 말 때문이라는 것이다. 그 내용을 보면 다음과 같다.

> "사람이 태어나면 입안에 도끼가 생겨나, 몸을 동강낼 수 있으니 나쁜 말(惡言) 때문이다."

말은 정보 전달의 수단이다. 그러니 말이 없으면 우리는 하루도 살 수가 없다. 인류가 오늘날 같은 문명을 만들어내지도 못했을 것이다. 따라서 말이란 없어서는 안 될 것 가운데 하나이다. 하지만 말은 '좋은 정보'만을 전하지는 않는다. '거짓 정보'도 전하고, 때로는 자신의 감정을 쏟아내는 수단으로 사용되기도 한다. 그래서 우리는 상대방의 말을 듣고 그의 기분이나 상태를 짐작하기도 한다.

『법구비유경』은 말이 화의 근원이 되기도 한다는 것을 말하고 있다. 사람은 입안에 혀를 갖고 태어난다. 말을 하기 위해서는 '혀'가 필요한데, 그 혀를 잘못 놀리면 자신을 해치는 도끼가 된다는 것이다. 하지만 혀를 잘 놀리면(?) '천냥 빚도 갚는다'는 말이 있듯이, 내 입속의 혀를 어떻게 쓰느냐에 따라 명운(命運)이 갈린다고 하겠다.

그럼 우리가 '혀'를 잘 쓰기 위해서는 어떻게 해야 할까. 무엇보다 마음을 잘 다스려야 할 것이다. 말이란 마음이 표현된 것이기 때문이다. 남을 깔보거나 미워하고, 원망하면 좋은 말이 나올 수 없는 법이다. 겸손하고, 남을 존중하며 성냄과 원망을 버릴 때 자비로운 말이 나올 수 있다. 나만 옳다고 생각하는 마음을 갖고 있다면 다른 사람이 아무리 옳은 말을 해도, '너는 틀렸어'라는 말이 나올 수밖에 없다. 그 말 한마디가 오해와 다툼의 원인이 된다.

또한 대중으로부터 좋은 이미지를 갖고 있던 사람이 어느 날 말 한마디 실수하여 비난을 받는 경우도 있고, 때로는 공직자가 말 한 마디 때문에 자리에서 물러나야 할 수도 있다. 내가 처한 위치에 따라 내 말 한마디가 나뿐만 아니라 나와 관련된 사람들을 곤경에 처하게도 한다. 정치 지도자는 더욱더 그러하다. 말 한마디가 나라를 흥하게도 하고 망하게도 할 수 있다.

그러니 어떠한 경우에도 자신의 감정에 눈이 멀어 쏟아내듯 말을 해서는 안 된다. 내 입안의 혀가 도끼가 되지 않도록 조심하고 조심해야 할 것이다.

병아리의
부화

'닭이 먼저냐 알이 먼저냐'라는 오래된 질문이 있다. 닭이 없으면 알이 태어날 수 없고, 알이 없으면 닭이 될 수 없으니 무엇이 먼저인지 말하기 곤란하다. 생물학적 관점에서는 매우 심각한 질문일 수 있는데, 요즘은 다양한 과학적 방법을 통해 닭이 먼저라는 쪽으로 정리가 되고 있는 듯하다. 그런데 닭이 먼저가 되었든, 알이 먼저이든 우리가 관심을 가져야 할 것은 따로 있는 것 같다. 그것은 바로 어떻게 해야 하나의 고귀한 생명이 탄생하여 양육될 수 있는지에 대한 문제이다.

『상윳따 니까야』에서는 바로 이러한 점을 토대로 우리가 어떻게 수행해야 하는지, 삶을 어떻게 살아야 하는지에 대한 가르침을 주고 있다. 경전의 내용을 보면 다음과 같다.

"비구들이여, 예들 들어 암탉이 여덟 개나 열 개나 열두 개의 알을 품고 있는데, 알 위에 바르게 앉지도 못하고 바르게 온기를 주지도 못하고 자신이 낳은 알을 바르게 다루지도 못한다. 그러면서 마음으로는 이렇게 기원한다. '이 알들이 모두 잘 부화해서 병아리들이 발톱이나 부리로 껍질을 부수고 무사히 세상에 나오기를' 그러나 결코 그 알들 모두가 무사히 세상에 나오지는 못하리라. 암탉이 알 위에 바르게 앉지 못했고 바르게 온기를 주지 못했고 바르게 다루지 못했기 때문이니라."

_『상윳따 니까야*Saṁyutta Nikāya*』「도끼자루의 경*Vāsijaṭasutta*」중에서

우리는 병아리가 어떻게 태어나는지 잘 알고 있다. 경전에서 나오듯이 암탉이 알을 잘 품어 주어야만이 병아리가 태어날 수 있다. 하지만 암탉이 알을 품어주지 않는다면, 아무리 오랜 시간이 지나도 병아리는 알을 깨고 태어날 수가 없다.

경전에서는 '수행에 몰두하지 않으면서 마음 속으로만 '나의 마음에 취착이 없어져 모든 번뇌에서 해탈하기를'이라고 생각하는 비구는 결코 번뇌에서 해탈하지 못한다'라는 부처님의 말씀을 전하고 있다. 이 말씀을 통해 부처님께서는 그러한 수행자는 마치 닭이 알을 품지 않으면서 무사히 알이 부화되기를 기다리는 것과 같다고 지적하신다.

생각해보면 우리의 삶도 마찬가지이다. 어떤 결실을 맺기 위해서는 그에 상응하는 노력이 전제되어야 한다. 그런데 우리는 노력한 만큼의 결실이 아닌 보다 커다란 결실을 바라거나, 아니면 노력

은 하지 않으면서 결과를 바라는 경우가 있다. 말하자면 생각으로만 '… 했으면'하고, 실제 행동으로는 옮기지 않는 경우가 이에 해당할 것이다.

　오늘날의 사회 모습을 보면 일확천금에 대한 환상을 키우거나 조장하고 있는 것 같다. 물론 그럼에도 많은 사람들은 자신이 노력한 만큼의 대가에 감사하면서 살고 있다. 하지만 그렇지 않은 사람도 많은 것이 현실이다. 정당한 노력의 댓가를 바라지 않고 편법을 통해서라도 더 큰 이득을 보려는 사람들이 증가하고 있는 것이다.

　우리 사회가 안정되고 건강해지기 위해서는 노력한 만큼 그에 상응하는 결과가 주어지는 사회가 되어야 하고, 또 그것을 통해 만족할 줄 아는 사회 분위가 형성되어야 한다. 그러기 위해서는 무엇보다도 그러한 사회가 될 수 있도록 사회 지도층에서 노력해야 하고, 개인적으로는 자신이 노력한 것 이상의 결실에 대해 두려워하는 마음을 갖는 마음의 자세가 필요하지 않을까 싶다.

　나는 알을 품지 않고 단지 바라만 보면서, 요행히 알이 부화되기를 바라는 닭과 같은 마음을 갖고 있지는 않은지 돌아보게 하는 비유의 가르침이다.

목동이
소를 몰 듯

들판의 목동이 소를 모는 모습은 목가적 분위기를 물씬 풍긴다. 해가 뉘엿뉘엿 지는 무렵의 소 모는 풍경은 더욱 그러하다. 하지만 목동과 소에 집중해보면, 목가적 분위기는 일순 변하고 만다. 목동의 손에는 어김없이 막대기가 쥐어져 있기 때문이다. 멀리서 보는 그림같은 풍경에서는 보이지 않던 막대기가 문득 눈에 들어오면, 경우에 따라서는 비극이 떠오르기도 한다. 소의 입장에서 보면 목동은 친근한 벗이 아닌, 두려운 존재일 가능성이 높다. 소가 목동의 말을 듣는 것은 아마도 막대기의 의미를 알기 때문일 것이다. 실제 폭력을 가하는가는 별개의 문제이다. 막대기가 주는 상징적 의미만으로도 충분히 두려운 것이다.

『법구비유경』에는 목동이 소를 모는 것을 늙음과 죽음에 빗대어 표현하고 있다. 그 내용을 보면 다음과 같다.

"비유하면 막대기를 들고 목동이 소를 몰아 풀을 뜯게 하듯, 늙음과 죽음도 또한 그러하여 생명을 기르며 몰고 가네."

막대기(杖)를 들고 소를 몰고 가는 것을 늙음과 죽음이 생명을 재촉하여 가는 것에 비유하고 있다. 참 절묘한 비유이다. 인생은 멀리서 보면, 이런저런 굴곡이 있어도 아름다워 보인다. 목가적이라고 해도 좋다. 그런데 가까이 다가가 보면, 참으로 서글프고 무상하기 그지없다.

멀리서 본다는 것은 객관적으로, 남의 일을 본다는 것이다. 하지만 가까이 다가가 본다는 것은 바로 내 일이다. 내 일이라고 해도 지난날을 되돌아보는 것은 멀리 보는 것이기에, 때로는 아름답게도, 때로는 아쉽게도 느껴지지만 어디까지나 추억일 뿐이다. 하지만 내가 늙고 죽어간다는 사실은 가까이 보는 것이기에 그 의미가 남다르다.

다양한 기술과 의학의 발달로 늙음과 죽음이 나의 가까운 미래가 아닌 것처럼 느껴지는 경우가 많다. 이것을 내가 결코 벗어날 수 없는 나의 일로 받아들이게 되면, 삶의 모습은 매우 달라질 것이다.

"네가 헛되이 보낸 오늘은 어제 죽은 이가 그토록 그리던 내일이다"라는 말을 진지하게 받아들인다면, 우리는 이기적 욕심과 투쟁심을 많이 내려놓을 수 있을 것이다. 늙음과 죽음을 대수롭지 않게 생각하거나 인식하지 못한다고 해서 그것들로부터 자유로워지는 것은 아니다. 그렇게 생각한다면 그것은 큰 착각이다. 그리고 그것은 무지이며 어리석음이다. 어리석은 자는 두려워할 줄 모르고, 두려워하지 않으니 삼가고 자제하지 못하게 된다.

요즘 사람들은 두려움을 모른 채, 무한한 욕망을 추구하며 살아간다. 천년만년 살 것인 냥, 욕망이 시키는 대로 산다. 그러니 강을 파헤치고, 산을 허물어도 나만 잘 살만 된다는 그런 천박한 이기심을 내는 것이리라. 아무리 이득을 쫓는 삶이라고 해도 정도라는 것이 있는 법인데, 요즘의 세태는 그런 정도를 가볍게 무시하는 것 같다. 내가 살아온 땅이며, 나의 자손들이 살아갈 땅이라고 생각한다면 이처럼 파괴적인 욕심을 부리지는 않을 것이다.

나를 키운 나라이며, 내가 사랑하는 사람들이 살아갈 나라라는 생각이 있다면, 당장의 이득에 나라를 불행하게 할 욕심을 부리지는 않을 것이다. 그렇게 욕심을 부린다고 해도 어차피 늙고 병들어 죽게 될 몸이, 영화를 누리면 얼마나 더한 영화를 누리겠는가. 두려움을 알고 욕심을 적게 하여 만족할 줄 아는 것이 죽음을 맞이하는 자의 덕목이다.

욕심을 부리는 것은 쉬워도, 만족할 줄 아는 것은 매우 어려운 일이다. 만족을 배우고, 가리키는 사회가 건강하고 복된 사회이다. 그러기 위해선 늙음과 죽음의 의미를 되새겨 볼 줄 알아야 한다.

향내와
비린내

집 안에 향기로운 냄새가 가득하면 선한 천신이 찾아오고, 고약한 냄새가 진동하면 악한 신이 찾아온다는 말이 있다. 길을 지나가다 향긋한 냄새가 나면 기분도 상쾌해지고, 냄새나는 곳을 찾아보게 된다. 반대로 지독한 냄새가 나면 갑자기 짜증이 나고, 나도 모르게 고개를 돌려버린다.

우리들이 청정한 스님들을 뵙고 설법을 듣고 공양하는 것은 그분들에게서 향긋한 삶의 냄새가 나기 때문이다. 그 향기가 많은 사람들을 불러 모으는 것이다. 오라고 하지 않아도 절로 모여든다. 이는 꽃향기를 따라 나비가 모이는 것과 같다.

비록 스님이 아니더라도, 바르게 사는 사람들이 있다. 진정으로 자신을 사랑하는 사람들은 다른 사람을 배려하고 아끼며, 세상을 품에 안고 살아간다. 그런 사람에게도 향긋한 냄새가 난다. 하지만 이

기적이고, 인색하고, 나쁜 말을 입에 달고 사는 사람은 사람들이 나쁜 냄새를 피하듯이 멀리하게 된다. 그런 사람에게는 그러한 사람들이 모이게 된다. 음식물이 부패하면 파리떼가 꼬이듯이.

『법구비유경』에는 좋은 향을 싼 종이와 생선을 싼 새끼에 대한 비유가 나온다. 그 내용은 이러하다.

어느 날 부처님께서 한 비구에게 길에 떨어져 있는 종잇조각을 주우라고 말씀하시고, 무엇에 사용했던 종이 같으냐고 물으셨다. 이에 비구는 "향냄새가 납니다. 향을 쌌던 종이입니다"라고 답했다. 조금 더 길을 가다 이번에는 새끼줄 토막이 보였다. 역시 비구에게 새끼줄 토막을 줍게 시키고는 무엇에 썼던 것 같으냐고 물으셨다. 비구는 냄새를 맡고는 얼굴을 찌푸리며, "비린내가 납니다. 생선을 묶었던 새끼입니다"라고 답했다. 그러자 부처님께서는 다음과 같이 말씀하셨다. "현명한 이를 가까이 하면 도와 뜻이 높아지고, 어리석은 이를 가까이 하면 재앙이 오는 법이다. 마치 종이는 향을 쌌기 때문에 아직 향냄새가 나고, 새끼는 생선을 묶었기 때문에 비린내가 나는 것과 같이."

새끼줄이나 종이 자체에 본래 어떤 냄새가 있는 것은 아니다. 새끼줄로 향통을 묶어 놓으면 향냄새가 날 것이고, 종이로 생선을 싸 놓으면 비린내가 날 것이다. 그와 같이 어떤 인연을 만나느냐, 어떤 행위를 하느냐에 따라 나에게 다가오는 내용이 달라진다는 것이 이 가르침의 핵심이다. 그런 만큼 사람을 만나는 데에도 신중해야 하며, 말 한마디 할 때에도 신중해야 한다.

현명한 이를 가까이 하면 뜻이 높아진다는 말에서 볼 수 있듯이, 친구를 가려 사귀어야 한다는 말은 참으로 맞는 말이다. 나쁜 말과 행동을 배우는 것은 쉬운 일이다. 그래서 경전에서는 이어지는 구절에 "나쁜 사람이 사람을 물들이는 것은 냄새나는 물건을 가까이 하는 것처럼, 조금씩 유혹되어 허물을 익혀 저도 모르는 사이에 악한 사람이 되네"라는 내용이 나온다.

방탕과 욕망은 배우지 않아도 쉽게 익히게 된다. 하지만 절제와 선함과 청정은 힘들여 실천하고 익히지 않으면 안 되는 것들이다. 한 번 물든 나쁜 버릇은 고치기 어렵다. 생선 비린내가 밴 새끼줄에서 냄새를 제거하는 것이 어려운 것처럼 말이다. 그래서 애초 좋은 습관을 들이는 것이 현명한 일이다. 그러기 위해서는 좋은 스승과 좋은 벗을 가까이 해야 한다. 그러면 자신도 모르는 사이에 그들을 닮아 선한 덕성을 갖추게 된다. 반대로 좋지 않은 스승과 벗을 가까이 하면 본래의 선함은 자신도 모르는 사이에 빛이 바래고, 그들을 닮아 악한 사람이 되기 쉽다.

비를 내리는
사람

　오랫동안 비가 오지 않으면 '가뭄이 든다'라고 말한다. 비가 너무 안와도, 혹은 너무 많이 내려도 반가운 일이 아니다. 가뭄이 오래 지속되면 모든 생명체는 생기를 잃어가는데, 사람들은 가뭄을 극복하고자 다양한 방책을 마련하려 애쓴다. 인공 강우를 시도한다든가, 담수용 댐을 건설한다든가, 해수를 담수로 만들려고 하는 노력들이 그것이다. 그래도 비가 오지 않으면 그러한 노력은 결국 부질없는 일이 된다.

　우리는 종종 '가뭄 끝에 단비처럼'이란 표현을 쓴다. 비가 내려 모든 문제가 해결된다는 의미이다. 그래서 이러지도 저러지도 못하는 답답한 상황에서 어떤 일을 계기로 해결의 단초가 마련될 때 이 표현을 사용하기도 한다.

　『이띠붓따까*Itivuttaka*』에는 「비의 경(Vuṭṭhisutta)」이 있다. 경전

에서는 비를 세 종류의 사람에 비유하고 있다. 그 내용의 대략은 다음과 같다.

"비구들이여, 이 세상에는 세 종류의 사람들이 있다. 세 종류란 무엇인가? 비를 내리지 않는 자, 한 곳에만 비를 내리는 자, 모든 곳에 비를 내리는 자이다. 비구들이여, 사람이 어떻게 비를 내리지 않는 자가 되는가? 비구들이여, 어떤 사람은 수행자(samaṇa), 성직자(brāhmaṇa), 거지와 방랑자(kapaṇaddhika), 부랑자(vanibbaka), 구걸하는 사람(yācaka)들에게 먹을 것, 마실 것, 의복, 탈 것, 화환, 향료, 크림, 침대, 주거, 등불을 누구에게도 보시하지 않는다. 사람은 이렇게 비를 내리지 않는 자가 된다. … 일부의 사람들에게는 보시하고 일부의 사람들에게는 보시하지 않는다. … 모든 사람들에게 보시한다. 비구들이여, 사람이 이렇게 모든 곳에 비를 내리는 자가 된다."

경의 내용을 보면, 비는 자선을 베푸는 자임을 알 수 있다. 자선을 베푸는 대상으로는 수행자와 성직자, 그리고 가난하여 의지할 곳이 없는 사람들이다. 그들에게 의식주를 베풀어 주는 사람을 비를 내리는 사람이라고 했다. 반대로 그 누구에게도 베풀 줄 모르는 사람이 있다. 또 어떤 사람은 특정한 대상에게만 베푸는 사람이 있고, 대상에 상관없이 모든 사람에게 베풀고자 하는 사람이 있다.

베풀지 않는 것은 가뭄과도 같아 그 사람 주변에는 생기가 없다. 반대로 베풂의 실천은 비가 내리는 것과 같아 생기가 넘쳐난다. 경전에서 말하고자 하는 바는 가뭄 끝에 비가 내리듯이, 조건 없이 베풂이 필요한 사람들에게 베풀 줄 아는 사람이 되라는 것이다.

베풂은 부를 공유하는 방식이다. 부라는 것은 한정되어 있기에, 한 곳에 집중되면 반드시 부족하여 곤란을 당하는 곳이 생기기 마련이다. 부의 불균형은 사회 구성원들 간에 불신과 갈등을 야기하여 사회를 불안하게 만들고, 나아가 붕괴시킨다. 그것은 역사가 증명한다.

부라고 하는 것은 잠시 소유할 수 있을 뿐, 영원히 소유할 수 없다. 이러한 부의 무상함을 깊이 이해하면, 자신이 소유한 부를 올바르게 사용할 수 있게 될 것이다. 물이 높은 곳에서 낮은 곳으로 흐르듯이, 부 역시 부족한 곳으로 흘러가야 한다. 이러한 부의 순환이 조화롭게 이루어질 때, 사회는 건강해진다.

베풂은 많고 적음이 문제가 아니라, 실천의 문제이다. 마음이 담긴 베풂의 실천이 보시이고, 이것이 수행의 차원으로 승화된 것이 후대의 대승불교에서 말하는 보시바라밀인 것이다. 보시바라밀에서는 보시를 재시(財施), 법시(法施), 무외시(無畏施)의 세 가지로 구분한다. 이러한 보시행의 작은 실천은 가뭄에 단비가 내려 대지를 촉촉이 적시듯이, 생명을 살찌우는 행위가 된다.

어느덧 도끼자루가 닳듯이

우리는 수많은 문제에 둘러싸여 있다. 삶이란 어찌 보면 문제들을 하나하나 해결해가는 과정일 것이다. 이런 문제들은 크게 보면 사회 제도적인 문제일 수도 있고, 관습적인 문제일 수도 있다. 작게 보면 자신의 습관에서 비롯된 문제일 수도 있고, 가정 내의 문제일 수도 있다. 그 외에도 매우 다양한 원인에서 비롯된 문제들이 있을 것이다.

하지만 이런 문제들이 야기된 근원적인 원인을 추구하다 보면, 결국은 인간의 욕망이라고 하는 것이 그 안에 똬리를 틀고 있음을 보게 된다. 부처님은 욕망과 성냄과 어리석음을 가장 근본적인 번뇌로 제시하고, 이것을 제거하기 위한 수행을 독려하신다. 이 삼독 외에도 자만과 의심과 잘못된 견해를 더하여, 여섯 가지 근본번뇌라고 말하기도 한다. 그리고 이후 부파불교 시대가 되면 이러한 번뇌는 근본번뇌와 수번뇌로 구분되어 108가지 번뇌로 세분화되기에 이른다. 요점은 작게는 개인의 문제, 크게는 사회적 문제가 모두 이 번뇌에서 비롯된다는 것이다.

따라서 내가 지금 안고 있는 문제, 혹은 사회가 안고 있는 문제를 근본적으로 치유하기 위해서는 그 원인을 먼저 살펴, 그것을 치유하는 방식이 가장 좋다. 사회적, 국가적 문제가 개인의 문제에서 비롯된다고 볼 때, 가장 근본적인 것은 지금 이 시대를 살아가는 개인인 나의 문제를 해결하는 것일 것이다. 내가 바뀌면 세상이 바뀐다는 것이 기본적인 불교의 입장이라고 할 수 있기 때문이다.

나를 바꾸는 것, 그것이 바로 수행이다. 구체적으로는 내가 지금껏 잘못 익혀온 습관을 고치는 것이다. 잘못된 습관을 고치는 것이 업을 바꾸는 것이며, 운명을 바꾸는 일이다. 그러니 수행은 나의 운명을 바꾸는 가장 빠른 길이자 확실한 방법인 셈이다.

하지만 수행이란 하루 이틀 한다고 그 변화가 일어나는 것이 아니다. 조급증에 걸린 사람이라면 며칠 수행을 해보고는 효과가 없다고 그만두기 십상이다. 나를 바꾸는 작업은 꾸준함과 성실함이 필요하다. 꾸준하게, 성실하게 수행에 임하다 보면 어느새 바뀐 자신의 모습을 발견하게 될 것이다. 이에 대한 가르침이 「도끼자루의 경(Vāsijaṭasutta)」에 나온다. 그 내용은 이러하다.

"비구들이여, 예들 들어 목수나 목수의 제자는 도끼자루에 생긴 손가락 자국을 보고 '오늘 나의 도끼자루가 이만큼 닳았고, 어제는 이만큼 닳았고, 그 전에는 이만큼 닳았었다'고 기억하지도 알지도 못한다. 그는 다만 도끼자루가 닳고 닳아 새 것으로 바꾸어야할 때 자신의 도끼자루가 닳았음을 비로소 깨닫게 된다."

_ 『상윳따 니까야Saṃyutta Nikāya』「도끼자루의 경Vāsijaṭasutta」 중에서

부처님께서는 "이처럼 수행에 몰두하는 비구 역시 오늘 나의 번뇌가 이만큼 사라졌고, 어제는 이만큼 사라졌고, 그 전에는 이만큼 사라졌다라고 기억하지도 알지도 못하지만, 모든 번뇌가 사라졌을 때 자신의 모든 번뇌가 멸진되었음을 알게 된다"는 내용의 가르침을 설하신다.

연필이 닳아 몽당연필이 되기까지는 오랜 시간이 필요하다. 하루하루 열심히 공부하다 보면, 연필이 닳아 없어진다. 그것을 기다리는 것은 너무 지루하고 힘든 일이지만 하루하루, 순간순간 주어진 시간에 충실한다면 어느덧 '벌써 다 닳았구나'하는 순간을 맞이하게 된다. 수행도 마찬가지라는 것이 부처님의 가르침이다.

시간만 지난다고 닳지는 않는다. 얼마나 열심히 도끼질을 했는지, 열심히 공부했는지에 따라 도끼자루가 닳고 연필심이 닳는 것이다. 그저 열심히 나를 바꾸기 위한 수행을 해가는 것, 그것이 필요한 것은 아닐까 싶다.

물고기가
그물을 모르듯

    어부는 물고기를 잡을 때 그물을 사용한다. 넓은 강이나 바다에 그물을 쳐 놓으면 희한하게도 고기들이 그물망에 걸려 잡혀 올라온다. 하지만 만약 물고기들이 그물의 존재를 알고 있다면, 그물로는 물고기를 잡지 못할 것이다.

    이것을 우리 삶에 적용해보면, 위험하거나 도덕적으로 해서는 안 될 일을 하면서까지 부정한 방법으로 이익을 챙기려는 사람을 생각해볼 수 있다. 부정한 방식으로 이익을 챙기는 것이 결국은 자신을 해치는 일임을 안다면, 결코 그러한 일은 하지 않을 것이다. 이와 관련된 경전의 가르침이 있다. 『상윳따 니까야』에 빠세나디왕이 자신이 재판 중에 '권력과 재력을 지닌 자들이 감각적 쾌락을 원인으로 의도적인 망언'을 하는 것을 보고나서, 부처님을 찾아뵙고 나눈 이야기가 소개되고 있다.

"감각적 쾌락의 즐거움에 물들고, 감각적 쾌락의 탐욕에 홀려서 마음을 빼앗겨 사람들은 잘못을 깨닫지 못하네. 물고기가 쳐진 그물을 모르듯이, 자신이 지은 잘못은 나중에 쓴 맛이 된다네. 결과가 악하기 때문이네."

_『상윳따 니까야*Samyutta Nikāya*』「재판의 경*Atthakaraṇa*」 중에서

감각적 쾌락은 적절한 방식으로 통제하지 않으면, 자신도 모르는 사이에 그 쾌락의 노예가 되고 마는 힘을 갖고 있다. 쾌락의 노예가 되면, 쾌락을 쫓아 별의 별 짓을 다하게 되고, 덧없는 권력과 명예를 좇아 못할 짓이 없게 된다. 그러다가 문제가 생기면 늘 남의 탓만을 하게 된다.

노예의 삶이란 그런 것이다. 스스로 옳고 그름을 판단해서 바름을 추구하지 않고, 쾌락이라는 주인이 시킨 대로 하는 것이니 늘 '책임지지 않는' 삶을 살게 되는 것이다. 예부터 주인에게 책임이 있는 것이지, 노예에게는 책임이 없는 것이 그 이유이다. 오늘날로 바꾸어 말하면 회사 운영은 사장에게 책임이 있지, 사원에게는 책임이 없는 것과 같다. 이처럼 모든 책임은 결정권자에게 있다. 그래서 회사든 나라든 결정을 내리는 우두머리의 역할이 중요하다.

빠세나디 왕이 다스리던 코살라국에서도 사회 지도층이란 사람들이 감각적 쾌락에 젖어 그것을 위해 의도적인 망언을 했다는 것을 보면, 참 예나 지금이나 마찬가지라는 생각을 하게 된다. 오늘날 우리 사회도 국가적으로 커다란 위기와 문제가 생겨났으나 그 누구

하나 책임지는 사람이 없고, 하다못해 잘못을 인정하는 사람도 없다. 그저 의도적으로 거짓말을 늘어놓기 바쁘다.

오로지 자신의 사적 이익만을 생각할 뿐, 공적인 이익은 생각하지 않는 사람들에게 부처님께서는 이렇게 말씀하셨다. "자신이 지은 잘못은 결국 나중에 자신에게 쓴 맛으로 돌아온다네. 그 잘못의 결과가 악하기 때문이네"라고. 지금 당장의 위기를 모면하려고 자신의 잘못을 인정하지 않으며 망언을 일삼는 사람에게 좋은 결과란 주어지지 않는다. 결국은 자신이 지은 잘못에 대한 대가를 치르게 되는 것이다.

아무리 그럴싸하게 자신을 포장하여 변명하더라도, 진실은 감추어지지 않는 법이다. 그런데도 어리석은 사람은 자신의 잘못을 깨닫지 못하고, 끝까지 자신이 잘했다고 주장한다. 그것은 마치 물고기가 그물이 쳐져 있는 줄도 모르고 그곳을 향해 달려가고 있는 모습과 같다. 기다리고 있는 결말은 자신의 파멸뿐이다.

허물없는
음식

부처님에게 지와까란 의사가 있었다. 그는 부처님의 주치의이자, 북인도 일대에서 가장 유명한 의사로 명성이 자자했다. 지와까에게 진료를 받기 위해 출가하는 사람도 적지 않았을 정도였다고 한다. 오늘날과 같은 의료 혜택을 받지 못했던 시대의 이야기이지만, 얼마나 의료 환경이 열악했는지를 미루어 짐작해 볼 수 있는 에피소드이기도 하다.

지와까는 부처님을 자주 뵙고 건강 상태를 체크해 왔기에, 그만큼 부처님과 대화를 나눌 기회도 많았던 것 같다. 「지와까의 경(Jīvakasutta)」에는 부처님께서 지와까를 대상으로 가르침을 주신 내용을 전하고 있다.

이 경전에서는 허물없는 음식에 대한 가르침이 나온다. 음식에 허물이 있다거나 혹은 없다거나 하는 이야기가 아니라 음식을 대접받는 출가 수행자의 마음가짐에 대한 가르침이다. 경전의 내용을 보면 다음과 같다.

> "장자나 장자의 아들이 나에게 훌륭한 음식을 대접하는 것은 고마운 일이지만 '장자나 장자의 아들이 앞으로도 나에게 훌륭한 음식을 대접하길 바란다'고 생각하지 않습니다. 그는 이와 같이 생각하지 않으므로, 그는 음식에 탐착하지 않고, 매혹되지 않고, 잘못을 범하지 않고, 위험을 보고, 여읨을 알아서 그것을 먹습니다. 지와까여, 그대는 어떻게 생각합니까? 이때 그 수행승은 자기를 해치려 생각한 것입니까, 남을 해치려 생각한 것입니까, 또는 둘 다를 해치려 생각한 것입니까."
>
> _『맛지마 니까야 Majjhima Nikāya』「지와까의 경 Jīvakasutta」 중에서

경전에서는 허물이 없는 음식과 허물이 있는 음식이란 무엇인지 명확하게 제시하고 있다. 말하자면 음식에 허물이 있는 것이 아니라, 음식을 받는 사람으로 말미암아 허물없는 음식도 되고, 허물있는 음식도 된다는 것이다.

부처님께서는 공양을 받되 공양이 마음에 든다고 반색하지도, 마음에 들지 않는다고 불쾌해 하지도 말라고 하신다. 다만 공양을 감사하게 받고, 그것의 맛을 충분히 음미하며 음식을 먹되, 맛에 탐착하여 '좋다' '싫다'라는 생각을 짓지 말라고 가르치신다. 맛을 충분히 음미한다는 것은 음식을 급하게 먹지 않는다는 것을 의미한다. 음식을 급하게 먹게 되면 음식의 맛을 음미하지 못함은 물론, 자신

의 양을 제대로 알지 못해 과식을 하거나, 먹기 위해 먹는 잘못된 습관을 갖게 되기 때문이다.

위의 경문은 물론 그 외의 부처님의 식사와 관련된 가르침은 오늘날 수행자가 아닌 일반인에게도 음식에 대한 바른 관점을 갖는데 좋은 지침이 된다. 맛에 탐착하는 마음이 강하면 강할수록, 우리는 음식으로 인해 쉽게 기뻐하고 쉽게 분노하는 마음을 갖게 된다. 음식을 욕망을 채우고 실현하는 수단으로 삼을 것인지, 아니면 건강한 삶을 영위하기 위한 방편으로 삼을 것인지에 따라 우리의 마음가짐도 달라질 것이다.

우리가 맛에 탐착하지 않고 맛을 음미하게 되면, 음식 고유의 맛을 충분히 느낄 수 있게 된다. 음식에는 음식에 따라 고유의 맛이 있다. 그 맛은 우리 미각을 통해 '맛있다' 혹은 '맛없다'라는 판단이 일어나는 것이지, 음식 자체가 맛이 있고 없는 것은 아니다. 문화권마다, 지역마다, 사람마다 맛에 대한 기호가 다 제각각인 것은 맛이라는 것이 음식에 대한 습관과 경향성에 기인하는 바가 크기 때문이다. 이 말은 맛이란 우리가 경험을 통해 갖게 된 선입견과 그에 대한 기대심리에 따라 좌우된다는 것이다. 그러니 맛에 탐착하지 않는 것이 오히려 음식을 맛있게 먹는 훌륭한 방법이 될 수 있다.

바위에 새기는
사람

간혹 산에 오르면, 옛사람들이 바위 위에 새겨놓은 시구나 글귀를 보게 된다. 수백 년이 지났지만 선명하게 새겨져 있는 글을 보면, 그 내용보다도 '저걸 어떻게 새겼을까?' 라는 생각이 먼저 든다. 그리고 바위에 보기 흉하게 새겨놓은 글씨나 그림을 보면, 반대로 저걸 어떻게 지우나 라는 생각이 든다.

바위에 새겨진 글이나 그림은 쉽게 지워지지도 않으며, 수백 년 이상의 세월을 견뎌낸다는 점에서 종이에 쓴 글씨나 나무에 새겨놓은 글씨보다도 더 오래간다. 우리의 생각이나 감정도 바위에 새겨놓은 것처럼 오래 가는 것이 있고, 때로는 물 위에 쓴 글씨처럼 흔적을 찾기 어려운 경우도 있다.

우리가 화를 내는 것을 바위와 땅과 물에 비유한 경전의 가르침이 있다. 그 내용은 다음과 같다.

"비구들이여, 이 세상에는 세 종류의 사람이 있다. 바위에 새기는 것과 같은 사람, 땅 위에 새기는 것과 같은 사람, 물 위에 새기는 것과 같은 사람이다. 비구들이여, 어떤 사람은 자주 화를 내는데 그에게 화가 오랜 세월 존속한다. 예를 들어 바위에 새기면 바람이나 물에 의해 쉽게 파괴되지 않듯… 이 사람을 바위에 새기는 것과 같은 사람이라 한다. … 어떤 사람은 자주 화를 내더라도 그에게 화가 오랜 세월 존속하지 않는다. 예를 들어 땅에 새기면 바람이나 물에 의해 쉽게 파괴되듯 … 어떤 사람은 거칠게 말하고 날카롭게 말하고 불쾌하게 말하더라도, 바로 화해하고 친목하고 친절하게 대한다. 예를 들어 물 위에 새기면, 그것이 쉽게 소멸되듯이. … 이 사람을 물 위에 새기는 것과 같은 사람이라 한다."

_『앙굿따라 니까야*Aṅguttara Nikāya*』
「바위에 새김의 경*Pāsāṇalekhasutta*」 중에서

대부분의 사람은 적어도 하루에 몇 번은 화가 나는 상황을 만난다. 그러면 사람에 따라 그때그때 화를 내는 사람도 있고, 때로는 화를 내고 때로는 참는 사람도 있고, 대부분 참아 넘기는 사람 등 다양한 사람이 있을 것이다.

그런 사람 중 어떤 사람은 화를 낼 때 마음속에 꼭꼭 간직하고 잊지 않는 사람이 있다. 이쯤 되면, 원한을 품었다고 해도 될 것이다. 부처님은 이것을 화를 바위에 새긴 사람이라고 비유하여 가르치고 계신다. 이렇듯 화를 새겨놓아 잊지 않는 것이 어떤 도움이 될까.

경전에는 두 번째 화살이란 가르침이 있다. 이것은 어떤 불쾌한

상황, 혹은 화나는 상황을 계속해서 생각함으로써 끊임없이 분노의 화살로 자신을 찌르는 것을 말한다. 욕은 한 번 들었으나, 그것을 마음에 새겨두면 계속해서 욕을 듣는 것이나 마찬가지이다. 그러면 그에게 마음의 평화란 있을 수 없다.

그렇기에 우리는 화가 나면 물 위에 새긴 것처럼 화가 나는 상황을 마음에 담아두지 말고 흘려버릴 수 있어야 한다. 그것이 나에게 이로운 것이다. 화를 내야할 상황에서 화를 내되, 그 화를 간직할 필요는 없다. 부처님 가르침에 좋은 것에도 집착하지 말라고 했는데, 하물며 해로운 것에 집착해서야 되겠는가.

화가 나는 상황이 계속되어 잊히지 않는다면, 두 가지 방법으로 해결할 수 있다. 하나는 남들에게 피해가 가지 않는 방식으로 화를 분출하는 것이고 다른 하나는 자비관을 하는 것이다. 경전에서 분노는 자비관으로 치유된다고 설해져 있다. '모든 존재들은 행복하소서' '모든 존재는 평온하소서'라고 계속해서 되뇌는 것이다. 숨을 들이마시고 내쉬면서 이 말을 반복하다 보면, 마음이 어느덧 편안해 질 것이다. 그러면 바위에 새겨진 분노의 흔적은 찾기 힘들게 될 것이다.

뿔이 잘린
황소

불교에서 소는 다른 동물과는 차별된 의미를 갖는다. 우리가 잘 알고 있는 십우도(十牛圖), 혹은 심우도(尋牛圖)에서 소는 자신의 본성을 상징한다. 십우도는 선의 수행단계를 10단계로 나눈 것이다. 십우도에서 수행자는 소의 흔적을 발견하고 구도의 여행을 시작한다. 뒤이어 소를 발견하게 되고, 거친 소를 길들이는 목우(牧牛)의 단계를 거친다. 소가 길들여지면 소를 타고 집으로 돌아오게 되고, 집에 와보니 소는 없고 자기만 남는 경지가 묘사된다.

이윽고 자신도 잊고 주객이 텅 비게 되면 참된 지혜가 발현되고, 마지막으로 중생제도를 위해 세상으로 나아가게 된다. 상구보리(上求菩提)와 하화중생(下化衆生)을 10폭의 그림으로 나타낸 것이라고도 볼 수 있다. 이렇듯 소는 우리가 찾아야 할 대상, 즉 나의 본성이다. 하지만 본성이란 말을 썼다고 '나'라는 실체가 있다고 생각하면 안 된다. 실체가 없음을 본성이라고 한 것이다.

이렇듯 소를 수행의 단계로 설정한 것은 중국 선종의 아이디어이지만, 초기경전에서도 소를 수행자의 특징에 비유하여 설명한 것을 볼 수 있다.

> "세존이시여, 예를 들어 뿔이 잘린 황소는 유순하고 잘 길들여져서 이 골목 저 골목, 이 거리 저 거리를 누비지만 발굽이나 뿔로 어느 누구도 해치지 않습니다. 세존이시여, 저 또한 그와 같이 광대하고 무량하고 원한 없고 고통 없는 마음으로 머뭅니다. 참으로 몸에서 몸에 대한 알아차림을 확립하지 못한 자는 다른 동료 수행자에게 모욕을 주고도 용서를 구하지 않고 유행을 떠날 것입니다. 그러나 저는 그렇지 않습니다."
>
> _『앙굿따라 니까야*Aṅguttara Nikāya*』「머묾의 경*Vutthasutta*」 중에서

인용된 경전은 안거를 마치고 부처님께 하직 인사를 드린 뒤 다른 지방으로 유행을 떠나고자 한 사리뿟따를 어떤 비구가 모함하면서 시작된다. 즉 사리뿟따 존자가 자신에게 모욕을 주고도 용서를 구하지 않고 떠나려 한다는 것이었다. 이에 부처님께서 존자를 불러 사실 관계를 확인하는 과정에서 사리뿟따 존자가 부처님께 전한 말씀이다.

요점은 잘 길들여져 유순하면서도 더구나 뿔이 잘려있어 실수로라도 다른 누군가에게 상처를 주지 않는 황소처럼 존자 자신은 넓고 한량없는 마음으로 원한도 고통도 없이 머물며, 몸에 대한 확고

한 알아차림으로 자신이 한 행위에 대해서 실수라도 남에게 피해를 주거나 모욕을 주는 일이 없음을 선언한 것이다.

우리는 의도치 않게 다른 사람에게 실수를 하거나 피해를 주기도 한다. 하지만 존자는 몸에 대한 확고한 알아차림을 확립하고 있기에 그러한 일을 범하지 않는다는 것이다. 몸에 대한 확고한 알아차림은 사념처 수행 가운데 신념처(身念處)에 해당한다. 신념처를 수행하게 되면 자신의 행동이나 말, 생각에 이르기까지 그 어떤 경우에도 자신도 모르게 말하거나 행동하거나 생각하는 일이 없어진다.

우리는 평소 유순한 소같지만 어떤 특정한 상황이 놓이면 예리한 뿔로 상대를 공격하는 이중성도 갖고 있다. 공격성을 감추고 '실수'라는 말 뒤에 숨거나, 때로는 모진 말이나 행동으로 다른 사람에게 상처를 주면서도 "모르고 했다" "기억이 나지 않는다"는 말로 책임을 회피하기도 한다. 때로는 철석같이 약속을 해놓고도 뻔뻔하게 모르쇠로 일관하기도 한다. 이 모든 것은 자신의 욕망과 공격성을 통제하지 못하기에 발생한다. 경전은 내 안에 있는 욕망과 공격성의 뿔을 잘라내지 못하더라도, 잘 단속해서 나와 남을 다치게 하지 않도록 조심해야 함을 말하고 있다.

천한
사람이란?

『숫따니빠따』의 '천한 사람'이란 비유를 살펴보고자 한다. 이 비유는 「천한 사람의 경(Vasalasutta)」에 나온다. 정확히 말하면 이것은 비유라기보다는 은유에 가깝다. 일반적으로 '천하다'라고 할 때, 우리는 사전적 정의로 '지위나 지체가 낮다' 혹은 '말이나 행동이 상스럽다'란 의미로 받아들인다. 대개는 전자처럼 '지위나 지체'가 낮은 사람을 '천한 사람'이라고 생각한다.

하지만 부처님은 이 경에서 천한 것은 지위나 지체 때문이 아님을 밝히고 계신다. 배경은 이러하다. 부처님께서 사왓띠(사위성)로 탁발을 나가셨을 때, 바라드와자(Bhāradvāja)라고 하는 바라문이 부처님을 '천한 놈(vasalaka)'이라고 비난했다. 이유는 승단에 불가촉천민들을 받아주고 있었기 때문이라고 한다. 이에 부처님은 '천한 사람'은 누구이며 그 조건은 무엇인지를 묻자, 바라문은 "모릅니다. 말씀해 주십시오"라고 해서 전해지게 되었다.

부처님의 위대함 중 하나는 사람들이 상식적으로 알고 있는 것을 뒤집어 새로운 의미를 부여하는, 말하자면 의미의 질적 변환을 일으키는 탁월한 능력에서 찾을 수 있을 것이다. 그 한 예를 '천한 사람'의 이야기에서 볼 수 있다.

부처님은 태어날 때부터 '천한 사람'이 아니라, 행위로 인해 천한 사람이 된다고 말씀하신다. 사실 그 옛날 엄격한 신분사회에서 이러한 이야기를 한다는 것은 상상하기조차 힘든 일이다. 오히려 지금의 우리는 그 사람의 됨됨이와 행동이 아닌, 외모나 그 사람의 조건으로 판단하고 있지 않은지 반성해보게 된다.

경전 속 부처님께서 천한 사람으로 언급하는 것 가운데, 우리의 현실에 맞는 부분만을 간추려 제시하면 다음과 같다.

① 화를 내고 원한을 품으며, 악독하고 시기심이 많고 소견이 그릇되어 속이길 잘 하는 사람 ② 생명을 해치고 생명에 자비심이 없는 사람 ③ 남의 것을 제 것이라고 하며 주지 않는 것을 빼앗는 사람 ④ 빚이 있으면서도 갚을 빚이 없다고 하는 사람 ⑤ 몇 푼 안 되는 물건 때문에 길가는 사람을 살해하고 빼앗는 사람 ⑥ 증인으로 나가서는 재물 때문에 거짓 증언을 하는 사람 ⑦ 폭력으로 남의 아내를 빼앗거나 그릇된 사랑에 빠져 친지나 친구의 아내와 부적절한 관계를 맺는 사람 ⑧ 자신은 풍족하게 살면서 늙고 쇠약한 부모님을 모시지 않는 사람 ⑨ 부모와 형제자매, 배우자나 그 부모를 때리거나 욕하는 사람 ⑩ 유익한 충고를 구하

는 사람에게 불리하거나 불분명하게 말해주는 사람 ⑪ 나쁜 일을 하면서 그것을 숨기는 사람 ⑫ 남에게는 대접을 받으면서 다른 사람을 접대하지 않는 사람 ⑬ 사소한 물건을 탐하여 거짓을 말하는 사람 ⑭ 자신을 칭찬하고, 타인을 욕하며 스스로 교만에 빠진 사람 ⑮ 남을 화내게 하고 이기적이며, 악의적이고 인색하고 거짓을 일삼고 부끄러움과 창피함을 모르는 사람 ⑯ 바르게 수행하는 출가나 재가의 제자들을 헐뜯는 사람 ⑰ 깨닫지 못한 사람이 깨달았다고 주장하는 사람.

_『숫따니빠따*Suttanipāta*』「천한 사람의 경Vasalasutta」 중에서

이러한 사람이 대통령과 같이 높은 자리에 있거나 대중적 인기를 누린다하더라도 그 사람은 '천한 사람'일 수밖에 없다. 우리는 잘한 일은 다 '내 탓'이고, 일이 틀어지거나 잘못되면 '남 탓'을 하는 사람을 흔히 본다. 사실 요즘 TV만 틀면 나오는 수많은 뉴스거리가 바로 이런 '천한 사람'들의 이야기가 아닌가. 고귀한 척 하지만, 실은 천한 사람들이 넘쳐나는 세상이다. 나는 이 중에서 어떤 천한 행동을 하고 있는지 살펴볼 일이다.

준마가
둔마를 제치듯

주자학의 대성자인 송나라 주희는 "소년은 늙기 쉽고 학문은 이루기 어려우니, 짧은 시간이라도 헛되이 보내지 말라"라는 유명한 시를 남겼다. 『숫따니빠따』는 주희보다 한 걸음 더 나아가 "태어난 자들은 죽음을 면할 수 없다. 결국 늙음에 이르러 죽고 만다"라고 읊고 있다.

하루하루 시간은 더디게 갈 수 있다. '일각이 여삼추'라는 말처럼, 어떤 일의 결과나 보고픈 사람, 간절한 심정으로 기다리는 사람에게는 일초의 시간도 더디게 가는 것처럼 느껴진다. 반면에 어떤 재미에 푹 빠진 사람에게는 몇 시간도 몇 초 밖에 지나지 않은 것처럼 빠르게 지나간다. '신선놀음에 도끼자루 썩는지 모른다'는 속담이 말하는 바와 같다.

이렇게 신선놀음에 빠져 있는 사이 늙음과 죽음은 슬며시 다가와,

충격적인 당혹감을 안겨다준다. 그 전까지 우리에게 있어 늙음과 죽음은 남의 이야기이며, 소파에 기대어 보는 드라마 속의 이야기였다. 하루를 어떻게 재미있게 보낼 것인가 고민하며, 쾌락을 좇아 세월을 보내는 경우가 우리 범부(凡夫)들의 삶의 모습이다. 그런 의미에서 보면 수행자의 삶을 치열하게 살지 않으면, 출가자라고 해도 재가자와 다를 바 없는 범부이긴 마찬가지이다.

> "나태한 자들 가운데에서도 나태하지 않고, 잠자는 자들 가운데에서도 잘 깨어있는 지혜로운 자는 마치 준마가 둔마를 제치듯 나아갑니다."
> _『담마빠다Dhammapada』「방일하지 않음의 품Appamāṇavagga」중에서

『담마빠다』에 나오는 비유에서, 지혜로운 자는 나태하지 않은 자(appamatta)를 말한다. '나태함은 죽음의 길이며, 나태하지 않음은 불사(不死)의 길'이라고 부처님은 말씀하신다. 나아가 나태하지 않고 행위가 깨끗하고, 신중하게 행동하고 스스로 자제하며, 부처님의 가르침에 따라 사는 수행자(dhammajīvino)는 명성이 나날이 더해간다는 가르침도 이 비유를 전하는 경문에서 볼 수 있다.

수행은 똑똑하다고 잘하는 것이 아니다. 수행은 나태하지 않은 사람이 잘한다. 우리는 그 예를 쭐라빤타까(Cullapanthaka)의 예에서 볼 수 있다. 그는 친형의 권유로 출가했으나 너무도 우둔하여 절에서 쫓겨나게 된다. 절에서 쫓겨난 그는 어쩔 줄 몰라 하며 정사 주변을 서성거리고 있었다. 마침 그를 본 부처님은 쭐라빤타까를 자비

의 마음으로 이끌어 그에게 알맞은 가르침을 주신다. 그것은 흰 천으로 비구들의 신발을 닦아주는 일이었다. 4개월 동안 시 한 구절을 외우지 못한 그가, 아라한이 될 수 있었던 것은 부처님에 대한 흔들림 없는 믿음과 부처님의 가르침을 단 한순간도 게으름피지 않고 열심히 수행한 결과였다.

또 하나의 예를 들면, 살인귀로 악명을 떨친 앙굴리말라를 들 수 있다. 그는 999명을 죽여 그 손가락으로 목걸이를 만들어 몸에 걸치고 다녔기에 앙굴리말라라는 이름을 얻은 사람이었다. 그런 그가 부처님을 만나 진심으로 참회하고 수행한 결과 아라한이 되었다는 이야기는 너무나 유명하다.

앙굴리말라가 해탈의 즐거움을 시로 읊었는데, 그 첫 구절이 바로 나태함에 관련된 것이다. "예전에는 나태했어도 지금은 나태하지 않은 자, 그는 이 세상을 비추네." 나태함은 어둠이며, 나태하지 않음은 밝음이란 의미이다. 나아가 다른 경전에서는 "선정을 닦되 나태하지 마라. 나중에 후회하지 마라. 이것이 나의 가르침이다"는 말씀도 전한다. 수행할 수 있을 때, 부지런히 수행하지 않으면 반드시 훗날 후회하게 된다는 의미일 것이다.

우리는 게으름 피우지 않고 꾸준히 노력하는 거북이가 토끼를 이기는 이치를 이 '말'의 비유를 통해서도 엿볼 수 있다. 재능을 뛰어넘는 것이 노력임을 새삼 일깨워주는 비유이다.

어둠은 빛을
이기지 못한다

불교에서는 알지 못하는 것을 무명(無明)이라고 한다. 무명이란 밝음이 없는 것, 즉 어두움을 의미한다. 그리고 그 어두움은 진리에 대해 알지 못함을 비유적으로 표현한 것이다. 밤하늘에 달빛마저 없는 그 캄캄함을 상상해 보라. 막막함과 두려움, 그리고 온갖 환상과 상상이 대상을 왜곡시킨다. 저곳에 있는 나무가 마치 귀신인양 보이기도 하고, 바람소리가 동물소리처럼 들리기도 한다. 바닥에 떨어져 있는 나뭇가지가 뱀 인줄 알고 화들짝 놀라기도 한다. 이쯤 되면 제정신이 아니게 된다. 더구나 어느 방향이 옳은지 확신도 없으니, 더욱더 막막하다.

그러다가 저 멀리 불빛을 보게 되면, 마음은 다소 안도하게 된다. 불빛을 따라 가면 어둠에서 벗어날 수 있다는 희망이 두려움을 극복하게 한다. 정신을 바짝 차리면 차릴수록 대상이 분명하게 지각

되어 나무를 보고 귀신으로 착각하지 않게 된다. 환상과 상상에 의한 두려움에서 벗어나 마음은 점점 평온함을 찾게 된다. 이처럼 빛은 대상을 있는 그대로 보게 하는 힘을 갖고 있다. 그래서 경전에서는 빛을 지혜에 비유한다.

『앙굿따라 니까야』에 지혜를 빛(ābha)에 비유한 표현이 나온다.

"비구들이여, 네 종류의 빛이 있다. 무엇이 네 가지인가? 달빛, 햇빛, 불빛, 지혜의 빛이다. 비구들이여, 이 네 가지 빛 가운데 지혜의 빛이 최상이다."

_『앙굿따라 니까야*Aṅguttara Nikāya*』「빛의 경*Ābhāsutta*」중에서

여기서 지혜의 빛은 빤냐브하(paññābha)라고 표현되는데, 빤냐는 한역으로 반야(般若)이다. 그럼 여기서 말하는 지혜란 무엇일까. 이 세상이 고통임을 여실하게 아는 것, 그리고 팔정도 사성제가 고통의 소멸로 이끄는 길임을 명확하게 알고 그것을 실천하는 것, 마지막으로 고통이 소멸된 상태를 그대로 아는 것이 지혜의 내용이라고 할 수 있다. 따라서 지혜란 어떤 우주적 신비에 대한 앎을 의미하거나, 신비로운 그 무엇을 의미하는 것이 아니다. 지금 내가 있는 이곳을 있는 그대로 보는 것, 어떤 환상이나 상상으로 덧보태어지거나 왜곡되지 않게 여실(如實: 있는 그대로)하게 보는 것이 지혜이다.

그런데 이러한 지혜는 단순한 앎의 차원, 이해의 차원이 아니다. 사막을 몇 날 며칠 헤매던 사람이 오아시스를 만나 마시는 물 한 모

금과 말 그대로 물을 '물 마시듯' 마시는 사람이 '물'을 이해하는 것은 천지 차이일 것이다. 누구나 물이 소중하다는 것은 알지만, 그것을 뼛속까지 깨닫고 아는 사람은 사막을 헤맨 사람이다. 그럴 때 그 앎이 단순한 이해의 차원에서 삶의 영역으로 확대되어, 실제 삶을 변화시킬 수 있는 것이다. 지혜란 이렇듯 나의 삶을 변화시키는 힘을 갖고 있다.

이러한 의미는 단어에 대한 이해를 통해서도 알 수 있다. 빤냐(paññā)는 동사 빠자나띠(pajānāti, 알다, 이해하다)에서 파생된 명사이다. 빠자나띠는 다시 자나띠(jānāti, 알다)에 'pa'라는 접두사가 붙은 동사로, 자나띠의 의미가 강화된 말이다. 그래서 단순한 앎이 아니라 '분명하게 알다' 혹은 '경험적으로 철저하게 알다'란 의미가 된다. 그러므로 빤냐, 곧 지혜는 '경험적으로 분명하고 철저하게 아는 것'을 의미하게 된다.

만약 어떤 사람이 반야, 곧 지혜를 얻게 된다면 그 사람은 삶의 모습이 변할 수밖에 없다. 늘 깨어있는 밝고 맑은 지혜의 빛으로 자신을 비추고 대상을 비추기에 어떠한 왜곡도 일어나지 않고, 어떠한 것에도 속임을 당하지 않으며, 어떠한 것에도 속박되지 않는 대자유인이 되는 것이다. 그리고 그의 행동 하나하나는 다른 사람을 이롭게 하는 보살행으로 나타나게 되는 것이다.

마음의 병

　사람은 태어나서 죽을 때까지 크든 작든 다양한 병으로 고통받는다. 하지만 그 중에는 타고난 건강 체질이 있어서 소소한 감기 정도나 가끔 걸릴까 건강한 삶을 사는 사람도 있다. 더구나 요즘은 늙음도 더디 오는 것 같다. 예전엔 70세라고 하면 고희라고 해서 동네에서 크게 잔치를 벌이기도 했지만, 요즘은 가족들끼리 간단하게 식사하는 것으로 대신하는 경우가 많다. 70세를 산다는 게 그리 남다른 일도 아닌 까닭일 것이다. 확실히 예전보다 10년 이상은 젊게 사는 것 같다.

　그렇다 보니 생로병사가 고통이라고 하면, 죽음에 대해서는 긍정하지만 나머지에 대해서는 고개를 갸우뚱하는 사람도 있다. 그리고 '태어남은 축복이지 않은가?' 하고 반문한다. 물론 축복이다. 하지만 죽음을 고통으로 본다면 태어남의 이면에 죽음이 있는 것이니, 태어남이 고통일 수 있는 것이다. 더구나 정도의 차이는 있지만 이런 저런 병으로 고통을 받고, 늙음에서 자유로울 수 없으니, 태어남은 고통의 시작인 셈이다.

신체가 건강해 병에 잘 걸리지 않는 사람도 피할 수 없는 병이 있으니, 그것은 곧 마음의 병이다. 마음의 병은 욕망에서 비롯되는 것인데, 사람은 살아가면서 욕망에서 자유롭기 힘들다. 돈에 대한 욕망, 성적인 욕망, 명예에 대한 욕망, 권력에 대한 욕망, 소유에 대한 욕망 등 우리는 욕망으로 가득 찬 세상에서 살고 있다. 이러한 욕망에서 파생된 수많은 병리적 현상은 이루 헤아릴 수 없을 정도이다. 그래서 타고난 신체적 건강은 있을 수 있으나, 타고난 마음의 건강은 있을 수 없다. 이를 경전 『앙굿따라 니까야』에서는 이렇게 말하고 있다.

"비구들이여, 중생들은 몸의 병에 관한한 1년 동안은 건강하게 지내기도 하고 2년 동안 건강하게 지내기도 하고 3년, 4년, 5년, 10년, 20년, 30년, 40년, 50년 동안 건강하게 지내기도 하고 100년 동안 건강하게 지내기도 한다. 비구들이여, 그러나 이 세상에서 마음의 병에 관한한 잠시라도 건강하게 지내는 중생들은 번뇌를 다한 자들을 제외하고는 참으로 만나기 어렵다."

_『앙굿따라 니까야Aṅguttara Nikāya』 「병의 경Rogasutta」 중에서

번뇌를 의미하는 끼레사(kilesa)는 '더러워지다' '오염되다'를 의

미하는 동사 끼리싸띠(kilissati)에서 파생된 명사이다. 즉 마음이 오염된 상태, 더러워진 상태, 물든 상태가 바로 번뇌인 것이다. 그러니 번뇌를 다한 자가 아니라면 마음의 병에서 한시라도 건강하게 지낼 수 없다. 욕망으로 물든 마음, 욕망에 오염된 마음, 욕망으로 더러워진 마음은 병든 마음이란 것이다.

그런데 문제는 몸에 병이 들면 바로 알아 병원에 가서 치료를 하지만, 마음의 병은 그렇지 않다는 것이다. 흔히 심각한 우울증이나 심한 정신질환을 앓지 않는다면 병원에 가서 치료하지 않는다. 그리고 마음의 병은 병원에 가서 치료할 수도 없다. 그리고 더 큰 문제는 내가 마음의 병을 앓고 있다는 것에 대해서 자각도 하지 못한다는 것이다. 오히려 욕망에 물든, 욕망에 의해 더럽혀진 마음이 '정상'이라고 생각하기도 한다. 말하자면 '나 같은 중생이 번뇌를 갖고 있는 것은 당연하지 않은가'와 같이 생각하는 것이다. 그러면서 번뇌를 없애고자 하는 노력조차 하지 않는다.

손톱 밑에 가시만 박혀도 괴로워하며 난리를 치는데 마음에 병에는 참으로 놀라울 만큼 무관심하다. 부처님의 가르침은 내가 나의 몸을 살피듯, 마음을 살피어 마음에 병이 들지 않도록 하라는 것이다. 마음에 병이 없는 것이 진정한 건강이다.

병든 이를
치료하는 의왕(醫王)

　불교는 종종 의학에 비유되곤 한다. 의학이 병든 사람을 치료하듯이, 부처님의 가르침은 번뇌로 아파하는 사람들을 치료하기 때문이다. 육체의 질병은 사람이 살아가는 한, 벗어날 수 없다는 점에서 의학의 한계는 분명하다. 그에 반해 번뇌는 일단 제거하게 되면 다시는 번뇌로 인해 아파하지 않게 된다. 그런 점에서 육체의 질병을 치유하는 의사보다 부처님의 의술이 더 높다고 하겠다. 부처님을 의왕에 비유하는 것은 초기경전 이래 무수한 경전에서 언급하고 있다. 『화엄경』 50권에서도 부처님을 의왕에 비유한 내용이 나온다.

　"마치 뛰어난 의술을 지닌 어떤 의왕(醫王)이 병자를 보기만 해도 모든 병이 치유되듯이, 비록 죽을 목숨이지만 몸에 약을 발라, 그 몸의 작용을 병이 있기 전과 같이 하네. 가장 뛰어난 의왕 역시 이와 같아, 모든 방편과 일체지를 구족하여, 예전의 묘행(妙行)으로 부처의 몸을 나타내어, 중생들을 보기만 해도 중생들의 번뇌가 없어지네."

_『대방광불화엄경』「여래출현품」1에서

의왕이 훌륭한 의술로 병자의 병을 치유하듯이, 최고(最勝)의 의왕이신 부처님은 온갖 방편과 지혜로 중생들의 번뇌를 제거해 주신다는 내용이다. 훌륭한 의사란 병의 증상에 따라 그에 꼭 맞는 처방을 내릴 수 있어야 한다. 그리고 나아가 그 병이 재발하지 않도록 해주어야 한다. 그런 의미에서 부처님은 최고의 의사이다. 부처님은 중생들에 따라 번뇌를 소멸시킬 수 있는 다양한 처방으로, 다시는 번뇌에 물들어 생로병사의 고통 속에 빠지지 않도록 하기 때문이다. 부처님은 어떠한 경우에도 결코 포기하지 않고 끝까지 대자대비의 마음으로 고통에 버거워 하는 사람에게 자비의 손길을 건네는 분이다. 그래서 부처님을 자부(慈父)라고도 표현한다.

부처님은 온갖 방편을 자유자재로 구사하는 것과 최고의 지혜로 중생의 능력과 아픔을 꿰뚫어 보는 것뿐만 아니라, 묘행((妙行)을 갖추고 있다. 『화엄경』 십지품에는 10가지 묘행에 대한 이야기가 나온다. 그 중의 몇 가지를 보면 '① 공(空)·무상(無相)·무원(無願)을 닦으며, 자비심을 가지고 중생 곁에 머물며 ② 탐욕과 어리석음과 같은 번뇌를 없애는 방법을 보여주고, ③ 중생의 믿음과 이해에 따라 여러 방편으로 설하는 것' 등이 있다.

여기서 말하는 묘행이란 범어로는 수짜리따(sucarita)에 해당한다. 이를 직역하면 '바른 행위' 또는 '좋은 행위'가 된다. 그리고 선업을 낳는 불가사의한 행위 일체를 의미하기도 한다. 부처님의 일체의 행위는 이렇듯 중생을 위한 불가사의한 행위로 나타나기에 '묘행'이라고 한 것이다. 묘행의 내용을 통해서도 부처님이 왜 의왕인지 엿볼 수 있다.

한편 부처님을 의왕에 비유한 것은 자비의 화신임을 나타내기 위함이다. 그리고 나아가 그러한 부처님을 본받고자 하는 불제자 역시 자비의 화신인 의왕이 되도록 힘써야 한다는 메시지가 이 비유에 담겨있다고 말할 수 있다. 우리가 부처님의 자비를 확신할 때, 우리의 말과 행동은 또 다른 자비의 손길이 되어 다른 사람에게 영향을 미치게 된다. 우리는 자비의 수혜자임과 동시에 자비의 실천자, 구현자가 되는 것이다.

부처님이 방편과 일체지를 갖춘 의왕이듯이, 우리 역시 그러한 의왕의 행을 실천하고자 하는 원력을 세워야 한다. 어렵지만 하나씩 내가 할 수 있는 범위에서 실천해 간다면 나도 모르는 사이에 우리는 다른 사람의 아픔에 공감하고 어루만질 수 있는 훌륭한 의사가 되어있을 것이다.

사람을
길들이는 자

인간은 다양한 동물을 길들여 키워왔다. 말이나 소와 같은 동물은 교통이나 운반을 목적으로 길들였고, 개와 같은 동물은 애완동물로 혹은 집을 지키거나 사냥을 목적으로 길들여왔다. 이 길들인다는 표현을 조금만 고쳐 보면, 사람도 역시 길들여진 것임을 알 수 있다.

빨리어에서 '길들이다'라는 표현은 담마(damma)이다. 이 단어는 담마띠(dammati)라는 동사의 의무분사형태로 정확하게 표현하면 '길들여져야 하는'이란 의미가 된다. 이 의미는 '가르쳐 이끌다'라는 의미라고 주석서에서는 설명한다. 이런 의미에서 본다면, 인간 역시 길들여진 존재이다. 다양한 관습과 학습을 통해 그 사회에서 요구하는 인간상으로 길들여진 것이다.

하지만 모든 사람이 길들여지는 것은 아닌 것 같다. 길들여지지 않는다는 의미에는 두 가지가 있는데, 하나는 관습적으로 당연시 해

오던 혹은 상식이라고 알려진 것들에 대해 비판적인 태도를 취하는 것이고, 다른 하나는 어떠한 이유에서건 파괴적인 성향을 지닌 경우이다. 전자는 사회를 건강하게 만드는데 반드시 필요하지만 후자의 경우는 공동체를 불안하게 만들어 결국엔 와해시키는 부정적인 결과를 초래하는 면이 강하다.

하지만 일부 통치자의 입장에서 보면, 자신이 원하는 방향으로 국민들을 길들이고 싶을 것이다. 어떤 것이든 길들여지지 않는 사람이 있다는 것은 달갑지 않을 것이다. 역사를 보면 그 결과는 대부분 부정적으로 나타났다. 따라서 다양한 문제에 대해서 비판적 입장과 견해를 제시할 수 있는 자유로운 사회가 될 수 있도록 사회적 분위기를 만들어가는 것이 현명한 통치자가 반드시 갖추어야 할 덕목이 아닐까 싶다.

우리는 이렇게 길들이는 사람을 조련사라고 표현한다. 대부분 조련사란 동물을 길들이는 사람을 가리키는 말로 사용되는데, 이 조련사를 부처님의 덕성에 비유하기도 한다. 그것이 부처님의 10대 명호 가운데 하나인 '조어장부(purisadammasārathī)'이다. 경전에서는 다음과 같이 설명한다.

"수행하는 스승들 가운데 그는 사람을 길들이는 스승이라 불린다. 불리는 것은 무엇 때문인가? 비구들이여, 코끼리 조련사에 의해서 훈련된 코끼리는 달리더라도 한 방향, 동쪽이나 서쪽이나 북쪽이나 남쪽으로 달린다. … 비구들이여, 여래, 아라한, 정등각자에 의해 가르쳐진 사람은 달리더라도 여덟 방향으로 달린다."

_『맛지마 니까야*Majjhima Nikāya*』
「육처에 대한 분석의 경Saḷāyatanavibhaṅgasutta」 중에서

여덟 방향이란 팔정도를 말한다. 즉 사람들을 가르쳐 여덟 가지 바른 정도를 취하도록 한다는 것이다. 팔정도를 잘 알고 그것을 실천하는 사람은 편협되고 독선적인 사고방식을 고집하지 않으며, 욕망에 사로잡혀 욕망의 노예로 살지 않는다. 그리고 폭력과 향락과 이기적 욕망에 사로잡혀 다른 사람을, 나아가 생명을 해치지 않게 된다.

이처럼 사람을 길들인다는 것은 바른 눈을 갖추도록 이끌고 가르친다는 의미이지, 맹신으로 이끄는 것이 아니다. 따라서 부처님에 의해 잘 길들여진 사람은 버려야할 것과 취해야 할 것, 올바른 것과 올바르지 못한 것을 바르게 분별할 수 있게 된다.

한편 다른 경전『맛지마 니까야*Majjhima Nikāya*』「옷감에 대한 비유의 경Vatthūpamasutta」에서는 부정한 탐욕, 악의, 격분, 질투, 인색, 거짓, 기만, 고집, 선입견, 자만, 오만, 교만, 게으름 등을 마음의 더러움이라고 표현한다. 그러한 더럽고 불건전한 마음을 어떻게 버려야 할지를 잘 설하고 계시기 때문에 조어장부, 즉 사람들을 잘 길들여 이끄는 분이라는 내용으로도 설명되고 있다.

땅과 같이

　불교는 수행의 종교이다. 수행의 종교란 말이 어렵게 느껴질 수도 있다. 수행이란 말을 쉽게 표현하면 '실천'이라고 해도 좋을 것 같다. 즉 불교는 관념의 종교가 아닌 실천의 종교란 말이다. 이를 다른 말로 하면, 증득(證得)의 종교가 된다. 증득이란 경험이나 체험을 통해 철저하게 자신의 것이 되는 것을 말한다. 다른 사람의 경험이 아닌, 나의 경험이다. 말하자면 갈증이 날 때, 다른 사람이 물을 마시며 '시원하다'라고 하는 것을 간접 경험하는 것이 아니라 자신이 직접 물을 마셔서 그러한 경험을 하는 것이다.

　이것이 바로 부처님이 우리에게 말씀하시는 것이다. 이러한 자기 경험을 할 수 있게 하는 것, 그것이 바로 수행이다. 그래서 수행을 하게 되면 그것은 실질적인 결과를 초래한다. 우리가 수행을 통해 얻게 되는 결과는 일일이 열거하지 못할 만큼 다양하다. 하나의 예를 들면 수행을 통해 우리는 '지혜'를 얻게 되고 현실 속에서, 삶 속에서 경험하는 다양한 문제들을 해결할 수 있게 된다. 그리고 궁극적으로 고통의 원인을 제거하여 해탈, 열반을 성취하게 된다.

경전 안에는 수행에 대한 무수히 많은 가르침이 담겨있다. 그 가운데 수행을 할 때 '땅과 같이'하라는 가르침이 있다. 그 내용을 보면 다음과 같다.

> "라훌라여, 땅과 같이 수행하라. 라훌라여, 만약 그대가 땅과 같이 수행한다면, 이미 생겨난 즐겁고 즐겁지 못한 접촉들이 그대의 마음을 붙잡아두지 못할 것이다. 라훌라여, 예를 들면 땅에게 깨끗한 것을 버리더라도, 더러운 것을 버리더라도, 똥을 버리더라도, 오줌을 버리더라도, 침을 버리더라도, 고름을 버리더라도, 피를 버리더라도, 그것으로 인해 땅이 곤혹해 하거나, 수치스러워하거나, 싫어하지 않듯이, 이와 같이 라훌라여 그대는 땅과 같이 수행하라."
>
> _『맛지마 니까야Majjhima Nikāya』
> 「라훌라에 대한 커다란 훈계의 경Mahārāhulovādasutta」 중에서

위 인용문은 「라훌라에 대한 커다란 훈계의 경」의 일부이다. 이 경전은 라훌라를 위한 수행의 지침을 제시하고 있다. 여기에서 부처님은 라훌라에게 '땅과 같이 수행하라'고 말씀하신다. 땅과 같이 수행하면 우리가 감각기관(눈, 귀, 코, 혀, 몸, 마음)을 통해 받아들이는 '좋은 느낌이나 불쾌한 느낌'들에 마음이 사로잡히지 않게 된다는

것이다. 말하자면 감정이나 환경에 휘둘리지 않게 된다.

우리는 혼자서는 살 수 없는 존재이며, 어떤 방식으로든 '관계' 속에서 살 수 밖에 없다. 그렇기에 '관계'를 통해 '좋다'와 '싫다' 같은 다양한 감정을 느끼고, 대상을 평가한다. 이것을 다른 말로 '분별심'이라고 한다. 분별하는 마음은 집착하는 마음을 일으키게 되고, 그 집착이 대상에 나의 마음을 붙들어 매게 한다. 이것은 좋아하는 대상만이 아니라, 싫어하는 대상도 마찬가지이다. 싫어하는 대상을 밀쳐내는 것, 이것도 집착이다. 하지만 우리가 '땅과 같이' 마음을 쓰게 되면 분별하지 않기에 집착하는 마음을 일으키지 않게 된다. 그러면 이를 통해 우리는 취하고, 밀쳐내는 방식으로 만들어지는 다양한 감정들로부터 자유롭게 된다.

이렇게 아는 것만으로도 우리 삶은 크게 변할 수 있다. 무조건 '좋다' 또는 '싫다'라는 감정에 의지했던 삶에서, 그러한 감정의 원인을 찾아내고 나의 반응을 통제하는 삶으로 변하게 될 것이다. 이 말은 피동적인 삶이 아닌 주체적인 삶이 된다는 것이다. 이것은 수행을 통해 얻게 되는 많은 결과 가운데 하나이다.

두 번째 화살은
맞지 말자

불교에서 화살은 자주 언급되는 비유 가운데 하나이다. 가장 잘 알려져 있는 것이 '독화살의 비유'일 것이다. 그 외에도 초기경전에서는 탐욕이나 분노와 같은 불건전한 정서를 '화살'에 비유하는 경우가 많다. 화살이란 전쟁에서 사용되는 것으로 상대방을 죽이거나 큰 상처를 입혀 전쟁을 수행하지 못하게 하는 물건이다. 말 그대로 상대를 해치는 무기인 것이다. 이런 무기를 비유로 사용하는 것은 탐욕이나 분노와 같은 번뇌들이 그것을 품은 사람을 해치기 때문이다. 걸핏하면 전쟁이 일어났던 당시 북인도의 사정을 감안하면 아마도 사람들이 번뇌의 해로움을 아는데 화살의 비유보다 좋은 예도 드물었을 것이다. 그리고 또 다른 화살의 비유가 있다. 그것을 '두 번째 화살의 비유'라고 한다. 그 내용은 다음과 같다.

"비구들이여, 배우지 못한 범부는 육체적 괴로움을 겪게 되면, 근심하고 상심하며 슬퍼하고 울부짖고 광란한다. 그는 육체적 느낌과 마음의 느낌에 의해서 이중으로 고통을 받는다. 마치 어떤 사람이 화살에 맞았는데, 다시 두 번째 화살에 또 다시 맞는 것과 같다. 그는 두 개의 화살 때문에 괴로움을 모두 다 겪는다."

_『상윳따 니까야*Saṃyutta Nikāya*』「화살의 경*Sallasutta*」중에서

여기서 '배우지 못한 범부'란 부처님의 가르침을 듣지 못한 일반 사람을 말한다. 가르침을 배우지 못했기에 괴로움에 대처하는 방법을 모르고, 근심하고 슬퍼하며, 결국 정신이 미쳐 날뛰기에 이른다. 따라서 배우지 못한 것은 세속적인 학문의 성취와는 관계가 없는 것이다. 아무리 많이 배워 학식이 높아도 부처님의 가르침을 알지 못하고, 그것을 실천하지 못하면 범부인 것이다. 달리 표현해서 지혜가 없는 사람인 것이다. 지혜가 없는 사람은 한 번 화살에 맞았음에도 두 번째 화살로, 나아가 세 번째 화살로 자신을 괴롭힌다. 말하자면 누군가가 나에게 욕을 했다고 하자. 욕을 듣는 순간 첫 번째 화살을 맞은 것이다. 그런데 첫 번째 화살의 경우는 대부분 피할 수 없다. 문제는 그 다음이다.

집에 돌아와 그 상황을 생각하니 점점 더 화가 나면서 '그 놈이 나에게 욕을 해?'라고 반복적으로 그때를 되뇌며 분노에 떨게 된다. 이것이 두 번째 화살이다. 그런데 이렇게 되면 두 번째에서 멈추는 것이 아니라, 세 번째 네 번째로 계속해서 이어지게 된다. 결국 욕

은 한 번 들었지만, 자기 마음속에서 끊임없이 욕을 되풀이해 듣고 거듭 분노하기 때문에 사실은 계속해서 욕을 듣는 것과 마찬가지가 된다. 그래서 경전에서 '그는 두 개의 화살 때문에 괴로움을 모두 다 겪는다'라고 표현한 것이다.

살다보면 우리는 원하지 않는 상황에 놓이게 된다. 그리고 그 상황 속에서 괴로워하기도 하고, 때로는 다른 사람을 괴롭히기도 한다. 괴롭히거나 괴롭힘을 당하는 것 모두 사실은 불편한 상황이다. 다른 사람을 괴롭히는 것을 즐기는 것은 정신적으로 불건강한 상태이다. 그 상황을 괴로움으로 받아들이는 사람은 다른 사람을 괴롭히는 일을 바로 중단할 수 있게 되고, 피치 못할 상황이라면 어떻게 하든 그 사람을 덜 고통스럽게 하기 위해 애쓸 것이다.

여하튼 우리는 다양한 상황 속에서 괴로움을 받는다. 하지만 괴로움을 한 번 받으면 그것으로 족한 줄 알아야 한다. 그리고 스스로 되풀이하여 분노를 키우지 말아야 할 것이다. 그런데 우리는 끊임없이 분노하는 방식을 택한다. 그리고 그것을 자신에게 이롭다고 생각한다. 하지만 분노를 키우면 키울수록 결국은 내가 내 자신을 괴롭히는 결과가 될 뿐이다. 이 사실을 알 때, 우리는 비로소 분노의 방식을 포기할 수 있게 된다. 포기하는 이유는 어쩔 수 없어서가 아니라, 그것이 나에게 이익이 되지 않음을 알기 때문인 것이다. 그러면 두 번째 화살을 맞지 않게 되는 것이다.

그리고 한편으로 내가 다른 사람에게 고통의 화살을 쏘고 있지 않나 살펴보아야 한다. 내가 고통 받기를 싫어하면 다른 사람도 역시 마찬가지이다. 그러니 살피고 살펴 자신도 모르는 사이에 말이나 행동을 통해 다른 사람을 고통스럽게 하는 화살을 쏘지 않도록 세심하게 살피고 노력해야 할 것이다.

인생이 묻고 붓다가 답하다

2장

불교로
인생을
말하다

인생은
나그네

'인생은 나그네길 어디서 왔다가 어디로 가는가'라는 노랫말이 있다. 우리 인생은 한곳에 정착된 것이 아니란 의미일 것이다. 정착이란 어떤 곳에서 주인으로 산다는 것이다. 하지만 인생을 길게 100년이라고 볼 때, 우리가 머물며 주인행세를 할 수 있는 시간 역시 100년에 한정된다. 그 제한된 시간이 지나면 원하지 않아도 우리는 이곳에서 떠나야 한다. 떠나고 싶지 않은데 떠나야 하기에 '나그네'인 셈이다. 사랑하는 사람은 물론 내가 평생 살던 곳에서도 이별해야 한다. 그렇게 보면 '내 집' '내 것' 이라고 주장할 만한 것이 없다는 것을 알 수 있다.

부와 명예를 지닌 어느 유명 연예인은 평소 남모르게 많은 기부를 실천했지만, 정작 자신의 집은 전세라고 말했다. 그 이유는 어차피 죽으면 아무것도 가져가지 못하는데, 굳이 집을 사고 땅을 넓힐 이유가 없다는 것이었다. 또 다른 이유는 집을 넓히고 땅을 넓히는 것보다 선한 일을 한 가지라도 더 하기 위함이라고 했다. 선한 일을 해야지 하고 생각만 갖는 것과 그것을 실천하는 것은 하늘과 땅 만큼 다른 일이다.

『법구비유경』에 우리 몸을 나그네(잠깐 머무는 삶)에 비유한 내용이 나온다. 그 내용을 보면 다음과 같다.

> "몸이 있다고 하나 오래지 않아 모두 흙으로 돌아간다. 몸이 무너지고(形壞) 마음이 떠나니(神去), 잠깐 머무는 삶(寄住) 무엇을 탐하는가?"

기주(寄住)란 '잠시 다른 곳에 얹혀살다'란 의미이다. 우리는 길을 가다 잠시 몸을 의탁하여 머무는 사람을 나그네라고 부른다. 기주란 바로 이 나그네를 의미하는 것이다. 경전의 내용은 우리의 삶이 결국은 '나그네'라는 것을 비유적으로 표현한 것이다. 그 이유를 보면, 우리가 평소 '나'라고 생각하고 집착하는 것이 모두 무상하여 실체가 없는 것이기 때문임을 알 수 있다.

우리는 육체를 '나'라고 생각하며 산다. 하지만 예를 들어, 사고로 팔을 잃었다고 하자. 그러면 그 팔은 '나'일까 아닐까. 떨어져 나가 더 이상 기능하지 않는 팔을 '나'라고 끌어안고 살 사람은 없을 것이다. 그것이 이 몸에 붙어 '팔'로써 기능할 때 '나' 혹은 '내 것'이라는 의미가 부여될 뿐이다. 그렇기에 나의 몸은 임시로 '나' 혹은 '내 것'이라고 의미가 부여된 것에 불과하다.

이를 잘 표현하는 것으로 '몸을 벗는다'라는 표현이 있다. 옷을 벗듯이, 이 육신을 벗는다는 것이다. 육체의 기능이 다하면, 이 육체는 더 이상 고마운 대상이 아니다. 거추장스럽고, 괴로움을 주는 대상이 될 뿐이다. 그러니 낡은 옷을 벗듯이 그렇게 벗어버린다는 것이다.

그리고 마음이라고 하는 것 역시 마찬가지이다. 마음이 있다고는 하지만, 그 마음은 육체와 달리 볼 수도 없고 보여줄 수도 없다. 마음은 우리의 말과 행동으로 드러날 뿐이다. 마음과 육체는 서로 의지하는 상의(相依)적 관계이다. 마음이 없는 육체는 길거리에 나뒹구는 나무토막과 같고, 육체 없는 마음은 존재할 수 없다. 그러니 그 어떤 것도 '나'라고 할 수 없는 것이다.

머문 자리에 흔적을 남기지 않는 사람은 뒷사람에게 욕먹을 일이 없다. 흔적을 남기지 않는 일은 어려우니, 더러운 흔적을 남기는 것보다는 아름다운 자취를 남기는 '나그네'가 좋지 않을까. 그러기 위해 노력하는 것 또한 '수행'이 아닐까 싶다.

소가 되고 싶은
당나귀

　고양이가 호랑이가 되고, 당나귀가 소가 될 수 있을까. 고양이가
호랑이가 되는 생각을 한다고, 혹은 당나귀가 소가 되는 생각을 한
다고 그렇게 될 수 있을까. 그것은 불가능한 일이다. 그런데 간혹 이
런 불가능한 일을 꿈꾸는 사람들이 있다.

　선하고자 노력하지 않고, 자신이 선한 사람이라고 생각하는 사
람. 그저 평범할 뿐인데, 자신을 마치 거부인 것처럼 생각하며 흥청
망청 하는 사람. 생각은 미숙한데, 자신이 모든 것을 다 아는 것처
럼 생각하는 사람. 자신에게 조그마한 능력이 있는데, 그것으로 세
상 사람 위에 군림할 수 있는 것처럼 생각하는 사람. 하룻밤 꿈과
같은 권세를 지니고는 그것이 영원할 듯 유세를 떠는 사람. 이러한
사람들이 고양이가 호랑이가 되거나, 당나귀가 소가 되고자 생각하
는 사람들이다.

이러한 사람들은 자신이 만들어낸 생각 속에 산다는 공통점을 지닌다. 생각은 관념이지 실재하는 것이 아니다. 현실과 실재가 일치하지 않으면, 그 사람은 혼돈 속에 살게 되고 결국은 현실을 부정하며 자기가 만든 관념의 성안에 갇히고 만다.

그래서 우리는 늘 현실에 충실하고자 노력해야 하며, 관념에 사로잡히지 않도록 배움을 게을리하지 말아야 한다. 이러한 내용을 『앙굿따라 니까야』「수행자의 경(Samaṇasutta)」은 다음과 같이 표현하고 있다.

"비구들이여, 예를 들어 한 당나귀가 소 떼들의 뒤를 따라가면서 '나도 소이다. 나도 소이다'라고 생각하고 있어도, 당나귀에게는 소와 같은 모습, 소와 같은 목소리, 소와 같은 발걸음이 없기 때문에, 소 떼들의 뒤를 따라가면서 '나도 소이다. 나도 소이다'라고 단지 생각만 할 뿐이다. … 그래서 비구들이여, 이와 같이 배워야 한다. 우리는 보다 높은 계행에 대한 배움에 치열한 의욕을 일으켜야 하고, 보다 높은 마음에 대한 배움에 치열한 의욕을 일으켜야 하고, 보다 높은 지혜에 대한 배움에 치열한 의욕을 일으켜야 한다."

소는 '나는 소이다'라고 생각하지 않는다. 다만 소로 살 뿐이다. 소가 소로 사는 것은 관념 속에 사는 것이 아니다. 반면 당나귀가 소로 사는 것은 현실을 사는 것이 아니라 관념 속에 갇혀 사는 것이다.

우리는 '선한 사람이다'라고 생각하지 말고, 선한 사람으로 살아야 한다. 선하게 생각하고, 선하게 행동하여, 생각과 행동이 일치하도록 노력해야 한다. 평범한 삶이면 그 삶에 충실하게 살면 된다. 부자나 영웅처럼 살려고 애쓸 필요가 없다. 평범한 삶이지만 삶에 충실하고 늘 배우고자 노력하며 그 배움을 실천하게 되면, 부자가 되려고 상상의 나래를 펴지 않아도 어느 순간 부자가 되어 살고 있을 것이다. 부자처럼 사는 것이 아니라, 부자로 사는 삶이 진짜다.

당나귀가 '소라는 환상'을 버리게 되면, 당나귀는 더 이상 소를 추구하지 않고 당나귀의 삶을 살 수 있게 된다. 우리가 환상을 버릴 때 진짜가 드러난다. 그럴 때 나는 '나로서' 살 수 있게 된다. 현실이라는 땅을 딛고 살 것인가, 아니면 환상 속에서 허우적댈 것인가는 선택의 문제이다. 당나귀로 살 것인지, 당나귀임을 부정하지만 소가 되지 못한 당나귀로 살 것인지.

부처님께서는 '단지 생각할 뿐'인 삶을 살지 말고, 현실에 발을 굳건히 딛고 최선을 다한 삶을 살 것을 말씀하신다. 남을 흉내 내며 일생을 허비하지 말고, 자신이 주인이 되어 자신의 삶을 살라는 것이다. '나는 어떤 삶을 살고 있을까?' 생각해 볼 일이다.

대나무를 죽이는
열매(竹實)

『장자(莊子)』라는 책에 대나무 열매와 관련된 내용이 나온다. 원추(鵷鶵)는 오동나무가 아니면 머무르지 않고, 대나무의 열매(練實)가 아니면 먹지 않는다는 내용이다. 원추는 전설속의 새로, 봉황으로도 해석된다. 이 새는 아무것이나 먹지 않고 대나무 열매만 먹는다고 한다. 장자는 자신은 사사로운 욕망에 사로잡히지 않는다는 것을 표현하기 위해 이 이야기를 한 것이다.

대나무 열매는 매우 희귀하여, 이것을 보면 행운이 찾아온다고 한다. 하지만 대나무가 열매를 맺으면 대나무는 말라죽는다고 전해진다. 대나무 열매의 이러한 특성에 주목한 가르침이, 『이띠붓따까 Itivuttaka』「선하지 못한 것의 뿌리의 경Akusalamūlasutta」이라는 경전에 나온다. 그 내용은 이러하다.

"자신에게서 생겨난 탐욕과 분노와 어리석음은 악한 마음을 지닌 사람을 해친다. 마치 대나무(tacasāra)의 열매와 같이."

대나무는 60~120년을 주기로 열매를 맺는다고 한다. 하지만 열매를 맺은 대나무는 그 후 죽음을 맞는다. 열매는 대나무에서 생겨나지, 결코 밖에서 생겨나는 것이 아니다. 그런데 그 열매가 자신을 품은 대나무를 죽게 만든다.

이런 의미로 경전에서는 탐욕과 성냄과 어리석음을 대나무 열매에 비유하고 있다. 탐욕과 분노, 어리석음을 삼독(三毒)이라고 하는데, 번뇌 가운데 가장 근본이 되는 것들이다. 이 삼독은 바깥에서 주어지거나, 생겨나 들어오는 것이 아닌 내 안에서 생겨나는 것들이다. 대나무 열매가 대나무에서 자라나 대나무를 죽이듯이, 내 안에서 생겨난 탐욕, 분노, 어리석음이 결국 나 자신을 해치는 결과를 초래한다.

탐욕은 더 큰 탐욕을 불러온다. 그것이 탐욕의 본성이기 때문이다. 분노는 모든 것을 태워, 황폐하게 만들기 전에는 결코 멈추지 않는다. 그것이 분노의 본성이기 때문이다. 탐욕으로 탐욕을 만족시킬 수 있다고 생각하는 것, 분노로 분노를 해결할 수 있다고 보는 것이 어리석음이다. 그래서 부처님은 몸을 자제하고, 말을 자제하고, 생각을 자제하는 것이 지혜로운 자의 처신이라고 말씀하신다. 신구의 (身口意)를 잘 단속하고, 제어하는 사람은 결코 탐욕과 분노와 어리석음이 해치지 못한다는 의미이다.

탐욕을 다스리고, 분노를 다스리기 위해서는 그에 맞는 약을 처방해야 한다. 『법구경』에서는 분노는 버림으로, 탐욕은 보시로 이길 수 있다고 말한다. 하지만 분노를 버리는 것은 쉬운 일이 아니다. 또한 자신이 갖고 싶은 것, 혹은 아끼는 것을 베푸는 것 또한 결코 쉬운 일이 아니다. 분노를 버리는 것이, 남에게 베푸는 것이 진실된 이익이라는 것을 명확히 알아야 분노를 버릴 수 있고, 베풀 수 있게 된다. 분노를 억누르기만 하는 것은 화병을 초래한다. 분노는 억누르면 억누를수록 그 힘이 강해지기 때문에 분노는 버려야 하는 것이다.

그래서 부처님께서는 항상 깨어있으면서 밤낮으로 배움을 익히라고 하신다. 밤낮으로 계정혜(戒定慧), 즉 도덕적 생활을 습관화 하고, 마음을 고요히 하여 가르침을 실천하고, 지혜를 닦고, 분노를 버리고, 다른 이에게 베풀라 하신다.

무엇이 나를 위한 것인지 곰곰이 생각하면, 한순간의 탐욕과 분노로 자신과 남을 해치는 어리석은 일을 하지 않게 된다. 그런데 지혜가 없으면 나에게 손해가 되는 것을 이익이 되는 것으로 착각하게 된다. 부처님의 가르침을 배우고 실천하여 지혜를 키워야 하는 이유가 여기에 있다.

교만은
울타리를 만들고

민속촌이나 전통 가옥이 보존되어 있는 곳에 가보면 한 가지 눈에 띄는 것이 있다. 바로 아담하고 정담 있게 표현된 울타리와 담장이다. 조선시대 궁궐을 보더라도 담장의 높이는 얼마 되지 않는다. 성곽을 제외하고는 모두 높이가 비슷하다.

반면 요즘 집들은 담장의 규모가 점점 커지는 것 같다. 담장을 넘어오지 못하게 하는 여러 장치를 하기도 하고, 여기저기에 CCTV가 설치되어 혹여 모를 일에 대비한다. 그런 담장 밑을 지나다 보면 몸을 자연스레 피하게 된다. 왠지 누군가 쫓아 나올 것만 같기도 하다. 세상이 예전보다 험악해졌다는 방증일 수도 있겠지만, 다른 한편으로는 같은 공간에 살면서도 다른 세상이 존재하는 듯한 느낌도 든다. 여하튼 이것이 오늘날 세태이니 어쩌겠나. 단독주택보다 아파트를 선호하는 것도 바로 안전이라는 이유가 크게 작용한다고 한다.

이처럼 울타리 혹은 담장은 구분하는 경계선이다. 안과 밖을 나누고, 내 것과 네 것을 분별하는 의미를 갖는다. 그러다 보니, 울타리가 높을수록 그 안에 사는 사람 역시 뭔가 특별한 사람인양 생각하게 된다. 일반 사람과는 다른 사람이란 생각은 그 사람의 머리를 뻣뻣하게 만든다. 바로 교만(驕慢)한 마음을 갖게 되는 것이다.

『화엄경』62권에는 교만을 울타리(담장)에 비유한 표현이 나온다.

> "세 가지 존재는 성곽이 되고, 교만은 울타리가 되고, 여섯 갈래 태어남(諸趣)은 문이 되고, 갈애(愛水)는 해자가 된다."
>
> _『대방광불화엄경』「입법계품」중에서

세 가지 존재(三有)란 욕계유, 색계유, 무색계유를 말한다. 그리고 여섯 갈래 태어남은 육도 윤회를 의미하고, 애수(愛水)는 갈애를 의미하는 것으로 악한 결과를 무르익게 하는 격정적인 욕망을 의미한다. 이것들은 각각 성곽, 울타리, 문, 해자로 비유되고 있다.

불교에서는 교만을 주된 번뇌 가운데 하나로 본다. 번뇌 가운데에서도 여섯 가지 근본번뇌(탐·진·치·만·의·악견)에 교만이 속한다. 이 여섯 가지 번뇌에서 수많은 하위 번뇌(隨煩惱)들이 발생하는 것이다. 이를 보더라도 교만이 수행에 얼마나 방해가 되는지 알 수 있다.

교만은 흔히 잘난 체하며 뽐내고 건방진 것을 의미한다. 하지만 부처님은 이를 세 가지로 나누어 가르친다. 하나는 남과 비교해서 내가 잘 났다고 생각하는 것, 둘째는 남과 비교해서 그 만큼은 나도 한다고 생각하는 것, 셋째는 남과 비교해서 그보다 내가 못하다고 생각하는 것이다. 셋째는 일반적으로 열등감으로 보는 것인데, 부처님은 이것을 만(慢)에 포함시킨다.

이를 통해 본다면, 그것이 잘난체하는 것이든 못났다고 생각하는 것이든 남과 비교하는 것 일체가 교만한 마음이다. 이것이 수행에 방해가 되는 것은 비교하는 것이기 때문이다. 남이야 어떻든 내가 할 수 있는 최선을 다하면 되는데, 그것을 남과 비교하는 순간 마음은 흔들린다.

현재 내 처지나 상황에 대해 만족하지 못하는 것은 바로 끊임없이 남과 비교하기 때문이다. 그 결과 상대적 박탈감이니 상대적 빈곤이니 하는 말이 나오는 것이다. 그래서 부처님은 물론 옛 성현들이 소욕지족(少欲知足)을 중요한 덕목으로 제시하고 있다.

남과 비교하지 않으면 그만큼 욕심을 덜 내게 된다. 그리고 자신이 가지고 있는 것, 누리고 있는 것에 만족감을 더 느낄 수 있게 된다. 그러면 그만큼 마음의 담장도 낮아지고, 남과 다툴 일도 적어질 것이다.

흔들림 없는
기둥처럼

뿌리가 깊은 나무는 웬만한 바람에는 끄떡 않고, 백년, 천년의 세월을 견딘다. 하지만 그렇지 않은 나무는 자그마한 폭풍에도 뿌리째 뽑혀 넘어지고 만다. 반면 연약한 풀은 뿌리도 깊지 않고 바람에 이리저리 흔들리지만 오히려 거센 바람에 뽑히지 않는다. 뿌리가 깊은 나무는 외부의 힘에 굴하지 않고 굳건하고 담담하게 마주하는 힘을, 반대로 연약한 풀은 굳건하게 맞서지는 못하지만 좋지 못한 상황에서도 그에 맞게 처신할 수 있는 유연성에 대한 가르침을 준다.

우리는 때로는 뿌리 깊은 나무처럼, 때로는 연약한 풀처럼 살 수 있어야 한다. 어디에 맞춰야 하는지는 정해져 있지 않다. 다만 필요한 것은 정확한 판단이며, 지혜를 갖추어야 하는 이유가 여기에 있다. 속칭 가방끈이 길다고 지혜로운 사람은 아니다. 학교 문턱에도 가지 못했다고 해서 지혜로운 사람이 될 수 없는 것도 아니다. 지혜는 학문을 많이 배우고, 적게 배우고에 달려 있지 않다. 얼마나 철저하게 성찰할 수 있는지, 자신의 고집을 내세우지 않고 상황을 바라볼 수 있는지, 욕망이나 분노에 휩싸이지 않고 마음을 평정하게 유지하고 바르게 통찰할 수 있는지에 달려 있다고 볼 수 있다.

우리는 살면서 타인의 비난과 저주 담긴 말을 듣기도 한다. 그럼 이때는 어떻게 해야 할까. 이에 대한 가르침이 『숫따니빠따』「성자의 경(Munisutta)」에 나와 있다.

> "누군가 극단적인 말을 하더라도 목욕장에 서있는 기둥처럼 태연하고, 탐욕을 떠나 모든 감각기관을 잘 다스리는 이, 현명한 사람들은 그를 성자로 안다."

모든 건물에는 건물을 지탱하고 있는 주기둥이 있다. 그 기둥이 얼마나 튼튼하게 잘 세워졌는지에 따라 그 건물의 명운이 걸려있다고 해도 과언은 아닐 것이다. 튼튼한 기둥에는 무엇을 기대어 놓아도 불안하지 않다. 왜냐하면 그 기둥은 버틸 힘이 충분하기 때문이다.

사회관계망(SNS)이 발전하면서, 우리는 실시간으로 인터넷을 통해 서로 만나고, 대화한다. 그러다 보니 이로 인한 부작용 또한 만만치 않다. 연예인들의 시시콜콜한 사생활 폭로부터 같은 학교 친구나 직장 동료에 대한 집단 따돌림, 욕설 등이 심각한 수준이다. 마땅히 비판받아야 할 일이 아님에도, 열등감이나 시기심에 혹은 잘못된 욕구로 다른 사람에게 해서는 안 될 말이나 행동을 하는 경우가 많다. 더구나 익명이란 거울 뒤에 숨어 자신을 드러내지 않고 거침없이 폭력을 행사하는 경우는 비열함을 넘어, 측은한 마음까지 들게 한다.

우리는 어떻게 해야 할까. 부처님 말씀처럼 흔들림 없이 굳건히 서있는 기둥처럼 담담히 대처하는 것이 가장 좋은 방법이 아닐까. 분노에 사로잡혀 싸우는 것은 결코 현명한 방법이 아니다. 또 자신을 스스로 폄하하거나 자책하는 것도 좋지 않다. 그저 자신을 잘 돌이켜 보며, 나의 삶을 사는 것. 그것이 기둥처럼 태연하게 사는 방법일 것이다. 그리고 익명성 뒤에 숨어, 혹은 무리에 숨어서 비난과 욕설과 폭력을 일삼는 사람에게 '저렇게 사는 것이 자신에게 무슨 이익이 있을까' '왜 저 사람은 인생을 저렇게 낭비하며 살까'라고 측은하게 생각하며, 그 사람을 위해 '저 사람이 진정한 기쁨과 행복을 알 수 있기를' 기도해 주는 것은 어떨까.

다른 사람의 근거 없는 비난과 욕설에 의연히 대처할 수 있는 것도, 우리가 삶 속에서 배우고 익혀야 할 것 가운데 하나가 아닐까 싶다.

그림자가
형체를 따르듯

아직 인지가 발달하지 않은 아이들은 자신의 그림자를 매우 신기해한다. 자꾸 따라오는 것이 때로는 무서운 듯 우는 아이도 본 적 있다. 그 모습을 본 어른들은 자기 그림자를 보고 놀라는 아이의 순진함에 미소를 짓기도 한다.

아이가 조금 더 자라 그림자가 왜 생기는지 알게 되면 더 이상 그림자에 관심을 갖지 않는다. 그림자가 신기하지도 않거니와, 무섭지도 않다. 이후 아이에게 '그림자가 왜 생기지?'하고 물으면, 당연한 것을 왜 묻느냐는 얼굴을 하기도 할 것이다.

그림자가 왜 생기는지 모르는 어린아이를 보며 어른들은 '그걸 왜 모르지?'라고 생각한다. 그런데 정작 자신은 또 다른 의미의 그림자를 만들고 있음을 알지 못하고 그것이 왜 생겨나는지 알려고도 하지 않는다.

경전에는 그림자의 비유를 통해 우리 삶을 되돌아보게 하는 가르침이 있다. 그 내용은 다음과 같다.

"모든 것을 파괴해버리는 저 죽음에 붙들려, 인간의 몸 버릴 때를 생각하라. 무엇이 자신의 것이며 무엇을 가지고 갈 것인가? 그림자가 형체를 따르듯, 죽음의 순간 무엇이 그를 따를 것인가? 인간은 이 세상에서 공덕과 죄악을 모두 짓나니 사는 동안 지은 이 두 가지가 자신의 것이며 오직 이 둘을 가지고 떠나네. 그림자가 형체를 따르듯, 죽음의 순간 공덕과 죄악이 그를 따른다네."

_『상윳따 니까야Saṃyutta Nikāya』「사랑스런 이의 경Piyasutta」 중에서

우리는 늘 죽음과 마주하며 산다. 다만 그것을 모르고 있을 뿐이다. 흔히 삶과 죽음은 동전의 양면과 같은 것이라는 말을 한다. 하지만 우리의 시선은 언제나 '삶'을 향해 있으며, 죽음은 애써 외면한다. 하지만 부처님께서는 '죽음을 맞이할 때를 생각하라'고 말씀하신다. 경전의 말씀처럼, 죽음은 모든 것을 파괴한다. 내가 평생을 노력하여 쌓아 놓은 모든 것을 찰나의 순간에 모두 헛된 것으로 만들어 버린다. 죽음은 반복되지 않기에 사랑하는 사람을 두 번 보는 것을 허락하지 않는다. 부처님은 물으신다. "죽음의 순간 뭘 가지고 갈 것인가?"라고.

우리는 이미 안다. 아무것도 가지고 가지 못한다는 것을. 하지만 이것은 반만 아는 것이다. 우리는 죽음과 함께 가지고 가는 것이 있

다. 그것은 생전에 내가 지은 선행과 악행이다. 이것은 내가 원하지 않아도, 버리고 가고 싶어도 그러지 못하는 것이다. 마치 그림자가 형체를 떠나지 못하는 것처럼.

인지능력이 발달한 사람은 누구나 왜 그림자가 생기는지 안다. 하지만 자신이 한 행동과 말과 생각에도 그림자가 생긴다는 것은 알지 못한다. 진짜 그림자를 달고 다니면서도 알지 못하는 것이다. 그러니 부처님께서 "이 사람아, 어찌 그대의 행동과 말과 생각의 그림자를 보지 못하는가?"라고 하시는 것이다.

부처님께서는 우리가 만드는 그림자는 공덕의 그림자와 죄악의 그림자 두 가지라고 말씀하신다. 형체의 그림자는 내가 만드는 것이 아니지만, 공덕과 죄악의 그림자는 내가 만드는 것이다. 내가 만든 것이라도 내 마음대로 떼어놓을 수 없는 그림자들이다. 그리고 이들 그림자는 내가 죽을 때 동행하는 유일한 것이기도 하다. 죽음 후 어떤 그림자와 동행하고 싶은지를 생각한다면, 지금 내 삶을 욕망이 시키는 대로 하면서 살수만은 없을 것이다.

거짓의 가면으로 얼굴은 가릴 수 있어도 자신이 만든 악행의 그림자는 가릴 수도 떼어놓을 수도 없다는, 단순하지만 엄연한 사실을 잊지 말아야 한다.

진정한
기적이란

우리는 가끔 기적이란 말을 사용한다. 절망의 순간에 '기적이 일어나길' 바란다. 죽었다고 생각한 사람이 살아나면, '기적적인 생환'이라고 표현하기도 한다. 기적이란 이렇게 일어나기 어려운 일이 일어나는 것이라고 볼 수 있다. 사전에서는 '상식으로는 생각할 수 없는 기이한 일' 혹은 '신에 의해 행해졌다고 믿어지는 불가사의한 현상'이라고 정의되고 있다.

그래서 이런 기적이란 말의 이면에는 인간의 능력을 뛰어넘는 어떤 존재가 '우리가 직면한 어려운 상황'을 해결해 주었으면 하는 바람이 놓여있다고 할 수 있다. 이런 의미 때문에 불교에서 '기적'이란 표현이 생소하게 느껴지지만 불교에서도 '기적'이 등장하는 경전이 있다.

"께왓따여, 나는 세 가지 기적을 최상의 지혜로 깨달아 설합니다. 세 가지란 신통의 기적, 예지의 기적, 가르침의 기적입니다."

_『디가 니까야*Dīgha Nikāya*』「께왓따의 경*Kevaṭṭasutta*」중에서

위 경전은 날란다 지방에 사는 께왓따란 젊은이가 부처님을 찾아 뵙고, 더 많은 사람들이 부처님에 대한 믿음을 가질 수 있도록 신통력이 뛰어난 스님을 한 분 보내주십사 청원하면서 시작된다. 부처님께서는 이 부탁을 일언지하에 거절하게 된다. 그러자 그 청년은 두 번 세 번 거듭 부탁한다.

그러자 부처님께서는 "하늘을 날고, 물 위를 걷고, 분신을 만들고, 벽을 통과하고, 해와 달을 만지는 신통을 보여준다고 해서 믿음이 없는 사람이 믿음을 내는 것은 아닙니다. 오히려 그는 "그거야 '간다리'라고 하는 주술을 배우면 누구나 할 수 있다"라고 말할 것입니다. 께왓따여, 나는 신통의 기적에서 이 같은 위험을 보기에 신통의 기적을 꺼려하고 멀리하고 좋아하지 않습니다"라고 말씀하신다. 그러면서 앞의 인용문을 말씀하신 것인데, 결론은 진정한 기적은 '가르침의 기적'뿐이라고 께왓따란 청년에게 가르침을 주셨다.

가르침의 기적이란 부처님의 가르침을 통해 잘못된 사유의 방식, 생각의 방식을 버리고 바른 사유, 바른 생각을 통해 바른 삶을 살아갈 수 있도록 하는 것임을 말하고 있다. 말하자면 '사람을 변화시키는 것'이야 말로 진정한 기적이란 것이다.

다른 경전에서도 부처님은 기적에 대해 혹은 신통에 대해 매우

신중하게 접근하셨고, 또 제자들에게도 신통은 혹세무민하기 쉬운 것이니, 어떤 이익을 위해서 함부로 사용하지 말 것을 당부하신다.

오늘날 우리가 모든 것을 돈으로 환산하고, 돈의 가치에 매몰된 것은 돈이 가져다 줄 기적을 바라고 있기 때문이다. 사실 지금의 우리 사회는 '돈이면 안 되는 것이 없는 사회'이기 때문이다. 그야말로 돈이 기적인 사회이다. 그러나 건강한 사회는 돈으로 안 되는 것이 많아야 한다. 즉 돈으로 해결될 일이 물건을 사는 일 외에는 없어야 한다는 것이다.

사회 지도층들이 부당한 방법으로 부를 누리고, 권력을 통해 부정하게 축재를 해도 그들이 지닌 막강한 돈 때문에 누구 하나 제대로 처벌받는 사람이 없다. 또는 뻔뻔하게 대국민 사기를 치고도 조사 한번 받지 않는 이도 있다. 이것은 돈의 가치가 그 어떤 가치보다도 우선하는 우리사회의 천박한 모습을 반영한다.

우리는 돈에서 기적을 보는 것이 아니라, 부처님의 가르침처럼 우리의 사유와 생각의 방식을 바르게 교정하여 삶을 아름답게 살아가고자 노력하는 모습에서 기적을 찾아야 한다. 진정한 기적은 하늘을 나는 것에도 있지 않고 돈에도 있지 않고, 다만 최선을 다해서 올곧게 살려고 노력하는 것에 있음을 부처님은 말씀하고 계신 것이다.

꼬뿔소의 뿔처럼
홀로 가라

    종교에는 본질적인 부분과 그 종교로 인해 파생된 문화적인 부분이 있다. 우리는 종종 문화적인 부분을 종교의 본질로 착각하기도 한다. 가령 한국불교에서는 제사를 지내고 있지만, 이것이 불교의 본질은 아니다. 다만 한국불교가 지닌 문화적 요소일 뿐이다. 이처럼 어떤 종교가 한 나라에 전해지게 되면 수많은 문화적 요소들이 같이 들어오거나, 파생되기도 한다.

    우리나라에 불교가 전해지면서 이전엔 보도 듣도 못한 많은 동식물들이 함께 들어왔다. 예를 들면 코끼리, 사자, 원숭이, 코뿔소 등이다. 불교 경전에는 이들 동물들이 자주 등장하는데 『숫따니빠따』에 있는 「코뿔소의 뿔의 경」이 대표적일 것이다. 우리에게는 법정 스님의 번역어인 '무소의 뿔'이 더 친숙하다. 경의 후렴구에는 '코뿔소의 뿔처럼 홀로 가라'라는 표현이 붙어있다.

코뿔소의 뿔은 '홀로 묵묵히 걸어가는 수행자'의 모습을 빗댄 표현이다. 이유는 인도 코뿔소가 외뿔이기 때문이다. 마치 갑옷을 입은 듯한 모습과 외뿔은 어떤 외부적 유혹이나 두려움에도 아랑곳하지 않는 수행자의 굳센 마음가짐을 표현하고 있는 듯하다. 더구나 인도 코뿔소는 새끼를 돌보는 어미를 제외하고는 단독생활을 하는 온순한 초식동물이다.

부처님께서 제자들에게 전법선언을 하시면서 "둘이서 한 길로 가지 마라"라고 하신 말씀을 생각하면, 인도 코뿔소만큼 수행자의 정신과 삶을 잘 표현하는 동물도 드물 것 같다. 코뿔소의 이러한 이미지 때문일까. 경이 담고 있는 내용은 주로, 폭력에 대한 경계나 사랑하는 사람들에 대한 애착과 집착이 가져다주는 괴로움, 그리고 욕망에서 벗어난 자유로운 삶의 모습 등을 그리고 있다. 그 중 몇 가지 예를 보자.

> "다른 사람들이 바라지 않는 자유를 주시하면서 코뿔소의 뿔처럼 홀로 가라."
> "온갖 위험들을 극복하고, 두려움이 없이 코뿔소의 뿔처럼 홀로 가라."
> "모든 재가(在家)의 속박들을 끊고서, 코뿔소의 뿔처럼 홀로 가라."
> "욕망의 대상들에게서 고통을 보고서, 코뿔소의 뿔처럼 홀로 가라."
>
> _『숫따니빠따Suttanipāta』_ 「코뿔소의 경Khaggavisānasutta」 중에서

여기서 '다른 사람들이 바라지 않는 자유'란 욕망을 버린 '자유'

를 말한다. 이처럼 코뿔소의 뿔이 상징하는 것은 세속적 가치와 쾌락을 등진 수행자의 삶이다. 그렇다고 이것을 수행자에 국한된 것으로 생각해서는 곤란하다. 수행자의 모습은 우리를 비추는 거울과도 같은 것이기에 부처님의 모든 말씀은 나를 돌아보는 거울이 된다.

우리는 모두 엄격한 의미에서 '홀로' 살아간다. 하지만 '홀로' 산다는 것이 얼마나 두려운 일인가. 우리는 매일 수많은 사람과 만나지만, 그 '홀로'인 삶은 변하지 않는다. 오히려 사람들 속에서 느끼는 '고독감'이 더 클 때가 많다. 외로움을 달래기 위해 사람들을 만나도 외롭다는 것은 변하지 않는다. 그럴 때 우리는 '절망'과 '고통'을 경험하고 '체념'한다. 우리는 욕망을 채울 대상들을 찾아 헤매면서 그를 통해 위로받고자 하지만, 그럴 때마다 공허함과 괴로움을 마주하게 된다. 그 이유는 아마도 다른 사람도 나와 '같기를' 바라는 마음 때문일 것이다.

하지만 홀로 가는 자는 쓸데없이 '같을 것'을 기대하지 않는다. 기대가 없는 만큼 고통도 적으며, 나에게 주어진 순간에 충실할 수 있다. 그래서 부처님은 '당당하게 홀로 가라'고 말씀하신다.

부끄러움을
해자로 삼고

지구에서 살았던 혹은 살고 있는 생명체 가운데, 가장 고도의 사회성을 지닌 종(種)은 인류라고 한다. 인류는 다양한 사회를 구성하며 발전시켜 왔고, 더불어 고도의 정신문명도 발달시켰다. 그럴 수 있었던 원동력은 무엇일까. 왜 다른 종들은 인류와 같은 길을 걷지 못한 것일까. 이에 대해서는 다양한 해석이 있을 것이다. 아마도 한두 가지 요인 때문은 아닐 것이며, 매우 많은 요인들이 얽혀 오늘날의 사회와 문명을 가능케 했을 것이다.

그 많은 요인들 가운데, 한 가지를 꼽으라면 무엇이 가능할까. 필자는 참괴(慚愧)라는 것을 꼽고 싶다. 참괴는 두 가지 단어로 구성된 것으로, 참은 자신의 죄나 허물을 스스로 부끄러워하는 마음을, 괴는 자신의 죄나 허물에 대해서 남을 의식하여 부끄러워하는 마음을 의미한다. 한마디로 말한다면 '부끄러워 함'이다. 이에 대해 『화엄경』59권에서는 다음과 같은 내용이 설해지고 있다.

"보살의 바른 법(正法)의 성(城)은 반야로써 성벽을 삼는다. 부끄러움
은 깊은 해자(深塹)가 되고, 지혜는 성가퀴(却敵)가 된다."

_『대방광불화엄경』「이세간품」중에서

정법이라는 성을 온전히 지키기 위해서는 반야로 이루어진 담장
과 부끄러움으로 마련된 깊은 해자, 그리고 적이 오는 것을 지켜보
고 물리치는 성가퀴라는 지혜가 필요하다는 것이다. 이 가운데 해
자란 성 주위에 구덩이를 파서 물이 흐르도록 만든 것을 말한다. 적
이 쉽게 성을 침범하지 못하도록 만든 방책인 셈이다.『화엄경』에서
는 이 해자를 부끄러움에 비유하고 있다.

인간이 다른 생명체와 구별되는 독특한 것이 있다면, 그 중의 하
나가 바로 부끄러워 할 줄 아는 마음이다. 부처님께서는 초기경전
여러 곳에서 제자들에게 '비구들이여, 부끄러워 할 줄 알아라'고 말
씀하신다. 부끄러워 할 줄 알면 말과 행동은 물론이거니와 생각마
저도 함부로 하지 못한다. 그렇기 때문에 일상생활에서 자기 스스
로를 돌아보고, 단속하며, 경계할 수 있게 된다.

한편 부끄러움에는 의미가 다른 용례가 있다. 자신을 어필하지 못
하는 소극적인 자세를 의미하기도 한다. 여기서 말하는 부끄러움은
이것과는 다르다. 자신의 잘못에 대해 부끄러워하지 못하는 것을 말
한다. 『맹자』 13편 「진심(盡心) 상」 에서는 "사람 같지 않음을 부

끄럽게 여기지 않는다면 사람 같을 데가 어디 있겠는가?"라고 말하고 있다. 말하자면 부끄러움을 알 때, 악을 미워(惡惡)할 수 있게 되고, 비로소 사람다움을 갖추게 된다는 말일 것이다.

우리가 부끄러워하지 못할 때, 부끄러운 줄 모르니 해야 할 행동과 하지 말아야 할 행동을 구분하지 못하게 된다. 거짓을 일삼고, 악을 행하면서도 그것이 잘못인줄 모르게 된다. 그것이 사소한 것일지라도 부끄러움을 알아 스스로 절제하지 못하면, 결국에는 다른 사람이나 사회에 커다란 해악을 끼치면서도 오히려 뻔뻔하게 '뭐가 잘못이냐'고 항변하는 어처구니없는 일이 생겨나게 된다. 사회 지도층이나 높은 권력을 가진 사람일수록 부끄러움은 자신을 지키는 것은 물론, 다른 사람, 사회, 나아가 국가를 지키는 방어막이 되는 것이다.

한편 일반인뿐만 아니라, 스님이나 목사, 신부와 같은 성직자들도 부끄러움을 모르고 행동하는 경우가 적지 않다. 일반인들도 차마 하지 못할 일들을 스스럼없이 하는 것을 보면 할 말을 잃게 되는 경우가 많다. 성직자의 제일 덕목은 도덕성이다. 스스로 부끄러워할 줄 알아야 하고, 신도들의 눈을 두려워해야 한다. 이 두 가지 모두 하지 못한다면, 적어도 신도들 눈만은 두려워해야 한다. 만약 그것도 싫다면, 스스로 그 자리에서 물러나야 마땅할 것이다.

부처님께서 부끄러움을 해자에 비유한 것은 자신과 남을 파괴하는 그릇된 욕망과 번뇌로부터 자신과 타인을 지키는 덕목이 다름 아닌 '부끄러움'임을 말씀하고 싶었기 때문일 것이다.

바람을 견디는
바위산처럼

비유 가운데 '높은 나무에는 바람이 세다'란 표현이 있다. 이는 자신의 위치가 높아지면 질수록 위태로운 일이 많아진다는 의미이다. 그냥 '바람이 세다'라고 할 때는, 내가 처한 외부 상황이 녹록치 않다는 의미로도 사용된다. 이럴 경우, 맞서는 것 보다는 한발 물러나 상황을 예의 주시하며 자신을 낮추어 조심하는 것이 좋다.

"아름다움을 탐닉하지 않고, 감각기관을 잘 지키며, 식사에 알맞은 양을 알고, 믿음을 지니고 힘써 정진하면 바람이 바위산을 무너뜨리지 못하듯이 죽음의 신 마라가 그를 정복하지 못하리라."

_『담마빠다Dhammapada』「쌍의 품Yamakavagga」 중에서

이 구절은 『담마빠다』에 나오는 표현이다. 바람이 세찬데, 내가

그것을 견딜 만큼 굳세지 못하면 바람에 쓰러지고 말 것이다. 하지만 능히 감내하며 견딜 수 있다면 다소 저항은 있을지언정 바람이 나를 쓰러뜨리는 일은 없을 것이다. 경전에서 말하는 바람은 외부적 환경만을 말하는 것은 아니다. 바로 자신의 감각기관(indriya)을 잘 지키느냐 그렇지 못하느냐에 대한 내용이다.

경전에 여섯 도둑(六賊)이란 표현이 있다. 이 역시 비유적 표현으로 눈, 귀, 코, 혀, 몸, 마음의 여섯 감각기관(六根)을 도둑에 비유한 것이다. 우리는 살아있는 동안 이 여섯 감각기관을 사용하는데 이 감각들은 외부로부터 정보를 받아들이는 역할을 담당한다. 이러한 감각기관을 통해 받아들이는 정보가 많으면 많을수록 우리가 판단하고 결정해야 할 일이 많아진다. 그리고 그만큼 우리의 머릿속은 복잡해진다. 그런 의미에서 오늘날의 우리는 옛날보다 행복하지 못하다. 이리저리 재고 따져야 할 일이 너무 많고, 남과 비교해서 상대적 박탈감이나 불행을 보다 많이 느끼기 때문이다.

우리는 외부 정보를 크게 세 가지로 판단한다. '좋다' '나쁘다' '그저 그렇다'. 좋은 것은 갈구하고, 나쁜 것은 멀리하며 그저 그런 것은 경우에 따라서 취하기도 하고 버리기도 한다. 결국 감각기관을 통해 들어온 수많은 정보들은 이 세 가지로 나뉘어 인식된다.

프랑스의 시인 폴 발레리(Paul Valery)는 "생각하는 대로 살지 않으면, 사는 대로 생각하게 된다"라는 말을 했다. 쾌락에 젖어 살게 되면 우리는 쾌락을 가져다주는 방향으로 생각하고, 움직이게 된다. 그것은 곧 노예의 삶과 동일하다. 감각기관을 만족시킬 것만 생각하며 살게 되니, 어찌 감각의 노예가 되지 않을 것인가. 감각의 대상들에 마음을 홀딱 빼앗겨 내 자신이 무엇을 위해 살아가야 할지 망각하기 때문에 도둑이란 말을 쓴 것이다.

이런 이유로 경전에서는 눈, 귀, 코, 혀, 몸이 느끼는 쾌락을 바람에 비유했다. 우리가 자신의 감각기관을 굳건히 지키지 못하면 조그만 바람에도 바로 쓰려져 버리고 만다. 하지만 반대로 잘 단속하고, 열심히 노력하면 아무리 거센 바람이 불어도 움쩍하지 않는 바위산처럼, 악마가 그를 정복하지 못하게 된다.

요즘은 인간의 욕망을 얼마만큼 잘 디자인하는지가 키워드인 사회다. 욕망을 읽고 그것을 현실화 하는 것, 그것이 요즘 모든 기업과 사회가 목표로 삼는 것이다. 하지만 욕망을 충족하는 삶이 역설적으로 노예의 삶으로 바로 가는 지름길이란 것을 알게 될 때, 부처님의 이 말씀이 새롭게 다가올 것이다. 바람이 불 때면 옷깃을 여며 자신을 단속하고 조심해야 한다.

꽃향기는 바람을
거스르지 못하고

봄이 오면 찬바람 속에서도 봄기운을 느낄 수 있다. 그리고 산과 들에 핀 이름을 알 수 없는 꽃들이 봄이 왔음을 말해준다. 조금만 더 시간이 지나면 다양한 꽃향기가 우리의 코를 즐겁게 해줄 것이다. 그렇지만 모든 꽃에 향기가 있는 것은 아니다. 대표적으로 봄의 전령인 개나리나 진달래는 물론, 목련이나 민들레, 벚꽃 등은 향기가 없는 꽃으로 유명하다.

꽃은 향기가 있고 없고를 떠나 모두 아름답지만 사람은 다르다. 불교에서는 말만 앞서고, 그에 맞는 실천이 결여된 사람을 '향기가 없는 꽃'에 비유한다. 반면에 향기 가득한 꽃은 실천을 구족한 사람을 가리킨다. 다음은 『담마빠다』에 나오는 시구이다.

"꽃향기는 바람을 거슬러서 가지 못합니다. 전단향도 따가라향도 말리까향도. 그러나 덕있는 사람의 향기는 바람을 거슬러 가니, 덕 있는 사람의 향기는 모든 방향으로 퍼져갑니다."

_『담마빠다*Dhammapada*』「꽃의 품Pupphavagga」중에서

아무리 좋은 향기를 갖고 있는 꽃이라고 해도, 바람이 부는 날이면 향기가 바람을 거슬러 퍼지지 못한다. 그러나 계행을 지닌 사람(sīlavant)의 향기는 천상의 세계까지 도달한다는 가르침이 나온다. 계행(戒行)의 향기가 향기 중에 최상이란 표현도 볼 수 있다. 여기서 말하는 계행이란 바로 도덕적 행위의 실천을 말한다.

그런데 왜 계율의 실천이라 하지 않고 계의 실천이라고 했을까 의문이 든다. 간략히 말하면, 율이란 승가 공동체에 적용되는 법률을 의미한다. 즉 승가를 운영하고 유지, 발전시키기 위해 마련된 법률과도 같은 것이 율이다. 그렇기에 율에는 강제성이 있어, 율을 어기면 승가에서 내리는 처벌을 받게 된다.

하지만 계는 율과는 달리 강제성이 없다. 다만 '좋은 습관'을 익히게 하는 것이란 의미를 갖는다. 말하자면 도덕적 원리를 스스로 체화(體化)하여 개인적으로 도덕적 인간의 완성을 목적으로 하는 것이 율의 특징인 것이다.

경전에서 흔히 볼 수 있는 표현 가운데, 범행(梵行, Brahmacariya)이라는 말이 있다. 이것은 바로 계를 따르고 적극적으로 실천하는 것을 말한다. 그래서 범행의 완성은 작게는 선하고 도덕적인 삶의 완성을 의미하고, 크게는 수행의 완성을 의미하기도 한다. 결국 깨

달음으로 나아가기 위해서는 반드시 계를 따르고 실천해야 한다.

한편 계행에는 율의 의미도 포함된 것으로 보아야 한다. 도덕적 행위의 실천과 승가공동체의 법률인 생활규칙의 준수라는 측면에서 이해해야 마땅할 것이다. 하지만 재가자의 경우에는 율이 적용되지 않으므로, 계를 지키는 것으로 충분하다. 대표적으로 오계와 팔재계를 들 수 있다.

이 중 오계는 출·재가가 공통으로 지켜야 하는 것이며, 가장 근본적인 계라고 할 수 있을 것이다. 그 내용은 '살생, 도둑질, (문란한) 성생활, 거짓말, 술(마약)' 등 다섯 가지를 멀리하는 것이다. 나아가 '자비, 보시, 청정한 생활, 진실한 말, 깨끗하고 맑은 정신'을 갖도록 노력하는 것이 계의 실천이 될 것이다.

이처럼 오계를 적극적으로 실천하게 되면, 경문에서 밝혔듯이 계행의 향기가 뿜어져 나오게 된다. 그리고 '나는 이러한 계를 지키는 사람이다'라고 스스로를 뽐내지 않아도 모든 사람이 그 맑은 계행의 향기를 맡고 존경을 표하게 되는 것이다. 그렇기에 그 향기는 하늘나라에 까지 퍼져 천신들조차 계행을 갖춘 수행자를 존경하고, 외호(外護)하게 된다.

사실 이 오계는 불제자가 아니라고 해도 지켜야할 도덕률이다. 그렇기에 오계를 지키는 사람이라면 누구나 계의 향이 퍼져 천신들의 보호를 받게 된다. 반면에 계를 지키지 않는 사람에게는 '비린내'가 난다고 한다. 그러니 천신들이 가까이 올 리가 만무하다. 나에게는 어떤 향기가 나는지 반성해보게 된다.

국자가
국 맛을 모르듯이

　우리는 살면서 수많은 경험을 한다. 그 중에서 어떤 경험은 내가 직접 몸으로 체험한 것이고, 또 어떤 경험은 누군가에게 듣거나 유추해서 간접적으로 하는 것이다. 우리의 앎은 이러한 직간접적 경험을 토대로 이루어진다. 그런데 과연 직접 경험할 수 있는 것은 얼마나 될까. 사실 직접 경험을 통해 알 수 있는 것은 내 주변에서 일어나는 일에 한정된다. 그래서 평생 동안 경험할 수 있는 것들은 제한적일 수밖에 없다. 그렇기에 앎의 대부분은 간접경험을 바탕에 둔다. 그런 의미에서 본다면, 나를 둘러싼 주변 사람들이 얼마나 중요한지를 알게 된다.

　부처님께서는 '선우(善友)'에 대한 말씀을 강조하셨다. 선우는 좋은 친구란 의미로, 여기에는 훌륭한 선생과 선후배가 포함된다.『담마빠다』에 이와 관련된 내용이 나온다.

"만약 길을 가다 자신보다 더 낫거나 적어도 같은 자를 만나지 못하면, 단호하게 홀로 가라. 어리석은 사람과의 우정은 없으니."

_『담마빠다Dhammapada』「힘의 품Bālavagga」중에서

나보다 '낫다'라는 것은 재산이나 능력, 학력이 좋다는 말이 아니다. 지혜로운 사람을 말하는 것이다. 제 아무리 잘난 사람이라고 해도 감각적 쾌락이나 물질에 집착하는 사람은 지혜로운 사람이 아니다. 세상에 알려지지 않았지만, 행위가 바르고 말이 진실되며 쾌락의 헛됨을 아는 사람이 지혜로운 사람이다. 부처님께서 말씀하신 바는 바로 이러한 사람을 가까이 하고, 벗으로 삼으라는 것이다. 그렇지 않다면 차라리 홀로 가는 것이 좋다.

우리는 주변 사람을 통해 세상을 배우고 경험한다. 그럴 때 지혜로운 사람과의 교류는 나의 삶을 보다 풍요롭고, 고급스럽게 만드는 바탕이 된다. 하지만 지혜로운 사람이 되고자 스스로 노력하지 않으면, 주변에 아무리 지혜로운 사람이 있다고 한들 그 사람의 말을 이해하지 못하게 된다.

나아가 어리석어 제대로 사리분별을 하지 못하면 주변에는 어리석은 사람들만 있게 된다. 이러한 내용을 비유로 나타낸 것이 "어리석은 자는 설령 평생 동안 현명한 사람을 모시더라도, 그는 진리를 알지 못한다. 마치 국자가 국 맛을 모르듯"이란 경구다.

국자는 아무리 국 속에 담겨있더라도 그 맛이 짠지 싱거운지 알지 못하며, 음식이 상한 줄 모른다. 내가 직접 맛을 보아야만 그 맛

을 알 수 있다. 아무리 어리석다고 해도, 국자를 국 속에 담그는 것으로 맛을 보는 사람을 없을 것이다. 마찬가지로 우리는 어리석어 현명한 사람을 찾아 사귀려는 노력을 하지 않는다. 그러한 노력이 왜 필요한지 조차 생각하지 않는다. 이는 국자가 국 맛을 본다고 믿는 것 보다 더 심각한 일이다.

조금만 생각해보면, 내 삶의 밑그림은 나를 둘러싼 사람들에 의해 그려진다는 것을 알게 된다. 사실 내 생각의 대부분은 주변의 영향을 받아 형성된다. 자신도 모르는 사이, 주변 사람들의 말과 행동이 나의 생각을 만들기 때문이다. 그러니 내 주변 사람들이 얼마나 중요한지를 알아야 한다.

그래서 사람을 가려 사귀어야 한다는 것이다. 감각적 쾌락을 쫓는 사람들만 주변에 있으면, 나 또한 그렇게 된다. 그러면 현명한 사람이 나에게 아무리 바른 길을 가르쳐주어도 그것이 바른 길이라는 걸 알지 못한다. 마치 국자가 국 맛을 모르듯이 말이다. 하지만 내가 스스로 바른 길을 찾고자 노력한다면, 현명한 사람의 말을 잠깐만 들어도 내 인생의 행로는 달라진다. 마치 내가 직접 국 맛을 보듯이, 그 즉시 가야할 길과 가지 말아야 할 길을 알게 된다.

문을
지키지 못하는 자

바깥에서 안으로 들어갈 때 반드시 통과해야 할 것이 있다. 우리는 그것을 '문'이라고 부른다. '문'은 안과 밖을 구분하는 하나의 상징이기도 하다. 문이 없으면 안과 밖은 구분되지 않는다.

인간에게는 여섯 가지 감각기관이 있다. 이를 부처님께서는 육근(六根)이라고 하셨다. 이 육근을 문에 비유하여, 육문(六門)이라고도 한다. 말 그대로 여섯 가지 문이란 의미이다. 우리는 이 여섯 가지 문을 통해 외부대상과 접촉하고 그 내용을 파악한다. 말하자면, 이 여섯 가지 문은 인식의 수단, 방법인 셈이다.

우리가 집 안의 문을 단속하듯 이 육문이 잘 지켜지지 않으면, 문을 통해 도둑이 들게 된다. 이런 도둑을 비유하여 육적(六賊)이라고 한다. 우리의 감각기관이란 문을 통해 여섯 가지 도둑이 든다는 말이다. 아름다운 대상에 눈을 빼앗기는 것, 아름다운 소리에 귀를 빼앗기는 것, 맛있는 음식에 입을 빼앗기는 것, 부드러운 감촉에 피부를 빼앗기는 것, 향긋한 냄새에 코를 빼앗기는 것, 온갖 상념에 마음을 빼앗기는 것을 도둑이라고 표현한 것이다.

이러한 이유로 우리의 감각기관이란 문에는 반드시 문지기가 필요하다고 한다. 도둑이 들어올 수 없도록 감시, 감독을 해야 우리의 감각기관을 통해 도둑이 들지 못한다. 불교에서는 이 문지기를 '알아차림(sati)'이라고 한다.

아름다운 소리가 들리면 그 소리에 마음을 빼앗기는 것이 아니라, '아름다운 소리가 들리는구나!'라고 알아차리는 것이 바로 문지기가 문을 지키는 방법이다. 문득 예전의 후회스러운 일이 떠오르면, 내가 후회스러운 일을 떠올린다고 '아는 것'이 문지기가 문을 지키는 것이 된다.

우리는 살아있는 동안, 이 여섯 가지 문을 상황에 맞게 사용한다. 때로는 거의 동시에 여섯 가지를 같이 사용하기도 하고, 때로는 한 가지만을 사용하기도 한다. 그를 통해 우리는 다양한 정보를 수집하고, 처리하게 되는 것이다. 그런데 불행하게도 우리의 감각기관의 문은 대상을 있는 그대로 받아들이지 못한다. 거기에는 반드시 왜곡이라는 현상이 벌어지게 된다. 그것을 『상윳따 니까야』에서는 다음과 같이 표현하고 있다.

"감각기관의 문을 지키지 못하는 자에게 모든 것은 헛된 것이다. 사람이 꿈속에서 얻은 보물처럼."

우리는 문을 통해 들어온 것들을 '있는 것'으로 받아들인다. 하지만 실제는 그렇지 않다. 사실은 '무상하고 일시적인 것'을 '영원히 있다'고 왜곡해서 받아들이는 것뿐이다.

감각의 문이 이처럼 대상을 왜곡하지 않도록 하기 위해서는 '나'라는 고집을 먼저 버려야 한다. '내가 안다'고 생각하는 것이 있는 한, 대상을 왜곡 없이 파악하는 것은 불가능하다. 거울에 먼지가 덕지덕지 묻어있으면, 대상을 명료하게 비추지 못하고 흐릿하게 비춘다. 하지만 거울의 먼지를 제거하여 깨끗히 하면, 거울이 비친 대상은 있는 그대로 명료하게 비춘다.

그와 마찬가지로 우리는 먼저 대상에 대한 선입견, 지식, 개념 등으로 물든 것들을 버릴 수 있어야 한다. 그래야만 우리의 감각의 문을 통해 들어온 대상을 있는 그대로 알 수 있게 된다.

숲속의
코끼리처럼

사람이 살아가는 데 무엇이 가장 중요할까. 이 질문에는 사람마다 답하는 것이 다를 수 있다. 그리고 어떤 상황에 처해있느냐에 따라서도 그 답은 다르다. 만약 생존을 가장 최고의 가치로 생각하는 사람이 있다면, 그는 당연히 생존과 관련된 의식주를 꼽을 것이다. 부나 명예, 권력을 말하는 사람도 있을 것이다.

그럼 부처님은 어떠하셨을까. 부처님은 생존은 동물에게도 중요하다고 말씀하신다. 그렇기에 그것이 중요한 것이기는 하지만, 인간이 살아가는 데 가장 중요한 것이라고는 할 수 없다는 입장이다. 경전을 읽다보면, 부처님은 사람들 사이의 관계, 사람과 자연과의 관계에 관심이 많았음을 알 수 있다. 그래서 좋은 벗, 그리고 좋은 스승은 무엇과도 비교할 수 없는 것이라고 하신다. 그리고 그런 사람들과의 관계 속에서 '화합'을 최고의 가치로 꼽으신다.

그래서 부처님의 제자들을 '화합중(和合衆)'이라고도 한다. 서로 반목하고 질시하고, 조그마한 이익에 얽매어 싸움에 몰두하는 자들은 결단코 부처님의 제자, 즉 화합중이 될 수 없다. 만약 그러한 자들이 있다면, 그들은 단지 겉모습만 부처님의 제자인, 가짜 제자인 것이다.

또한 나아가, 좋은 스승과 벗은 도(道)를 구하는데 있어 전부라고도 하신다. 우리가 깨달음을 향해 나아가는데 좋은 스승과 벗을 만나면 그것으로 충분하다는 것이다. 그 외에 달리 필요한 것이 있을 수 없다는 의미이기도 하다. 그만큼 어떤 사람을 만나는가는 살아가는데 있어 가장 중요한 일이다. 모든 일은 사람과의 관계 속에서 이루어지기 때문이라고 생각해도 좋을 것이다. 『맛지마 니까야』에는 다음과 같은 말씀이 있다.

"만약 그대들이 현명한 벗을, 함께 행하면서 성실하게 생활하는 견고한 벗을 얻는다면, 모든 위험을 극복하고서, 기뻐하면서 자각을 갖추고 그와 함께 가야할 것이다. 그리고 만약 그러한 벗을 얻지 못한다면, 숲속에 있는 코끼리처럼 홀로 가라."

_『맛지마 니까야Majjhima Nikāya』
「오염에 대한 경Upakkilesasutta」 중에서

사람을 사귄다고 해서 그 사람이 모두 친구가 될 수는 없다. 친구 중에는 이익을 주는 자, 해를 끼치는 자, 기쁨을 주는 자, 괴로움을 주는 자, 그리고 있어도 그만 없어도 그만인 자들로 다양하다. 그런데 적어도 우리는 해를 끼치거나, 괴로움을 주는 자를 친구로 두어서는 안 된다. 만약 그러한 자가 주위에 있다면, 그와 어울리지 말고 차라리 홀로 가라.

사람은 악에는 쉽게 물들지만 선에 물들기는 어렵다. 돈을 쓰는 것은 쉽지만, 돈을 버는 것이 어려운 것과 마찬가지이다. 욕구를 만족시키는 방식은 쉬운 길이다. 하지만 욕구를 제어하고, 바른 방향으로 발산시키는 것은 꽤나 힘든 노력을 필요로 한다. 좋은 벗이 옆에 있다면, 이 모든 일이 보다 수월하게 이루어진다.

하지만 반대로 악한 벗이 옆에 있다면, 욕망을 따라가는 노예가 될지언정, 욕망을 제어하고 바른 방향으로 발산시키는 일은 요원하게 된다. 그래서 악한 벗과 같이 있기 보다는 차라리 '기꺼이 홀로 가라'는 것이다.

사람을 가려서 사귀는 것이 바람직한가라고 생각할 수도 있을 것이다. 하지만 사람은 가려서 사귀어야 한다. 잘못된 물건은 쓰다가 버리거나 고칠 수 있지만, 잘못된 친구와의 교류는 우리 인생을 망가뜨릴 수도 있다. 그렇게 망가진 인생은 좀처럼 고치기 어렵다. 좋은 친구의 장점을 보고 배우고자 하는 마음이 나를 향상시키는 밑거름이 된다. 좋은 스승의 삶을 따라하는 것에서 나의 삶도 스승의 삶을 닮아가게 된다.

바람이 비구름을
몰아내듯

　바람은 비구름을 몰고 오기도 하지만 몰고 가기도 한다. 바람이 불지 않으면 비구름은 그 자리에 멈춰 많은 비를 뿌리게 될 것이다. 이렇게 보면, 바람은 상황에 따라 좋기도 하고, 나쁘기도 하다. 메마른 땅에 비구름을 몰고 온 바람은 더할 나위 없이 고마운 바람이며, 많은 비로 인해 비피해가 발생했을 때 비구름을 몰고 간 바람역시 감사한 바람이다. 하지만 그 반대의 상황이라면 야속한 바람이 될 것이다.

　장마철 강한 비를 뿌리는 비구름이 몰려올 경우를 생각해보자. 비구름에게 비를 내리지 말라고 할 수는 없다. 이미 일어난 일을 두고 탓할 수 없는 것과 마찬가지이다. 그렇다면 여기서 우리가 할 수 있는 일은 두 가지이다. 비가 내릴 만큼 내려 그치는 것을 바라는 것과 강한 바람이 불어 비구름을 몰고 가길 바라는 일이다. 전자보다는 후자가 피해를 줄이는 방법일 것이다. 하지만 자연의 현상을 인간의 힘으로 조정할 수는 없으니, 결국 인간이 할 수 있는 일은 철저히 대비를 하는 것이다.

『상윳따 니까야』에 이와 관련된 비유가 나온다. 경전에서 비구름은 악하고 불건전한 것을, 강한 바람은 깨달음의 길로 인도하는 일곱 가지, 즉 칠각지(七覺支)를 의미한다. 이 비유가 나오는 경문은 다음과 같다.

> "비구들이여, 예를 들어 커다란 비구름이 생겨났을 때 강한 바람이 몰아치면, 그것을 홀연히 사라지게 하고 그치게 한다. 이와 같이 비구들이 일곱 가지 깨달음의 요소를 닦고 일곱 가지 깨달음의 요소를 익히면, 이미 생겨난 악하고 불건전한 것들을 홀연히 사라지게 하고 그치게 한다."
>
> _『상윳따 니까야Saṃyutta Nikāya』「구름의 경Meghasutta」중에서

칠각지의 내용은 첫째 알아차림(念), 택법(擇法), 정진(精進), 희열(喜), 안온(輕安), 집중(定), 평정(捨)이다. 이러한 칠각지는 악하고 불건전한 것들을 사라지게 하여, 열반으로 이끈다.

우리는 홍수를 대비하여 여러 가지 준비를 한다. 댐이나 방파제를 쌓기도 하고, 수로를 정비하기도 한다. 그런데 정작 나에게 밀려오는 악하고 불건전한 비구름에 대처하는 일에는 소홀한 것이 우리들의 모습이다. 외적으로는 이런 저런 방식으로 애를 쓰면서도, 내적으로는 거의 무방비 상태에 놓여있다. 밖으로 홍수를 대비하듯

이, 안으로는 번뇌에 잠식되지 않도록 대비해야 한다. 이것이 바로 수행이다. 이런 의미에서 보면, 수행에는 두 가지가 있는 셈이다. 하나는 미리 방비하는 것이고, 또 하나는 이미 생겨난 불건전하고 악한 것을 제거하는 것이다. 경전에서는 후자의 입장을 말하고 있다.

그런데 악하고 불건전한 것들은 어느 날 문득 생겨난 것도 있겠지만, 대부분은 내가 태어난 이래 오랫동안 익혀온 습관과 생각에서 비롯된 것들이다. 그러한 것들을 보통의 노력으로 없앨 수 있을까. 잘못 익힌 자세 하나 교정하는 데에도 오랜 시간과 노력이 필요한데, 평생 지녀온 건전하지 못한 습관과 생각을 바로잡는 것이 조금 노력한다고 바로잡아질 수 있을까. 아마도 지난한 노력의 시간이 필요할 것이다.

하지만 천릿길도 한 걸음이라고 했듯이, 수행은 지금 나의 행동과 말과 생각을 체크하는 것에서 시작된다. 이것은 미미한 것처럼 보이지만, 번뇌를 한순간에 날려버릴 강한 바람을 일으키는 원인이 된다. 칠각지는 바로 이러한 특징을 잘 보여준다. 나의 생각이나 행동 하나하나 자각하면서(念), 바른 가르침을 따라(擇法) 열심히 노력하면(精進), 커다란 기쁨(喜悅)과 안온함(輕安)을 얻게 된다. 그리고 그 힘으로 깊은 삼매(定)를 얻고 흔들림이 없는 평정심(捨)을 성취하게 되는 것이다.

여덟 가지 때

사람들은 더러움을 싫어하고, 깨끗함을 좋아한다. 그러나 모든 사람이 그러한 것은 아니다. 더러움을 더러움이라고 알지 못하는 사람은 더러움을 싫어하지 않는다. 오히려 더러움을 좋아하기까지 한다. 하지만 더러움을 더러움으로 알기만 하면, 다시는 더러움을 좋아하지 않게 된다. 더러운 것을 더럽다고 아는 것, 이것이 바로 지혜이다. 그래서 지혜는 삶을 변화시키는 힘을 갖는다. 『법구비유경』에 때에 대한 가르침이 있다. 그 내용은 다음과 같다.

"진리의 말씀을 배우지 않는 것을 말의 때(垢)라고 하고, 근면하지 않은 것을 집 안의 때라 하며, 엄격하지 않은 것을 몸의 때라 하고, 게으름은 일의 때이다. 인색함은 보시의 때이며, 선하지 못함은 행동의 때이다. 지금이나 내세에서 악한 것을 언제나 때라고 한다. 때 가운데 때는 어리

122

석음보다 더한 것이 없다. 마땅히 익혀 이것을 버려야 한다."

눈에 보이는 때를 깨끗이 하는 것은 쉬운 일이다. 몸에 때가 끼면, 목욕을 하면 된다. 집 안이 더러우면 청소를 하면 된다. 하지만 눈에 보이지 않는 때는 어떻게 해야 깨끗하게 될까. 『법구비유경』에서는 이러한 물음에 대한 답을 주고 있다.

요즘 우리 사회는 온통 '보다 좋게'를 외치고 있다. 곳곳에는 성형외과가 성행하고 있고, 화려한 외관을 자랑하는 건물들이 즐비하다. 어떤 성형외과에서는 "부모님 날 낳으시고, 원장님 날 만드셨네"라는 문구를 크게 붙여놓기도 한다. 이제는 성형을 감추지 않는다. 오히려 보다 예뻐지기 위해 할 수 있는 것으로 이야기한다. 아름다움을 위해 노력하는 것을 탓할 바는 아니다. 자신감을 얻어 당당하게 사람을 만나고, 사회생활을 할 수 있게 된다면, 오히려 좋은 일이 아닐까. 하지만 외적 아름다움 뿐만 아니라 내면도 돌아봐야 한다.

또 다른 사회현상은 책을 읽지 않는다는 것이다. 웬만한 대형서점도 흑자내기가 만만치 않다고 한다. 골목의 작은 서점들은 문을 닫은 지 오래이다. 일부 베스트셀러 외에는 책이 팔리지 않는다. 고전과 같은 마음의 양식이 되는 책은 물론, 시나 수필도 사람들에게 외면 받는 현실이다.

한편으론 복권이나 경마와 같은 사행성 사업이 유래를 찾을 수 없을 정도로 흥하고 있다. 주식시장도 건전한 투자보다는 일확천금을 꿈꾸는 사람들로 북적인다. 많은 부를 축적한 사람들이 자신이 지닌 부의 일부를 베푸는 것에 인색하다. 국내의 중견기업 이상이나 국내에 진출한 외국의 대기업들이 사회에 환원하는 액수는 참으로 민망한 수준이다. 하지만 그들의 사옥은 거대해지고, 자신들을 위한 잔칫상은 화려하다.

이처럼 외적인 면에 치중하게 되면 개인이나 사회는 병들기 마련이다. 눈에 보이는 깨끗함이 중요한 만큼, 눈에 보이지 않는 깨끗함 역시 중요하다. 아니 더 중요하다. 진리의 말씀을 배운다는 것은 종교적인 가르침을 떠나 인류의 고전을 읽고 사색하는 것을 포함한다. 부지런히 일하고, 자신에게 엄격한 사람은 많은 사람들에게 귀감이 된다. 하지만 자신에게는 너그러우면서 남에게 엄격한 사람들이 있다. 그런 사람은 늘 남 탓만한다. 이런 사람들이 사회 지도층에 많을수록 이 사회는 건강하지 못한 사회가 된다.

선함을 익히고, 베풂의 사회가 되도록 노력하고, 많이 배우고 익혀서 지혜를 지녀야 한다. 눈 밝은 사람이 많을수록 위선자들이 발붙일 곳이 없어지기 때문이다. 외면보다 내면의 아름다움에 관심을 기울일 때, 우리는 진정 깨끗해 질 것이다.

마음의 칼

'말 한마디가 비수가 되어 가슴에 꽂힌다'라는 표현이 있다. 말을 칼에 비유한 표현이다. 우리가 무심코 던지는 말이 상대방에게 커다란 상처가 될 수 있음을 표현한 것이다. 때로는 손에 든 칼 보다 마음에 품은 칼이 더 위험하고 잔인할 수 있다.

부처님의 가르침 가운데 '신구의 삼업(身口意三業)'이란 가르침이 있다. 신은 몸으로 하는 행동, 구는 말로 하는 모든 것, 의는 의도를 말한다. 이것이 세 가지 행위라는 것이다. 업(業)이란 까르마(karma)를 번역한 말인데, 까르마의 본래 의미는 '행위'와 '행동'을 의미한다. 말하자면 내가 한 행위나 행동이 어떤 결과를 초래하여 나에게 돌아온다는 것이 곧 업(까르마)이다.

몸으로 하는 나쁜 행동은 누구나 잘못된 것임을 알 수 있다. 말로 남을 비방하거나, 욕하거나, 저주하는 것은 모두 그 잘못이 밖으로 표출되기 때문이다. 하지만 의도라는 것은 몸이나 말로 표출되지 않는 것이기에 알 수 없다. 그 사람의 의도가 선한 것인지 악한 것인지 알아보기란 어렵다. 부처님께서는 이 세 가지 가운데 의도가 가장 중요하다고 말씀하신다. 왜냐하면 의도가 신체적 행위와 말로 표현되기 때문이다. 그래서 업 가운데 가장 강력한 업이 의도가 짓는 업이라고 한다. 『법구비유경』에는 바로 이러한 내용이 설해져 있다. 그 내용을 간략히 살펴보면 다음과 같다.

"어느 날 부처님이 평범한 사문의 모습을 하고 사위성에 사는 인색하고 흉악하며, 도덕을 믿지 않는 부부를 교화하고자 찾아가게 된다. 마침 남편은 밖으로 외출 나가고 없고 부인만 있었는데, 사문으로 변해 탁발을 하는 부처님께 온갖 욕설을 하고 비난을 퍼부었다. 부처님은 신통력으로 몸이 불어터지고, 입에서는 벌레가 나오고, 배가 터지고 창자가 문드러져 더러운 것이 흘러나오는 모습을 보여주었다. 그러자 부인은 두려워 소리를 지르며 달아났다. 남편이 돌아오는 길에 아내가 놀라 두려움에 내닫는 모습을 보고는 부인을 잡고 자초지종을 물었다. 이에 남편은 활과 칼을 준비하고 사문을 쫓아갔다. 사문을 발견하고 활을 쏘았지만 사문이 유리로 된 작은 성(琉璃小城)을 만들어 활이 팅겨나갈 뿐이었다. 그러자 그는 유리성 앞에 나아가 문을 열라고 말했다. 사문은 문을 열고 싶거든 활과 칼을 버리라고 했다. 그는 활과 칼을 내려놓고, 안으로 들어가면 주먹으로 때려주고자 마음을 먹었다. 하지만 여전히 문은 열리지 않았다. 활과 칼을 버렸는데, 어찌하여 문을 열지 않느냐고 하자, 부처님은 '나는 그대 마음속의 악의라고 하는 활과 칼(心中惡意弓刀)을 버리라고 했지, 손에 든 활과 칼(手中弓刀)을 말한 것이 아닙니다'라고 답했다."

우리는 다른 사람을 대할 때, 표정은 웃고 있지만 속으로는 다른 생각을 하는 경우가 많다. 부처님은 그것을 악의라고 하는 활과 칼을 들고 있다고 표현하신 것이다. 진실된 삶을 사는 것은 어렵다. 그리고 때로는 속으로 생각하는 것을 얼굴에 그대로 표현하면 곤란한 경우도 많다. 하지만 적어도 다른 사람을 해할 목적으로 마음속에 활과 칼을 들고 있지는 않은지 살펴볼 필요가 있다.

내 안에 간직된 무수한 칼을 내려놓는 것이 바로 수행일 것이다. 우리가 칼을 내려놓아야 하는 이유는 내려놓음으로써 내 자신이 편안해지기 때문이다. 무엇이 진정 나 자신을 위한 일인지 냉철하게 생각하면, 마음속에 칼을 품고 산다는 것이 얼마나 힘든 일인지를 알게 된다. 그것을 자각할 때 비로소 우리는 칼을 내려놓을 수 있게 된다.

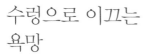

수렁으로 이끄는
욕망

흔히 빠져 나오기 힘든 처지에 놓이거나, 아주 곤란한 상황을 겪을 때 '수렁에 빠졌다'라고 표현한다. 한 발 잘못 디디면 좀처럼 빠져나오기 힘든 늪과 같은 것으로도 이해할 수 있겠다.

삶을 길이라고 보면, 길 위에는 매우 다양한 상황들이 연출된다. 예쁜 꽃들이 만개한 곳도 있고, 드넓은 초원이 펼쳐진 곳도 있고, 물웅덩이가 있는 곳도 있다. 때로는 가시밭길도 있을 수 있고, 진흙탕 길을 가야할 경우도 있다. 이렇듯 여러 상황들을 마주하며 때로는 기쁘고 행복하게, 때로는 짜증나고 힘든 경험을 한다. 다소 정도의 차이는 있겠지만 누구나 이러한 경험을 하면서 산다.

하지만 '수렁'에 빠져 헤어날 기약을 갖지 못하는 것을 누구나 경험하는 것은 아니다. 살아가면서 이러한 경험을 하지 않는 것도 커다란 행운이다. 때로는 간발의 차이로 수렁에 빠질 위험을 벗어나

는 경우도 있다. 하지만 조심하고 또 조심하지 않으면 두 번, 세 번
의 행운은 없을 수도 있다. 『숫따니빠따』에서는 감각적 욕망을 '수
렁'에 비유한다. 감각적 욕망이란 대표적으로 '성적인 욕망'을 말한
다. 그 내용은 다음과 같다.

> "감각적 쾌락에 대한 욕망은 넘기 어려운 수렁이라고 나는 말합니다."
>
> _『숫따니빠따Suttanipāta』_
> 「폭력을 휘두르는 자에 대한 경Attadaṇḍasutta」 중에서

감각적 쾌락의 원어는 까마(kāma)이다. 까마는 '욕망의 대상'을
가리키는데, 대부분의 경우 '성적 욕망의 대상'을 가리킨다. 물론 재
물에 대한 욕망이나, 명예에 대한 욕망을 가리킬 수도 있다. 『숫따
니빠따』에서는 명확하게 성적 욕망을 가리킨다.

성적 욕망 자체가 나쁜 것은 아니다. 그것이 없다면 생명의 연속
성은 담보할 수 없기 때문이다. 다만 성적 욕망에 사로잡혀 그것을
제어하지 못하게 되면 우리는 생각지도 못한 '수렁'에 빠지게 된다.
우리는 그것을 어렵지 않게 목격한다.

특히 사회적으로 지도적 위치에 있는 사람이 성적 욕망에 마음을
빼앗겨 해서는 안 될 일을 하게 되면, 그동안 쌓아온 모든 것을 한
순간에 잃게 된다. 깊은 진흙탕 구멍에 빠져 허우적대듯이, 고통과
후회로 괴로워하게 된다. 그래서 부처님께서는 또 다른 경에서 잘
못된 성적 욕망은 "그가 지금껏 가졌던 명예와 명상을 다 잃게 합니

다” 그리고 “세상 사람들은 그를 비속한 자라고 부릅니다”라고 말씀하고 계신다.

욕망이 긍정적으로 발현되면, 삶을 윤택하게 하고 발전하게 한다. 그리고 나아가 주변의 다른 사람들을 위해 기능하기도 한다. 하지만 욕망의 노예가 되면 자신을 통제하지 못하게 되어 해서는 안 될 일을 하고야 만다.

성적인 욕망의 위험을 독일의 철학자 쇼펜하우어는 “친구의 깊은 우정도 순식간에 끊어 버리며 건강과 부귀영화도, 높은 지위나 권력도, 참으로 소중한 행복도 간단히 파괴하는 위력적인 폭약이다”라고 말하고 있다. 순간의 욕망을 통제하지 못한 대가로, 평생을 노력해서 쌓아온 모든 것을 허무하게 날려 버릴 수 있는 것이, 바로 성적 욕망이 갖는 힘이다.

그래서 우리는 늘 내 마음에 어떤 욕망이 일어나는지 잘 관찰하며, 욕망의 노예가 되지 않도록 조심해야 한다. 혹 정말 운이 좋게 욕망이 파놓은 수렁을 비켜갔다면, 깊이 반성하고 감사하며, 다시는 수렁에 빠질 일을 하지 않겠다는 굳은 결심이 필요하다. 그 결심을 공고히 하는 것은 바로 참회와 늘 깨어있는 정신이다.

천사

불교는 대표적인 무신론 종교이다. 창조주같은 절대자를 인정하지 않는다. 그러나 경전을 보면 무수한 신들이 등장한다. 따라서 불교에서 말하는 무신론이란 신적인 존재 자체가 없다고 하는 것이 아니라, 절대자로서의 신을 인정하지 않는다는 입장이다. 그것은 불교의 우주관을 통해서도 알 수 있는데, 인간계와 천계로 나누고 천계는 다시 욕계천(欲界天), 색계천(色界天), 무색계천(無色界天)으로 구분한다. 욕계천은 6개의 하늘나라가 있고, 색계천에는 18개의 하늘나라, 그리고 무색계천에는 4개의 하늘나라가 있다. 도합 28개의 하늘나라가 있으며 각각의 하늘나라에는 무수한 신들이 살고 있고, 또 신들의 제왕이 존재한다.

경전에는 부처님께서 이들 신들에게 설법하는 장면이 자주 등장한다. 그리고 이들 신들은 부처님의 가르침을 통해 부처님께 귀의

하고, 불법을 외호하는 역할을 담당하기도 한다. 그리고 한편으로 수행에 전념하는 수행자를 외호하는 것도 신들의 역할 가운데 하나다. 이런 측면에서 보면, 신이 인간보다 우월하다고 볼 수만은 없을 것 같다. 진정한 수행자는 신들의 보살핌을 받고, 깨달은 자는 신들의 공양과 귀의를 받는 존재이기 때문이다.

한편 불교에도 천사라고 하는 존재가 있다. 천사는 빨리어로 데와두따(devadūta)라고 한다. 말하자면 '신의 메신저' 혹은 '신의 사자'이다. 천사라는 말은 이미 오래전부터 한역 경전에서 사용된 말이며 한역경전에는 『천사경(天使經)』이 존재한다. 따라서 천사라는 말이 기독교의 전유물이 아니라는 것을 알 수 있다. 불교계 스스로 이러한 말들을 사용하지 않음으로써, 용어 자체를 잃어버리고 나아가 스스로 불교의 풍부함을 제한하는 것은 아닌지 깊이 생각해 볼 일이다. 『맛지마 니까야』에 「천사의 경(Devadūtasutta)」이 있다. 이 경전에서 천사에 대해 다음과 같이 기술하고 있다.

"야마왕 : 이보게, 그대는 세상에서 첫 번째 천사가 나타난 것을 보지 못했는가?

지옥에 간 중생 : 대왕이여 보지 못했습니다.

야마왕 : 이보게, 인간 가운데 갓난아이가 침대에서 스스로 똥과 오줌으로 분칠하고 누워있는 것을 본 적이 있는가?"

위 인용문은 사후의 심판의 신이자 죽음의 신인 야마왕이 악행을 저지르고, 선행을 닦지 않은 자를 심문하는 장면이다. 야마왕은 이러한 방식으로 다섯 천사에 대해 하나하나 질문한다. 두 번째 천사는 늙은 사람이고, 세 번째 천사는 병든 사람이며, 네 번째 천사는 범죄를 저질러 온갖 형벌을 받는 사람이고, 다섯 번째 천사는 죽은 사람이다. 즉 경전에서 말하는 천사란 하늘에 사는 존재가 아니라, 생노병사와 형벌이다. 결국 우리가 삶 속에서 만나는 다양한 고난과 고통은 천사가 우리에게 경고를 보내는 것이다. 하지만 우리는 천사가 주는 경고를 알아차리지 못한 채 세월을 낭비한다. 그 결과 죽은 뒤에 야마왕이 있는 곳으로 가 생전의 잘못에 대해 심판을 받게 되는 것이다. 야마왕은 심문을 하면서 '어찌 그러한 천사를 보고서도 선행을 닦을 생각을 하지 못했는가?'라며 질책한다.

이렇듯 경전에서 말하는 천사는 날개달린 우아한 존재로 묘사되지 않는다. 대신 우리 곁에서 인간의 한계성을 일깨워 주고, 자신이 지은 악행에 대한 과보의 엄중함을 보여주는 존재로 묘사되고 있다. 천사를 만나고 싶다면 자신의 삶을 잘 살펴보면 된다. 천사는 언제나 삶 속에서 부지런히 선행을 닦아 죽음을 대비하라고, 다양한 방식으로 알려주는 존재이다.

맹목의
어둠

흔히 '맹목적'이란 말을 쓴다. 맹목이란 사전적 정의를 보면 '이성을 잃어 적절한 분별이나 판단을 못함' 혹은 '주관이나 원칙 없이 덮어놓고 행동하는 것'을 의미한다. 말하자면 바른 판단을 하지 못하고, 무비판적으로 어떤 것을 추종하는 상태를 말한다고 하겠다.

우리는 어떤 사람이 권위를 지닌 사람의 말에 '맹목적으로 복종'하는 경우를 본다. 이는 아마도 우리들이 지닌 속성 가운데 하나일지도 모른다. '맹목적 복종'은 상식적 관점에서 보면 도저히 할 수 없는 비도덕적이고 잔인한 일들을 서슴없이 하게 한다. 이런 경우는 대부분 어떤 특정 집단이나 권력자의 이익을 위해 구성원들이 해서는 안 되는 일들을 담당한다. 예를 들면 자국민을 보호해야 하는 군인이 국가의 이익이라는 미명하에, 자국의 민간인을 학살하는 것을 예로 들 수 있다. 군인은 명령에 살고 명령에 죽어야 한다는 말이 있지만, 이때 명령이 과연 어떤 것이어야 하는지는 고민해야 한다.

이렇듯 맹목적 행위를 하게 되는 것은 무엇 때문일까. 이에 대한 가르침이 『이띠붓따까』라는 경전에 나온다. 그 내용을 보면 다음과 같다.

> "비구들이여, 이러한 세 가지 내적인 티끌, 내적인 적대자, 내적인 살해자, 내적인 반대자가 있다. … 탐욕은 불이익을 낳고 탐욕은 마음을 교란시킨다. 그 내부로부터 일어나는 두려움을 사람들은 알지 못한다. 탐욕스러운 자는 유익함을 알지 못하고 탐욕스러운 자는 진리를 보지 못하고, 탐욕이 사람을 정복하면 맹목의 어둠이 생겨난다. … 성냄이 사람을 정복하면 맹목의 어둠이 생겨난다. … 어리석음이 사람을 정복하면 맹목의 어둠이 생겨난다."
>
> _『이띠붓따까Itivuttaka』「내적인 티끌의 경Antaramalasutta」중에서

탐욕스러운 자와 마찬가지로, 성내는 자와 어리석은 자 역시 무엇이 유익함인지 알지 못하고 진리를 보지 못한다고 경전에서는 설하고 있다. 여기서 맹목은 빨리어 안다(andha)의 번역이다. andha는 '맹목적, 눈이 먼, 어리석은'이란 의미이다. 그리고 빨리어 표현에서 '맹목의 어둠'은 '깊은 어둠'으로 설명된다. 그리고 그것은 '어리석음 때문에 눈이 가리어진 상태'를 의미한다.

경전에서는 탐욕과 성냄과 어리석음 중 어느 하나에라도 정복되면 맹목의 어둠이 생겨난다고 설하고 있다. 그리고 이들 세 가지

는 마음을 교란시키고, 사람들은 그 세 가지에서 생겨나는 두려움을 알지 못하게 한다는 것이다. 그래서 부처님께서는 탐욕, 성냄, 어리석음 각각을 '티끌'이나 '살해자' '적대자'와 같은 표현으로 설명하신다.

티끌이 쌓이면 사물은 제대로 보이지 않게 되고, 흐릿하게 보이거나 전혀 다른 것으로 보이기도 한다. 그렇기에 우리는 취해서는 안 될 것을 취하거나 행동해서는 안 될 행동을 하게 된다. 이미 맹목의 어둠에 사로잡힌 사람은 올바른 상황판단이나 선악을 구별하지 못하는 지경에 이르렀기에, 해서는 안 될 행동을 하면서도 그것이 자신에게 이로운 행동이라고 착각하게 된다. 결국 그 결과는 탐욕에 의해 자신이 파괴되는 것으로 끝나게 된다. 그래서 경전에서는 "탐욕은 불이익을 낳는다"고 한 것이다. 성냄과 어리석음에 의해서도 마찬가지이다. 이러한 이유로 부처님께서는 탐욕과 성냄과 어리석음을 '살해자' 혹은 '적대자'란 표현을 쓰면서까지 우리의 경각심을 일깨우고 있는 것이다. 내가 탐하는 것이고, 내가 성낸 것이고, 내가 어리석은 것이지만, 그 결과는 내 자신의 파괴이다.

결국 우리는 나 자신에게 이로운 것이라고 선택하고 그것을 행동하지만, 그 결과는 실제 반대로 나타난다. 왜냐하면 탐욕과 분노와 어리석음에 의해 선택된 것은 결코 이로움의 방향이 아닌 해로움의 방향이기 때문이다. 그것을 이로움이라고 판단하는 것은 다만 맹목의 어둠에 갇혀 있기 때문인 것이다. 해로움을 이로움이라고 생각하는 것을 '전도된 생각' 즉 '뒤바뀐 생각'이라고 한다.

부처님은 탐진치가 자신을 정복하지 못하도록 하고 스스로를 잘 단속하라고 말씀하신다. 그래야만 맹목의 어둠에서 벗어날 수 있기 때문이다. 이제 맹목의 어둠에 갇혀 자신을 파멸의 길로 이끌 것인지, 아니면 눈을 뜨고 자신을 파멸로부터 구할 것인지는 나에게 달려있다.

인생이 묻고 붓다가 답하다

3장

불교로
마음을
말하다

상처

누구나 크고 작은 상처를 안고 산다. 때로는 누군가에서 상처를 주기도 하고 받기도 한다. 그리고 대부분 내가 상처를 주거나 받는 사람들은 나와는 가까운 사람들이다. 전연 상관없는 사람과 관련된 경우는 드물다. 요즘이야 인터넷이 발달하여 일면식도 없는 사람에게 상처를 받는 경우가 늘고 있긴 하지만. 그래도 마음속에 남는 커다란 상처는 가족이나 친구처럼 나를 잘 알고 있는 사람, 혹은 내가 잘 아는 사람에게서 받는다.

또 다른 상처는 몸의 상처이다. 예기치 않은 사고로 인해 몸에 상처가 난 경우와 질병으로 인해 수술로 남은 상처가 있다. 얼굴처럼 보여지는 곳에 지워지지 않는 상처가 남거나 불구가 되는 경우, 그것은 마음에도 깊은 상처를 남기게 된다. 이때 자신감 결여나 대인기피증, 우울증과 같은 심리적 문제가 야기된다.

결국 우리에게 고통을 주는 상처는 신체적 상처보다는 마음의 상처임을 알 수 있다. 그래서 우리는 마음의 상처를 치유할 수 있는 방법을 알려주시는 부처님을 의왕이라고 부른다.『법구비유경』에 근심과 탐욕을 상처에 비유한 내용이 나오는데, 그 내용은 다음과 같다.

"왕사성에서 남쪽으로 이백여 리 떨어진 곳에 있는 큰 산에 오백 명의 도적이 있었다. 도적으로 인한 피해는 매우 컸는데, 군사들을 보내 토벌하는 것도 쉽지 않았다. 이에 부처님께서 그들을 제도하여 많은 사람들을 편안케 하시고자 그 산으로 향하셨다. 부처님은 귀족처럼 몸을 변화시켜, 온갖 보석과 값비싼 것으로 치장하고, 좋은 말에 올라 허리에는 보검을 등에는 화살을 메고 산으로 들어가셨다.

귀족으로 변한 부처님을 보자 도적들은 웬 횡재냐 하며 달려들어 부처님께 활과 칼을 겨누었다. 이에 부처님이 재빨리 화살을 쏘아 한 사람을 맞히자, 오백 명 도적들이 모두 같은 곳에 화살을 맞고, 칼을 한 사람에게 겨누니 오백 명 모두 같은 곳에 상처가 났다. 도적들은 고통스러워 땅을 구르며 '화살을 뽑아 주시고, 상처를 낫게 해 주십시오'라고 목숨을 구걸하였다.

그러자 부처님께서는 '이 상처는 아프지 않고 화살은 깊이 박히지 않았다. 이 세상의 상처 가운데 근심보다 더 심한 상처가 없고, 사람을 해치는 것 가운데 어리석음보다 더 심한 것은 없다. 그대들이 마음에 품고 있는 탐욕에서 생기는 근심과 남을 헤치고자 하는 어리석음은 칼로 입은 상처와 독화살에 맞은 것처럼 끝내 고칠 수 없는 것이다. 이 두 가지는 오직 경전(經), 계율(戒), 많이 들어 아는 지혜(多聞慧), 이치(義) 등의 밝은 도(明道)가 있어야, 이 마음의 병을 고칠 수 있다."

부처님은 상처 가운데 가장 심한 상처는 근심이며, 이 근심은 탐욕에서 비롯된다고 하셨다. 우리들은 많은 경우, 지나간 일에 근심하며 나아가 미래의 일을 근심한다. 그러한 일들은 대부분 실현되지 않은 욕망과 탐욕에서 비롯되는 경우가 많다. '너를 위해서'란 말에는 나의 욕망을 실현하고자 하는 욕구가 숨어있는 경우가 많다. 그것을 애써 외면할 뿐이다. 그리고는 근심하며 아파한다. 그래서 고통을 안겨주는 상처는 얼핏 보면 나를 둘러싼 사람들 때문인 것처럼 보이지만, 자세히 보면 자기 때문인 경우가 많다. 자신을 잘 관찰하여 내가 내 자신에게 어떠한 상처를 주는지 깊이 성찰할 필요가 있다. 나에게 상처를 주는 내 자신의 생각과 행동을 알아야 비로소 상처가 치유될 수 있을 것이다.

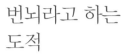

번뇌라고 하는
도적

불교에서는 외적으로든 내적으로든 마음이 어떤 욕구에 끌리는 것을 도적에 자주 비유한다. 안이비설신의(眼耳鼻舌身意)의 육근(六根)을 육적(六賊)에 비유하는 것이 대표적이다. 이것은 초기불교 이래 대승불교나 선불교에서도 마찬가지이다. 『화엄경』 59권에는 번뇌를 도적에 비유한 내용이 나온다. 그 내용을 보면 다음과 같다.

"보살이 법륜을 굴리는 것이 부처님께서 법륜을 굴리시는 바와 같네. 계율(戒)은 바퀴통, 삼매(三昧)는 바퀴살, 지(智)는 장엄, 혜(慧)는 칼이 되어, 번뇌의 도적을 깨뜨리고 온갖 마귀와 원수를 부수니 모든 외도들이 이를 보고 도망가지 않는 자 없네."

_『대방광불화엄경』 「이세간품」 중에서

보살이 굴리는 법륜과 부처님이 굴리는 법륜이 같기 위해서는 계율과 삼매와 지혜가 갖추어져야함을 말하고 있다. 말하자면 계정혜(戒定慧) 삼학(三學)을 온전히 갖춘 자라면, 그가 누구든 그가 굴리는 법륜은 부처님의 법륜과 같다는 의미로 이해될 수 있다.

계율은 틀이 되기에 바퀴통으로 비유된다. 바퀴의 크기와 틀을 잡아주는 것이 바퀴통인 것처럼, 계율은 수행의 틀을 잡아주는 것이다. 만약 계율이 바로 서지 않으면 틀이 없는 것과 같으니 수행이 불가능하다. 바퀴통이 없으면 수레가 굴러가지 않는 것과 같다. 하지만 이것만 갖고는 안 된다. 바퀴통은 바퀴살을 통해 차축과 서로 연결되어 있어야 한다. 그래야 온전한 바퀴가 되는 것이다.

삼매는 바로 바퀴살과 같아 바퀴통이 차축을 향해 정확히 고정될 수 있게 해주듯이, 마음을 한 곳으로 모아주어 제멋대로 날뛰지 못하게 해준다. 지(智)는 옳고 그름, 바른 것과 삿된 것을 바르게 분별하는 힘을 말하고, 혜(慧)는 그르고 삿된 것을 끊어버리는 정신작용이다. 그래서 지혜를 칼에 비유한 것이다.

따라서 계정혜 삼학은 번뇌라는 도적을 물리치고 온갖 마귀와 원수, 외도들로 하여금 도망가게 한다는 것이다. 여기서 번뇌는 내적인 것을 의미하고, 온갖 마귀와 원수, 외도들은 외적인 것을 나타낸다. 말하자면 외적인 다양한 장애들은 내적인 번뇌를 제거하면 자연스럽게 해결된다는 것이다. 내적 번뇌를 놔두고, 외적인 장애물을 아무리 치워봤자, 근본적인 해결은 되지 않는다.

그것은 마치 도적은 잡지 않고, 울타리만 높이 쌓고, 경비원만 많이 세워두는 것과 같다. 도적을 잡으면 굳이 울타리를 높이 쌓을 필요도 없고, 경비원을 많이 고용할 필요도 없다. 집안에 도적이 있는 줄 모르고, 바깥에서 들어오는 도적을 막기 위해 아무리 애써봤자 그것 역시 허사다.

하나의 예를 들어보자. 어느 부잣집에 허구한 날 도적이 들어 물건이나 돈을 훔쳐갔다. 그래서 그 집의 아버지는 아들과 함께 온갖 방책을 강구하여 도적을 막으려 했으나, 번번이 실패하고 말았다. 금고를 바꾸어도 소용없고, 경비원을 물 샐 틈새 없이 세워두어도 소용이 없었다. 그러던 어느 날 새벽, 아버지가 금고가 있는 방에 들어갔는데 도둑이 금고를 털고 있었다. 도둑을 잡고 보니 바로 아들이었다.

아들과 도둑을 잡을 방책을 강구했으니, 도둑이 잡힐 리 있겠는가. 이처럼, 번뇌란 도적을 처리하지 않고는 아무리 애를 써도 모든 일이 허사가 되고 만다. 번뇌란 도적을 잡기 위해서는 반드시 삼학을 닦아야만 하는 것이다. 그래야만 도적의 정체를 바로 알아 제거할 수 있다. 도적을 보고도 도적인 줄 모르는 것은 내 눈이 어둡기 때문이다. 삼학을 실천하여 눈을 밝게 하면, 도적을 잡는 것은 어려운 일이 아니다.

하느님

경전에는 많은 천신들이 등장한다. 그 중에서 바라문교에서는 절대자, 창조주로 군림하는 브라흐마(Brahma, 전재성 선생님은 이를 '하느님'으로 번역한다. 필자도 이 표현이 오늘날 사람들에게 쉽게 이해될 것 같아 그대로 사용한다)라는 신도 등장한다. 바라문교에서는 우주의 창조자라는 위치를 갖지만, 불교에서는 단지 수많은 신들 가운데 하나로 본다. 그리고 경전에서 그 브라흐마는 부처님께 귀의하고, 불법을 수호하고, 수행자를 외호하는 역할을 담당한다. 하지만 신들 중의 신(God of gods)이라고 해서 다른 신들보다 그 위상과 권위가 높음을 보여주는 경우도 있다. 『이띠붓따까』에는 부모님을 바로 이 브라흐마라고 하는 신에 비유하는 내용이 나온다. 그 내용을 보면 다음과 같다.

"비구들이여, 부모가 자식들로부터 존경받는 가정은 하느님들과 함께 하는 가정이다. 비구들이여, 부모가 자식들로부터 존경받는 가정은 옛 천신들과 함께 하는 가정이다. 비구들이여, 부모가 자식들로부터 존경받는 가정은 옛 스승들과 함께 하는 가정이다. 그리고 부모가 자식들로부터 존경받는 가정은 공양 받을만한 님과 함께 하는 가정이다.

비구들이여, 하느님들이란 부모를 지칭하는 것이다. 옛 천신들도 부모를 지칭하며, 옛 스승들도, 공양 받을만한 님들도 부모를 지칭하는 것이다. 왜냐하면, 부모는 자식들을 크게 돕는 자, 보호하는 자, 양육하는 자, 보여주는 자이기 때문이다."

_『이띠붓따까*Itivuttaka*』「하느님과 함께의 경Sabrahmakasutta」중에서

정도전은 『불씨잡변(佛氏雜辨)』이란 책을 통해 불교를 여러 측면에서 비판했다. "부자와 같은 지친(至親)이나 군신과 같은 지경(至敬)에 대해서 반드시 관계를 끊고 떠나고자 하니, 과연 이는 무슨 뜻인가?"라는 내용이 나온다. 말하자면 유가에서 말하는 인륜을 저버린다는 것을 비판한 것이다.

위 경전은 부모님을 절대자인 하느님과 천신 그리고 옛 성현과 동일하게 보아야 한다고 말하고 있다. 부모님이 곧 하느님이고, 공자님이란 의미이다. 그렇게 공경하고 존경해야 할 대상이란 것이다. 여기에 어찌 인륜을 저버렸다는 비판이 가능하겠는가. 출가라고 하는 행위는 유가적 세계관에서 보면 이질적인 것임에는 틀림 없다. 하지만 부처님의 가르침을 전체적인 맥락으로 보지 않고, 하

나의 측면만을 들어 비판하는 것은 정도전이 강조하는 '군자의 도리'는 아닐 것이다.

여하튼 부처님은 부모님이 곧 하느님이며, 천신들이며, 성현과 같다고 말씀하신다. 그러니 하느님을 대하듯 우러러 보며, 천신들을 대하듯 공경하고, 성현을 뵙듯이 받들어 공양하고 모시라고 말한다. 부모님이란 온갖 위험과 해로운 것으로부터 자식들을 보호하는 존재이며, 자신을 버리면서까지 양육하는 존재이며, 자식을 위해 모든 도움을 아끼지 않는 존재이기 때문이다.

시대가 변하면, 사람들 사이의 인륜의 가치도 변한다. 하지만 변해서는 안 될 것도 분명히 존재한다. 그것 가운데 하나가 바로 부모와 자식의 관계일 것이다. 하지만 요즘은 자식이 부모를 버리거나 학대하고, 심지어 살해하는 경우도 본다. 그 대부분의 이유가 '돈' 때문에 벌어진다. 돈의 가치가 부모와 자식 간의 가치를 뛰어넘는다고 보기 때문일 것이다. 이보다 어리석은 일이 있을까.

부모님의 사랑을 화폐의 가치로 환산하려고 한다면 하느님과 같이 크신 사랑이 종잇조각보다 못하게 되지 않겠는가. 부모님의 사랑을 있는 그대로 받아들이고, 그것에 감사하기 위해서는 우리들 마음에 숨어있는 '욕심'을 살펴야 할 것이다.

스승의 주먹

인류 역사를 되돌아보면 수많은 영적 스승들이 존재했었고, 또 존재하고 있다. 그들 중 대부분은 자신만이 최고의 진리를 알고 있다고 한다. 그리고 그 비전(祕傳)을 자신이 인정한 사람에게만 전수하겠다고 한다. 대부분의 사람은 이러한 말에 현혹되기 쉽다. 그리고 맹목적으로 그 스승만이 특별한 지혜를 갖고 있다고 믿기도 한다. 이에 대해 경전에서는 붓다의 입장이 무엇인지 엿볼 수 있는 내용을 전하고 있다.

"아난다여, 승가는 나에게 무엇을 더 기대하는가? 나는 이미 안과 밖을 가리지 않고 법을 설했다. 여래의 가르침 가운데 '스승의 주먹 (ācariya-muṭṭhi)' 따위는 없다."

_『디가 니까야*Dīgha Nikāya*』「대반열경Mahāparinibbānasutta」 중에서

위 인용경문은 붓다의 마지막 여정을 그린 『대반열반경』에 나오는 가르침이다. 여기서 '스승의 주먹'이란 스승이 자신의 제자에게만 비밀스럽게 전수하는 가르침을 의미한다. 그런데 열반을 앞에 둔 부처님께서는 아난다 존자에게 분명하고도 단호하게 '따로 전할 비밀스러운 가르침은 없다'라고 선언하고 계신 것이다. 이 말은 이미 부처님께서는 45년 동안 하나도 감추어 두지 않고 진실된 가르침을 빠짐없이 설했다는 의미이다.

이를 통해 우리는 붓다의 기본 정신이 무엇인지 엿볼 수 있다. 불교의 목적이 개인과 집단의 고통을 감소시키는 것, 나아가 궁극적 행복을 성취하도록 하는데 있기에, 불교인에게만 공개된 가르침이란 존재할 수 없는 것이다. 불교인이건, 그렇지 않건 붓다의 가르침의 핵심은 하나도 감추어지지 않고 공개되어있는 것이다. 알고자 하는 자에게 감추어진 비전(祕傳)이 불교에는 없다.

돌아보면 요즘처럼 정신적 스승이 많은 적도 없었던 것 같다. 굳이 특정 종교를 고집하지 않더라도, 우리는 이른바 '멘토'라는 이름의 많은 스승들을 갖고 있다. 예부터 스승이란 삶의 방향을 잡아주고, 영감을 불러일으키며, 삶을 살아가는 지혜를 알려주는 존재라고 생각되어 왔다. 오늘날 멘토가 바로 이러한 역할을 하지 않는가.

분명 우리에게 의지할 수 있고, 배울 수 있는 스승이 많다는 것은 좋은 일이다. 하지만 스스로 삶을 만들어가고자 하는 노력이 병행되지 않을 경우에는 자칫 맹목적이며, 무비판적인 믿음의 형식을 띄기 쉽다.

불교는 매우 비판적인 종교이다. 일례를 들어보자. 붓다는 자신의 제자가 되겠다고 하는 '시하'라고 하는 장군에게 이렇게 말한다. "그대와 같이 명망 있는 사람은 깊이 심사숙고하여야 합니다. 경솔히 결정해서는 안 됩니다." 시하장군은 자이나교 신자였다. 그러다가 붓다에 대한 소문을 듣고 붓다를 만나 대화를 나누고는 붓다의 제자가 되겠다고 한 것이다. 시하장군은 웨살리라는 지역의 명망 있는 장군이었다. 그런 사회적으로 영향력이 있는 사람이 스스로 제자가 되겠다고 했다면, 보통의 경우는 쌍수를 들고 환영했을 것이다. 그런데 붓다는 달랐다. 자신의 말을 이성의 힘을 다해 끝까지 비판해보고, 그럼에도 불구하고 신뢰할 만하다고 판단이 되거든 그때가서 제자가 되어도 늦지 않는다고 말한다.

붓다의 이런 모습을 통해, 우리는 누군가를 신뢰한다고 할 때 어떻게 해야 하는지를 배우게 된다. 어쩌다가 자신의 마음에 드는 말을 듣고는 '아, 저 사람이야 말로 내가 찾던 스승이야'라고 하는 것이 아니라, 그 사람의 말을 잘 듣고 그것이 이치에 합당한지, 아닌지에 대해 냉철하게 비판해보라는 것이다. 반대로 마음에 들지 않는다고 해서 성급하게 '아, 저 사람은 엉터리야'라고 비난해서도 안 되는 것이다. 역시 그 사람의 말을 잘 듣고 선입견이나 편견에 사로잡히지 않고 충분히 숙고한 뒤에 판단하라는 의미이기도 하다.

이러한 건강한 비판적 의식이 있을 때, 우리는 포장된 거짓을 간파할 수 있게 된다. 별 것도 아닌 것을 대단한 것으로 포장하거나, 거짓을 진실인 것처럼 위장하는 것들을 꿰뚫어 볼 수 있는 힘은 바로 '비판'에 있다. 이 건강한 '비판'의 힘이 자신과 타인을 고통에서 벗어나게 하는데 도움이 된다.

그래서 비판은 열려있고, 무비판은 닫혀 있다고도 할 수 있다. 비판은 깨어있음이며, 무비판은 잠들어 있는 것이다. 비판은 비밀을 허용하지 않고, 무비판은 비밀을 만들어 낸다. 그래서 맹목적인, 무조건적인 믿음을 강요하거나 주장하는 사람들은 결코 비판을 허용하지 않는다. 그리고 그들은 사람들이 알아서는 안 되는 영역을 만들어 놓고, 자신을 그 안에 숨긴다. 그들이 만들어 놓은 비밀의 영역은 사실 그들의 추잡한 욕망이 자리하고 있는 곳이다. 그렇기에 그들은 내 편, 네 편을 가르게 되고 때때로 욕망을 포장하기 위해 거대한 조직을 만들기도 한다.

하지만 비밀이 없는 사람들에겐 내 편도 네 편도 별 의미 없다. 그렇기에 부처님 가르침에도 내 편, 네 편이 없다. 그저 진실을 추구하는 도반이 있을 뿐이다. 하지만 오늘날 우리 현실은 나와 너의 경계선을 분명히 긋고, 원수를 대하듯 싸우고 있다. '내 편이 진짜고, 네 편은 가짜다'라고 외친다. 서로를 인정하면 모두 진짜가 될 수 있는데도, 부정해서 모두 가짜를 만들고 만다. 이는 그릇된 욕망을 움켜쥔 주먹을 펴면 비로소 편해질 수 있는데도, 움켜쥐고 고통만 더하는 것과 같다.

상실을 통해
흘리는 눈물

　사람의 감정 변화를 알 수 있는 가장 빠른 변화는 '눈물'일 것이다. 누군가가 울면 그 사람이 어떤 주체할 수 없는 감정에 젖어있다는 것을 금방 알아차리게 된다. 눈물은 슬퍼서만 나오는 것이 아니라, 공허함, 분노, 절망 등 다양한 감정에서도 비롯된다. 그리고 환희의 순간에도 눈물을 흘린다. 그렇지만 눈물의 대표는 슬픔, 상실과 같은 감정일 것이다. 이러한 감정 외에도 눈에 질환이 있거나 세찬 바람에 오랜 시간 노출되어도 눈물이 난다.

　이 가운데 슬픔과 관련된 눈물에 대해서 이야기해 보자. 우리는 살면서 매우 다양한 상황에서 슬픔을 느낀다. 사랑하는 사람과의 이별, 재산의 상실, 질병으로 인한 자신감 혹은 건강의 상실, 어찌할 수 없는 재난과의 조우, 무상함에 대한 처절한 경험, 절대 고독으로의 침잠, 존재의 무의미에 대한 상념 등의 이유로 우리는 슬픔을 느끼고, 눈물을 흘린다. 이러한 슬픔은 대부분 '상실'을 키워드로 한다. 사랑하는 사람과의 이별도 그렇고, 재산이나 건강을 잃는 것도 그렇다. 무상함이나 무의미함, 고독함 역시 상실의 범주에 속한다. 나에게 무엇인가 있다고 생각했는데, 사실은 그것이 착각이었음을 깨닫게 되었을 때 우리는 상실감을 느끼게 된다. 그리고 이러한 상실감으로 인한 슬픔 때문에 눈물을 흘린다.

『상윳따 니까야』에 나오는 「눈물의 경(Assusutta)」은 죽음이라는 상실을 통해 흘리는 눈물에 대해 이야기 하고 있다. 이 경은 사람들이 무수한 윤회 속에서 흘린 눈물이 4대양의 물보다 많음을 말하고 있다. 여기서 눈물은 윤회라는 고통의 바다에 놓인 생명의 가혹한 현실을 빗댄 대표적 표현이라고 할 수 있다.

경전에서는 상실의 경험을 세분화해서 제시한다. 그 내용을 간략히 정리하면 다음과 같다.

① 어머니의 죽음 ② 아버지의 죽음 ③ 형제의 죽음 ④ 자매의 죽음 ⑤ 아들의 죽음 ⑥ 딸의 죽음 ⑦ 친지의 죽음 ⑧ 재산의 상실 ⑨ 질병의 비참함의 경험

_『상윳따 니까야*Saṃyutta Nikāya*』「눈물의 경Assusutta」 중에서

우리는 이러한 사건을 경험하면서 비탄에 빠져 울부짖으며 눈물을 흘린다. 하지만 우리는 부모, 형제, 자매, 자식, 친지, 재산, 육체가 가져다주는 즐거움에만 관심을 갖지 그것들이 가져다주는 괴로

움은 애써 외면하며, 모르쇠로 일관한다. 그런다고 해서 괴로움 없이 즐거움 속에만 살 수 있는 것은 아니다. 내가 처한 현실이 갖고 있는 한계상황에 대한 바른 인식 없이 괴로움에서 벗어난다는 것은 요원한 일이다.

이러한 이유로 '바른 견해'가 무엇보다 중요하다. 나의 육체를 비롯한 모든 대상이 괴로움의 원인임을 알 때, 우리는 쓸데없는 집착에서 자유로워질 수 있다. 대상에 집착하지 않는다는 것이 부모를, 자식을 사랑하지 않는다고 의미하는 것은 아니다. 사랑하되 집착하지 말고, 사랑하는 대상과의 관계는 언젠가는 끝이 난다는 사실을 정확하게 인식하고 받아들여야 한다. 그리해야 괴로움에 빠져 허우적거리며 눈물로 지새우는 어리석은 상황을 만들지 않게 된다.

그렇지 않으면, 우리는 기약 없는 윤회 속에서 결국 비탄에 빠져 울부짖으며 눈물을 흘릴 것이다. 나에게 기쁨을 가져다주는 대상이 실은 고통과 고뇌의 원인임을 바로 알고, 그것들에 대해 집착하지 않을 때, 우리는 그 대상을 떠날 수 있게 된다. 이러한 '떠남'이 진정한 출가이며, 수행의 원동력이 되는 것이다. 그리고 나아가 그것이 바로 해탈의 직접적인 원인이 된다고 부처님은 말씀하신다.

쇠에서 생겨난 녹이
쇠를 삼키듯

예전에 모 방송국 프로그램에 배우 한석규 씨가 나온 적이 있었다. 그때 『법구경』의 말씀 가운데 인상 깊은 구절이 있었다며 '쇠로부터 생겨난 녹은 자신에게서 생겨나 자신을 삼킨다'라는 경구를 소개하였다. 이때 출연자들이 이야기를 나눈 것은 『법구경』에서 전달하고자 하는 것과는 맥락이 달랐지만 많은 생각을 하게 하였다. 해당 내용이 나오는 『담마빠다』의 원문을 직역하여 소개하면 다음과 같다.

"마치 쇠로부터 생겨난 녹이, 그것(녹)이 생기고 난 뒤, (오히려) 쇠를 삼키듯이, 자신이 지은 악업이 자신을 나쁜 곳으로 이끈다."

_『담마빠다*Dhammapada*』「대품*mahāvagga*」중에서

쇠붙이에 생긴 녹을 그대로 방치하면 쇠붙이는 결국 망가지게 된다. 마찬가지로 우리가 자신의 악업을 그대로 방치한다면 스스로를 망가뜨리게 된다. 그러므로 이 비유에서 쇠는 나 자신이며, 녹은 나의 악한 업이다.

불교는 철저하게 자신이 한 행동과 말과 의도에 의해 자신의 미래가 결정된다는 입장이다. 팔자 같은 운명론이 들어설 여지가 없다. 이는 부처님께서 당시 유행하던 운명론을 비판하고 있는 것으로도 볼 수 있다. 선한 의지를 갖고 끊임없이 노력하는 것만이 내가 원하는 방식으로 미래를 바꿀 수 있는 유일한 방법이다.

사실 수행이란 말이 어려워서 그렇지, 말과 행동과 의도를 부처님의 가르침에 부합시키려는 노력과 실천이다. 불교를 수행의 종교라고 하는 것은 다른 말로 하면 부처님의 가르침을 현실에서 '실천'하는 종교란 의미가 된다. 그러므로 실천이 결여된 불교는 핵심이 빠진 것이 된다. 그러면 우리는 어떻게 수행을 해야 할까. 수행에 대한 명확한 정의를 사정근(네 가지 바른 노력)에서 볼 수 있다.

① 아직 일어나지 않은 악하고 선하지 않은 법들이 일어나지 않도록 의욕을 내어 노력하며, 정진에 힘쓰고, 마음을 북돋아 노력한다.

② 이미 일어난 악하고 선하지 않은 법들이 포기 되도록 의욕을 내어 노력하며, 정진에 힘쓰고, 마음을 북돋아 노력한다.

③ 아직 생기지 않은 선한 법들이 생기도록 의욕을 내어 노력하며, 정진에 힘쓰고, 마음을 북돋아 노력한다.

④ 이미 생겨난 선한 법들이 확고해지도록, 혼란스럽지 않도록, 더욱 증가하도록, 충만하도록, 원만히 수습되도록 의욕을 내어 노력하며, 정진에 힘쓰고, 마음을 북돋아 노력한다.

녹은 악하고 선하지 않은 것이다. 그러니 내 내면에 녹이 생겨났으면, 우리는 지체 없이 그것을 제거하는데 온힘을 쏟아야 한다. 이렇듯 정진하고 노력하는 것이 수행인 것이다. 나아가 이 수행은 선함을 증진시키는 것이 되어야 하며, 그것이 확고하고 명확해지도록 해야 한다.

그런데 간혹 '선도 악도 버려라'라고 하는 가르침을 잘못 이해하여 선함을 행하지 않으려 하는 경우도 있는데 이는 잘못이다. 선함이 일어나도록 노력하고, 확고해지도록 정진한 뒤에 그것에 집착하지 않는 것이 선을 버리는 방식이다. 이는 선이 이미 내 안에 확고하게 자리 잡은 뒤의 일이다.

우리는 살아있는 한 끊임없이 내면의 녹, 즉 악한 행동과 말과 의도와 싸워나가야 한다. 그래야만 내 행동으로 나를 망치는 일을 막을 수 있게 된다. 이것을 부처님께서는 '쇠에서 생겨난 녹이 쇠를 삼킨다'는 비유로 말씀하신 것이다.

입안에 품은 칼

    누군가 칼이나 총을 들고 서있다면, 우리는 그 사람을 피하거나 매우 조심스럽게 대할 것이다. 그리고 만약의 경우를 대처할 수 있도록 대비할 것이다. 반대로 어린아이가 칼을 쥐고 있으면, 우리는 얼른 그 칼을 빼앗을 것이다. 왜냐하면 어린아이는 칼을 조심스럽게 다룰 줄 모르기에 혹여 자신이나 남을 다치게 할지도 모르기 때문이다. 이처럼 칼이 되었든 총이 되었든, 혹은 몽둥이가 되었든 그 어떤 것이든 다른 사람을 해할 수 있는 것을 가지고 있다면, 그것을 조심히 다루어야 한다. 함부로 다룬다면 의도하지 않았더라도 다른 사람은 물론이거니와 자신도 크게 다칠 수 있다.

    이처럼 칼과 같은 물건은 우리가 그 위험을 미리 짐작할 수 있기에 조심할 수 있지만, 눈에 보이지 않는 칼은 그 위험을 미리 짐작하기 어렵다. 우리는 칼 보다 더 위험한 것을 가지고 있는데, 그것은 '말'이다. 불교에서는 사람의 말을 '칼'이나 '도끼' 등으로 자주 비유한다. 그 이유는 말이 갖고 있는 폭력성과 위험성이 칼이나 도끼보다 더하면 더 했지 덜하지 않기 때문이다.

우리는 말을 하는 과정에서 자신도 모르게 상대방에게 큰 상처를 주기도 한다. 그리고 그 결과는 우리가 생각하는 것 보다 훨씬 심각한 경우가 많다. 경전에서는 이를 다음과 같이 표현하고 있다.

> "한 때 세존께서는 싸끼야국의 사마가마라고 하는 마을에 머무셨는데, 그 무렵 니간타 나타뿟따가 빠바시라는 곳에서 목숨을 다했다. 그러자 니간타 나타뿟따의 제자들은 두 파로 나뉘어 말다툼을 하기 시작했다. 그들의 다툼과 논쟁은 점점 거세졌고 입안에 품은 칼로 서로를 찔렀다. … 중략 … 니간타 나타뿟따의 제자들 중에는 말로 사람을 죽이는 자들만 존재하는 것 같았다."

『맛지마 니까야 *Majjhima Nikāya*』
「사마가마 마을의 경 Sāmagāmasutta」 중에서

위 경문은 당시 여섯 명의 영적 스승들(六師外道) 가운데 한 명이자 자이나교의 교주인 니간타 나타뿟따의 죽음을 둘러싸고, 자이나교 수행자들 사이에 커다란 분쟁이 발생했음을 보여준다. 이들은 논쟁이 거칠어지자 '마치 입안에 품은 칼로 서로를 찌르는 것과 같았고, 그들은 모두 말로 사람을 죽이는 자들 같았다'라고 표현했다. '너희들은 스승의 가르침을 잘 알지 못한다. 뿐만 아니라 너희

들은 잘못된 도를 닦고 있고, 말도 일관되지 못하고 생각도 뒤죽박죽이다' 이러한 말로 서로를 강력하게 비난한 것이다. 이 내용만 본다면 심각하지 않은 논쟁이라고 볼 수도 있겠지만 '죽이는 자들만 존재하는 것 같다'라는 표현을 통해 얼마나 심각한 논쟁이 있었는지 짐작할 수 있다.

우리는 '내 생각이나 가치관이 옳다'라고 생각한다. 하지만 '옳다, 그르다'라는 판단은 대립과 갈등의 원인이 되기 쉽다. 왜냐하면 '내가 옳다'라고 하면 상대방은 '틀린 것'이 되기 때문이다. '옳다'를 주장하다 보면, 다른 사람을 바꾸려고 하는 의지를 갖게 된다. 그리고 자신의 의견에 동조하지 않으면, 쉽게 적으로 돌리게 된다.

자신의 역사관이나 가치관, 혹은 종교관이 매우 편협되어 불필요한 갈등을 일으키고, 상대방에게 상처를 주면서도 그것을 알지 못한다면, 그는 심각한 자기도취에 빠진 사람이다. 그러면 상황에 맞는 올바른 판단을 내릴 수가 없게 된다. 옳고 그름을 따지기 이전에, 사람에 대한 이해와 배려 그리고 끊임없는 자기성찰이 있어야 다른 사람을 말로 상처주거나 죽이는 일을 막을 수 있다.

해충을
막지 못하면

날씨가 습하고 기온이 높으면 모기떼가 기승을 부리고, 농작물에
해를 끼치는 해충이 번성한다. 모기와 벌레 등을 해충, 곧 해로운 곤
충이라고 하는 것은 그것들이 우리 인간들에게 다양한 질병을 일으
키는 원인이 되기 때문이다. 이러한 해충은 방역을 하면 그 피해가
줄어든다. 미리 해충이 발생할 지역의 상세한 정보를 바탕으로 한
해충지도를 작성하고, 이에 따라 알에서 깨어나기 전에 혹은 유충
단계에서 이들 해충을 박멸할 방법을 마련해 놓아야 한다. 그래야
만 효과적으로 해충을 방역할 수 있다.

해충의 피해를 미리 대비하지 않고 손을 쓰지 않으면 늦다. 이
것은 우리 인간에게도 그대로 적용된다. 우리들에게도 해충과 같
은 것이 있기 때문인데, 부처님께서는 다음과 같이 비유로 말씀하
고 계신다.

"셋째, '해충을 막지 못한다'라는 것은 무엇을 말하는가? 이는 감각적 욕망에 얽매인 생각이 일어났을 때 그것을 막지 않고 없애지 않는 것을 말하며, 마찬가지로 분노와 폭력과 악의에 얽매인 생각이 일어났을 때 그것을 막지 않고 없애지 않는 것을 말하느니라."

_『맛지마 니까야*Majjhima Nikāya*』
「소 치는 사람에 대한 큰 경Mahāgopālakasutta」 중에서

이 가르침은 소치는 사람이 11가지 덕목을 갖추지 못하면 소를 제대로 키울 수 없다는 내용을 토대로, 수행자의 자세를 언급한 내용이다. 소를 키우는 사람이 해충을 막지 못하면 소는 건강하게 자랄 수 없다. 그로 인해 소에게서 소젖을 얻을 수 없거나, 얻더라도 그 양은 적을 것이며 젖의 질은 떨어질 것이다.

마찬가지로 우리들이 감각적 욕망에 사로잡혀 있는데, 그것을 제거하거나 막을 생각을 하지 않으면 결국 우리는 감각적 욕망으로 인해 삶이 피폐해지고, 천박해지며, 더 강력한 욕망을 찾아 헤매는 삶을 살 수 밖에 없어진다. 그렇기에 수행하는 자라면 감각적 욕망의 위험을 잘 알고, 욕망이 일어나면 욕망이 일어났다고 바로 알고, 그것을 제어하여 다스릴 줄 알아야 한다. 그리고 나아가 그러한 생각이 사라질 수 있도록 노력해야 한다.

사라지게 한다는 것은 억지로 그 생각을 안 하는 것이 아니라, 욕망을 있는 그대로 직시하여 그 정체를 온전히 파악하는 것을 말한다. 욕망을 직시하는 것, 그리고 그것을 지속하여 그 뿌리를 보는

것 그것이 바로 수행이다. 이것이 되지 않으면 욕망이 나를 삼키게 되고, 욕망이 하고자 하는 대로 끌려가는 노예의 삶을 살게 된다.

마찬가지로 분노와 폭력, 그리고 악의라는 불건전한 정서 역시 그것이 한 번 일어나게 되면 사람의 정신을 빼앗아 올바른 판단을 하지 못하게 한다. 분노가 일어나면 분노가 일어나는 즉시 나에게 분노가 일어났다고 바로 알아야 한다. 바로 알기만 해도 분노가 나를 집어 삼키지 못하게 된다.

그래서 경전에서는 이러한 욕망과 분노와 폭력적 생각과 악의 등을 해충에 비유했다. 해충을 그대로 방치하면 처음에는 자그마한 병을 일으키지만 점점 심각한 병을 유발하게 되고, 결국 해충 때문에 생명을 잃을 수도 있게 된다. 그러니 우리는 해충을 구제하기 위해 약을 뿌리고, 환경을 청결하게 해야 한다.

그와 같이 우리의 욕망, 분노, 악의와 같은 것도 반드시 구제해야 한다. 그대로 방치하면 우리의 삶을 송두리째 망가뜨릴 수 있는 해로운 것들이기 때문이다. 그래서 해충을 제거하기 위해 약을 뿌리듯이, 욕망과 분노와 같은 것을 구제하기 위해 부처님의 가르침을 배우고 실천하고자 하는 노력이 필요한 것이다.

청동그릇

청동그릇을 다른 말로 유기그릇이라고 하고, 놋그릇이라고도 한다. 놋그릇에 음식을 담아 놓으면 살균 작용으로 음식이 상하는 것을 지연시켜 우리 몸에 이로운 작용을 한다고 한다. 그래서 요즘은 놋그릇이 새삼 주목받고 있지만, 문제는 이 그릇이 수요가 많지 않다 보니 다소 비싸다는데 있다.

청동그릇, 말하자면 놋그릇은 절에 가면 쉽게 볼 수 있는데 부처님전에 공양물을 올릴 때 사용된다. 잘 닦여진 청동그릇은 반짝반짝 윤이 나면서 보기에도 참 좋다. 정갈하면서도 차분한 느낌을 준다. 그곳에 담긴 음식은 더 맛깔나게 보인다. 이런 청동그릇을 비유로 한 가르침이 경전에 나온다. 그 내용을 보면 다음과 같다.

"벗이여, 예를 들어 시장이나 대장간에서 가져온 청동그릇이 깨끗하고 광채가 나더라도 그 안에 뱀이나 개나 인간의 사체를 담아 다른 청동 그릇을 덮어 다시 시장으로 내간다면, 뭔가 귀중한 음식이 담겨있다고 여겨 궁금해 하던 사람들이 그것을 보고는 혐오감을 느끼고 불쾌해지고 메스꺼워져서 배가 부른 사람은 물론이고 배가 고팠던 사람들조차 식욕이 달아날 것입니다. … 중략 … 벗이여, 예를 들어 시장이나 대장간에서 가져온 청동그릇이 깨끗하고 광채가 나는데 그 안에 맛있는 흰 쌀죽과 여러 가지 국과 반찬을 담아 다른 청동그릇을 덮어 다시 시장으로 내간다고 합시다. 궁금해 하던 사람들에게 그가 청동그릇을 열어 그 안의 내용물을 보여준다면 배가 고팠던 사람은 물론이고 배가 부른 사람들조차 먹고 싶은 마음이 들 것입니다."

_『맛지마 니까야*Majjhima Nikāya*』
「더러움 없음의 경Anaṅgaṇasutta」 중에서

위 경전은 사리뿟따 존자와 마하목갈라나 존자가 문답을 나눈 내용 가운데, 사리뿟따 존자의 말씀이다. 이 내용이 나온 배경은 이러하다. "해로운 욕망을 버리지 못한 수행자가 겉으로는 탁발로 살아가고, 분소의를 입고, 나무 밑에서 거주한다고 해도 진실한 수행자로부터 존경과 공양을 받지 못할 것이다. 반대로 악하고 해로운 욕망을 버린 수행자는 비록 보시받은 좋은 가사를 입고, 공양받은 좋은 음식을 먹고, 마을 근처에서 머문다고 해도 수행자로부터 존경과 공양을 받을 것이다." 사리뿟따 존자는 이렇게 설하면서, 전자를 뱀이나 개나 인간의 사체가 담긴 청동그릇에 비유하고, 후자를 맛깔난 음식이 담긴 청동그릇에 비유했다.

이는 우리의 겉모습이 아닌 내면의 아름다움에 대한 가르침이다. 비록 겉모습은 수행자의 모습을 하더라도, '욕망에 찌든 삶의 모습을 보여준다면 누가 그를 존경하겠는가?'라는 것이다. 세속의 삶을 사는 재가자의 경우도 마찬가지이다. 이를 단적으로 보여주는 표현이 '예쁜 아내는 3개월, 착한 아내는 3년, 지혜로운 아내는 3대에 걸쳐 행복하다'이다. 여기에 아내 대신 남편을 넣어도 마찬가지일 것이다.

보기 좋은 청동그릇이 더욱 가치 있는 것은 그 안에 담긴 음식이 보기 좋고 맛난 것이어야 한다. 아무리 반짝이고 좋게 보이는 청동그릇이라도 그 안에 담긴 음식이 혐오 음식이라면 누구라도 그 그릇에 손가락도 대고 싶어 하지 않을 것이다.

그래서 부처님은 늘 '자신의 내면을 잘 관찰하라'고 말씀하신다. 욕망과 분노를 잘 관찰하여 그것을 통제할 수 있는 삶이 주인으로서의 삶이며, 또 그렇게 사는 것이 진정한 아름다운 삶이다.

숲과 덤불을
자르고

밤길을 걷다 보면 익숙한 곳이라고 해도 왠지 모를 두려움이 생길 때가 있다. 그것은 어둠이라는 장막 뒤에서 무언가 갑자기 튀어나와 나를 위협할지 모른다는 생각 때문이다. 훤한 낮에는 아무 두려움도 없다가 밤이 되면 두려움이 생겨나는 것은 아마도 어둠 속에 감추어진 그 무엇이 있다고 생각하기 때문일 것이다.

한편 드넓은 들판에 서있을 때는 확 트인 시야에 시원함을 느끼지만, 울창한 숲에 들어가면 시원함이 아닌 두려움에 등골이 서늘해지는 경험을 한다. 더구나 그 길을 혼자 가고 있다고 생각해보라. 온갖 사나운 동물이나 못된 도적이 어디에서 뛰쳐나올지 모를 일이다. 조그마한 소리만 나도 두리번거리게 된다. 마음은 위축되고, 오히려 크게 동요하게 될 것이다.

이러한 이미지를 이용해 『담마빠다』에서 부처님께서는 제자들에게 "숲을 잘라 버려라"라는 가르침을 주신다. 여기서 숲은 번뇌를 의미한다. 시의 전문을 보면 다음과 같다.

> "숲을 잘라버려라. 나무는 말고. 숲에서 두려움이 생겨난다. 비구들이
> 여, 숲과 덤불을 자르고서, 그대들은 숲이 없는 상태가 되어라."
>
> _『담마빠다*Dhammapada*』「길의 품Maggavagga」중에서

시에서 '나무는 말고'란 것은 실제 숲에 있는 나무를 의미한다. 주석서에 따르면 이는 가르침을 잘못 이해하여 실제 숲의 나무를 벨지 모르는 어리석은 사람들을 경계하기 위한 것이라고 한다.

숲(vana)은 번뇌를 의미하는데, 구체적으로 탐욕과 성냄과 어리석음의 삼독(三毒)을 의미한다. 삼독은 가장 근본이 되는 번뇌들이다. 여기에 교만(慢)·의심(疑)·악견(惡見)을 더하여 이 여섯 가지를 근본번뇌라고도 한다. 그리고 이들 근본번뇌로부터 다양한 번뇌들이 발생하게 되는데, 이를 수번뇌(隨煩惱)라고 한다. 근본번뇌에 의지하여 부수적으로 일어나는 오염된 마음작용이란 의미이다. 부처님은 이것을 '덤불(vanatha)'에 비유하고 있다.

즉 숲은 근본번뇌이며, 덤불은 수번뇌인 셈이다. 번뇌를 제거하기 위해서는 근본번뇌와 수번뇌를 모두 제거해야 한다. 그래야만 열반에 이르게 되는 것이다. 시에서 '숲이 없는 상태가 되어라'는 표현이 있는데, 이때 쓰인 단어가 'nibbana(숲이 없는)'이다. 이 단어는 열반과 관련이 깊은 단어이다. 결국 숲과 덤불을 모두 제거해 숲이 없는

상태가 되어야만 우리는 비로소 두려움에서 완전히 벗어나 열반을 얻게 되는 것이다. 모든 것이 낱낱이 보일 때 두려움에서 자유로워질 수 있다. 무언가 감추어져 있는 것 같은 느낌이 있는 한 두려움은 사라지지 않기 때문이다.

불교에서 말하는 열반은 이렇듯 번뇌가 남아있지 않음을 의미한다. 모든 번뇌가 소멸되어 마음이 명징(明澄)한 상태가 되는 것, 그것이 바로 수행의 궁극적 목적이 된다. 밝고 맑은 마음은 모든 것을 있는 그대로 비추어 알기에, 거짓이나 위선이 설 틈이 없다.

그러나 이러한 수행은 누가 대신 해 줄 수 있는 것이 아니다. 오직 내가 스스로 해야 하는 것이다. 다른 사람이 내 대신 밥을 먹어준다고 내 배가 부르지 않는 것처럼, 내가 스스로 수행하지 않으면 내가 갖고 있는 두려움은 사라지지 않는다.

그런 의미에서 수행은 철저히 나 자신과의 싸움이 된다. 그래서 수행의 길이 어려운 것인지도 모른다. 묵묵히 수행에 정진하는 수행자들을 보면 절로 고개가 숙여지는 이유도 여기에 있다. 숲과 덤불이 사라진 수행자의 곁에 있으면 나도 모르게 마음이 맑고 밝게 되어 수행의 의지가 솟아나기도 한다.

머리에 붙은
불을 끄듯

중국의 대혜 종고 선사가 『서장』에서 "생각 생각마다 머리에 불 붙은 것을 끄듯이 하십시오"라는 말씀을 하셨다. 이 말은 선가의 선사들께서 자주 사용하는 문구이기도 하다. 말인즉슨, 수행을 하는데 이처럼 간절한 심정으로 하라는 것이다.

이 문구는 초기경전에서도 즐겨 사용하는 문구이다. 수행을 독려하는 것으로 이만큼 사람들에게 절실하게 다가오는 말도 없을 것이다. 경전의 내용을 보면 다음과 같다.

"벗들이여, 만약에 비구가 성찰하면서 일체의 착하고 선한 것들을 자기 안에서 발견하지 못하면, 그 비구는 착하고 건전한 것들을 얻기 위해 극도로 의욕을 내고 정진하고 분발하고 책려하고 불퇴전하고 알아차림을 확립하고 바른 앎을 일으켜야 합니다. 벗들이여, 예를 들어 옷에 불이 붙거나 머리에 불이 붙으면 그 옷이나 머리의 불을 끄기 위해 극도로 의욕을 내듯이."

_『앙굿따라 니까야*Aṅguttara Nikāya*』「퇴전의 경*Parihānasutta*」중에서

이 경문은 사리뿟따 존자께서 다른 비구 수행자들에게 하신 말씀이다. 사리뿟따 존자는 부처님을 대신해서 많은 설법을 하신 분이다. 특히 출가한 지 얼마되지 않은 수행자들을 지도하여 예류과를 성취하도록 하는 일을 담당했다고 전해진다. 말하자면 본격적인 수행자로 설 수 있도록 가르쳤던 것이다. 갓 출가한 새내기 스님들이 올바른 수행자가 될 수 있도록 하는 것은 무엇보다 중요한 일이다. 그렇기에 승단에서 부처님을 제외하고 가장 존경받는 사리뿟따 존자가 출가자들을 지도한 것이다.

부처님께서는 출가자는 재가자들에게 도덕적으로 모범이 되어야 함을 강조하셨다. 왜냐하면 그러한 도덕적 모범이 포교의 가장 첩경이기 때문이다. 아무리 교리적으로 훌륭하더라도 그 가르침을 따르는 사람들이 도덕적으로 타락되어 있거나 세인들로부터 비난받을 일들을 하게 되면, 사람들로부터 외면받을 수 밖에 없다. 부처님께서는 바로 이러한 점을 염려하여 도덕성에 대한 가치를 거듭 거듭 강조한 것이다.

위 경문에서 사리뿟따 존자 역시 출가 수행자가 자기 안에서 선한 성품을 발견하지 못하면 선한 성품을 계발하기 위해 최선을 다해 정진하고 노력해 한다는 것을 강조하고 있다. 그리고 그러한 노

력은 머리에 붙은 불을 끄기 위해 필사적으로 노력하는 것만큼 시급하게 해야 한다는 것이다. 출가자의 삶을 살면서 부와 명예와 권력을 쫓는 것은 몸은 출가자이지만 마음은 욕망에 찌든 속인인 것이다. 그러한 출가자를 누가 존경할 것인가. 그렇기에 자신의 잘못을 살펴 그것을 고쳐 선하고 건전한 성품을 계발해야 한다. 이는 개인의 문제가 아니라 부처님의 가르침과 관련된 문제이기도 하다.

위의 가르침은 출가자에게만 해당되는 것은 아니다. 재가자 역시 자신의 건전한 성품을 계발하기 위해 노력해야 함은 마찬가지이다. 그런데 이는 비단 자기 성품 계발의 측면뿐만 아니라 일상생활에서도 적용해 볼 수 있다. 그리고 국가를 다스리는 통치자 역시 마찬가지이다. 무엇을 먼저 해야 할지, 무엇에 우선적 가치를 두어야 할지, 이러한 것들에 대해 진지하게 고민하고 추진해야 한다.

하지만 이것이 '경제적 이득' 즉 '돈'에 우선적 가치를 두게 되면 나라는 풍요로워질지는 몰라도 국민의 삶은 피폐해지고, 인권이 경시되며, 독재로 나아가기 쉽다. 진정한 국민의 삶의 질을 높이기 위해 어떤 정책을 펴야할 지 고민하되 머리에 붙은 불을 끄듯 그러한 간절한 마음이 있어야 국민을 위한 통치자라 할 것이다.

악마의 덫

불교에도 악마라는 존재가 등장한다. 악마는 초기불교에서 부처님이 정각을 성취하기 바로 직전에 등장한다. 그 시점은 부처님이 고행을 포기한 시점이기도 하다. 고행에 전념하고 있을 때에 악마가 등장하지 않은 것은 고행으로는 정각을 성취하지 못하기 때문이다. 하지만 고행을 포기한 뒤 그동안의 수행을 되돌아보면서, 어린 시절에 경험한 초선을 회상하고 그 수행법을 선택하자 악마가 등장했다. 이 내용은 매우 중요한 상징성을 띈다.

그리고 스님들이 수행을 할 때에도 악마는 등장한다. 이러한 악마와의 에피소드를 모아 놓은 경전이 『상윳따 니까야』에 수록되어있는 「마라 상윳따」이다. 「마라 상윳따」에 수록되어 있는 내용은 실제 악마 마라와 수행자들 사이의 대화 내용이다. 하지만 악마를 번뇌에 빗대어 묘사하는 내용 역시 니까야에서 쉽게 만날 수 있다. 『이띠붓따까』에서 그 내용을 볼 수 있다.

"비구들이여, 누구든지 탐욕을 끊지 못하고, 성냄을 끊지 못하고, 어리석음을 끊지 못하면, 비구들이여, 그는 악마에 묶인 자, 악마의 덫에 걸린 자, 악마가 원하는 대로 하는 자라고 불린다. 비구들이여, 누구든지 탐욕을 끊고 성냄을 끊고 어리석음을 끊으면, 그는 악마에 묶이지 않은 자, 악마의 덫에서 풀린 자, 악마가 원하는 대로 하지 못하는 자라고 불린다."

_『이띠붓따까*Itivuttaka*』「탐욕의 경Paṭhamarāgasutta」 중에서

경문의 내용을 보면, 탐욕, 성냄, 어리석음을 악마에 비유하고 있다. 말하자면 삼독심을 끊지 못하면 악마에 묶인 자이며, 악마의 덫에 걸린 자이며, 악마가 시키는 대로 하는 자가 된다는 것이다. 『숫따니빠따』에 악마의 세 딸이 등장하는데 그 이름이 '땅하, 아라띠, 라가'이다. 번역하면 '갈애, 혐오, 탐욕'이다. 그리고 악마는 '방일의 친척'이며 '죽음의 신'으로 불린다. 그의 군대는 '욕망, 혐오, 기갈, 갈애, 권태와 수면, 공포, 의혹, 위선과 고집, 잘못 얻어진 이득과 환대, 예배와 명성, 자기를 칭찬하고 타인을 경멸하는 것'이라고 설해지고 있다. 즉 악마를 비롯한 그의 권속들은 바로 번뇌를 의미하고 있다. 이들 번뇌는 너무나 강력하여 그것에 붙들리면 좀체 헤어나오지 못하게 된다.

탐욕이나, 분노, 성적인 욕망 등이 일어나면 그것이 곧 악마의 나

타남으로 알아 정신을 바짝 차려야 한다. 그래야 악마의 유혹에 빠져 잘못된 선택을 하지 않고, 후회하지 않는 당당한 삶을 살 수 있다. 번뇌의 맛은 달콤하지만 그것은 고통의 문을 열어주는 열쇠라는 것을 알아야 한다. 마치 마약이 황홀한 기쁨을 주지만 결국은 삶을 파괴하는 것과 똑같다.

우리는 오랫동안 노력하여 쌓아 올린 명예를 욕망이 쳐놓은 덫에 걸려 잃어버리는 경우를 어렵지 않게 본다. 그러한 사람을 보면, 그 사람을 욕하기보다 나는 어떠한가를 되돌아보아야 한다. 탐욕, 분노, 욕망과 같은 번뇌는 사람을 가려 찾아가지 않는다. 그러니 다른 사람이 겪는 곤란을 반면교사로 삼아 언제나 자신을 성찰하고, 겸손한 자세로 위험에서 벗어날 방법을 찾아야 한다.

부처님은 바로 그 위험한 길을 벗어나 평온의 길로 나아갈 수 있는 방법을 알려주시는 분이다. 그 분의 가르침을 따라 평온과 행복의 길로 가느냐, 아니면 악마의 덫이 놓인 파멸의 길을 가느냐는 오로지 나의 선택에 달려있다. 선택을 하면 이제 되돌릴 수 없으니, 바른 선택을 할 수 있도록 옳고 그름을 구분할 수 있는 안목을 키워야 할 것이다. 잘 구분할 줄 아는 것이 바로 지혜이다.

뱀의 독을
약초로 다스리듯

이 세상에는 아무리 작고 사소하게 보여도 조심해야 하는 것이 있다. 그것은 불씨가 그러하고, 새끼 뱀이 그러하다. 산불은 작은 불씨에서 시작되는 경우가 많다. 무심코 버린 담배꽁초라든가, 논이나 밭두렁에 불을 지폈다가 그 불씨가 날아가 불이 나는 경우도 있다고 하니, 불씨의 위력을 결코 만만하게 보아서는 안 된다. 그리고 아무리 작다고 해도 맹독을 지닌 뱀은 생명을 앗아갈 수 있으니, 함부로 다루어서는 안 된다. 『상윳따 니까야』에서 이러한 가르침을 주고 있다. 부처님께서는 빠세나디 왕에게 가르침을 주고 계신다.

경에서는 어리거나 작더라도 깔보거나 업신여기지 않아야 하는 네 가지가 언급된다. 네 가지란 ① 왕족 ② 뱀 ③ 불 ④ 수행자이다. 왕족은 아무리 어려도 왕족이기에 함부로 대하다가는 나중에 곤혹을 치를 수 있다. 수행자 역시 나이가 어리다고 해도 계행을 잘 지

178

키는 수행자는 모든 번뇌의 뿌리를 뽑아버려 수행의 완성자가 되기 때문에 함부로 대해서는 안 된다.

한편 뱀의 독에 대한 또 다른 가르침을 전하는 경전이 있으니, 바로 『숫따니빠따』이다. 제1장 「뱀의 품」에 보면 다음과 같은 가르침을 전한다.

> "뱀의 독이 퍼질 때는 약초로 다스리듯, 이미 생겨난 분노를 극복하는 비구는 마치 뱀이 묵은 허물을 벗어버리듯이, 이 세상도 저 세상도 모두 버리네."
>
> _『숫따니빠따Suttanipāta』「뱀의 경Uragasutta」중에서

이 시는 '이미 일어난 분노를 제거하는 비구는 이 세상과 저 세상을 버린다'는 내용이 핵심이다. 즉 분노가 일어나 그 분노에 지배되면 오히려 그 분노로 인해 자신을 해치게 되고, 태어남과 죽음의 굴레를 벗어나지 못하게 된다는 가르침이다. 그것을 뱀에 물려 독이 퍼지면 약초로 다스려야 한다는 것에 비유하고 있다.

뱀에 물리고도 이를 가만히 두고 보는 사람은 없을 것이다. 물린 주변을 동여매 독이 퍼지지 않게 하고 서둘러 병원에 가서 치료할 것이다. 하지만 우리는 화가 나면 이것이 독이 된다는 사실을 모르며, 설혹 이러한 이야기를 듣더라도 화를 뱀의 독을 대하듯이 하지 않는다.

분노는 이성을 마비시켜 전후 상황을 판단하지 못하게 한다. 분

노에 찬 사람은 이미 분노라는 독에 중독되어 분노의 대상을 불태워 버리는 일에만 혈안이 된다. 상대에게 물리적 폭력을 가하거나, 욕설과 비방을 하거나, 나아가 살해를 하기도 한다. 이는 결국 대상을 때리거나 비방하거나 죽이는 것만 아니라 자신도 그렇게 되는 결과를 초래한다.

부처님께서는 이러한 분노의 속성 때문에 분노를 '삼독(三毒)' 가운데 하나로 규정하신 것이다. 현대 심리학계에서도 '분노'는 중요한 연구테마이다. 분노는 다른 정서와는 달리 연구를 진행하는 데 어려움이 많다고 하는데, 그 이유는 분노가 우울, 불안, (성)폭력, 자살 등의 다양한 양상으로 표출되기 때문이다.

오늘날 우리 사회를 보면, 분노로 찬 '증오의 사회'가 되어가고 있다. 사소한 일에 분노하여 사람을 해치는 범죄가 빈번히 일어나고 있다. 뿐만 아니라 나와 다른 생각을 갖고 있으면 참지 못하고 '악'으로 규정하며 분노하기도 한다. 분노는 그 감정이 일어난 순간 제어하지 못하면 걷잡을 수 없이 커져버려 모든 것을 파괴해 버린다.

이러한 분노의 파괴적 속성 때문에 부처님께서는 분노를 뱀의 독에 비유하신 것이다. 그러니 일상 속에서 분노의 일어남을 잘 살펴, 그것이 자신을 침범하지 않도록 조심해야 한다. 마치 숲속에서 뱀을 조심하듯 그렇게 말이다.

어머니가
외아들을 지키려 하듯이

　　세상에 간절함을 나타내는 표현은 많다. 그 중에서도 그 간절함이 말 속에서 그대로 나타나는 것이 있다면, 아마도 '어머니의 자애 혹은 사랑'이 아닐까. 무조건적이며 헌신적인, 그 어떠한 것에도 흔들림이 없는 최고의 집중력을 나타내는 표현이라고 해도 과언은 아닐 것이다. 그래서인지 경전에서는 어머니의 자애에 빗대어 수행을 표현하기도 한다. 『숫따니빠따』, 「자애경」에는 어머니의 마음을 빗댄 가르침이 나온다. 아들을 지키려는 어머니처럼 네 가지 한량없는 마음(四無量心)을 닦으라고 말한다. 시의 내용은 다음과 같다.

　　"마치 어머니가 목숨으로 자신의 외아들을 지키려고 하듯이 모든 존재들에 대해서 자애로운, 한량없는 마음을 닦으소서."

　　　　　　　　　　_『숫따니빠따*Suttanipāta*』「자애경Mettasutta」중에서

이 내용은 사무량심을 어떻게 닦아야 하는지에 대한 방법론을 설명하는 것으로도 볼 수 있다. 사무량심이란 초기불교의 대표적인 수행법 가운데 하나이다. 이 수행을 잘 닦아 익히면 해탈에 이르고, 그렇지 않으면 적어도 범천(梵天)이란 하늘나라에 태어나게 된다.

옛 선사들은 '고양이가 쥐를 잡듯이' '머리에 붙은 불을 끄듯이'와 같은 표현들을 즐겨 사용하였다. 이는 그만큼 간절한 마음으로 헛되이 시간을 낭비하지 말고 수행에 전념하란 표현일 것이다. 이처럼 초기경전에서도 '패해서 사는 것보다 싸워서 죽는 것이 낫다'와 같은 결연한 수행의 의지를 나타내는 표현들이 많다.

반면 「자애경」처럼 어머니가 외아들을 아끼고 사랑하는 간절한 심정으로 수행을 해야 한다는 표현은 치열한 자기 투쟁만이 수행의 방법은 아니라는 사실을 보여준다. 마음속의 선한(kusala) 특징을 인식하고, 그것을 어머니가 자식을 생각하듯 소중하게 키워가는 방식의 수행도 있는 것이다.

이 비유에서 '지키다'라는 표현은 빨리어 아누락케(anurakkhe)이다. 이 단어는 아누락카띠(anurakkhati, 지키다·보호하다)의 변형인데 그냥 지키는 것이 아니다. 그냥 지키는 것이라면 락카띠(rakkhati)라는 것으로 충분하다. 여기에 아누(anu)가 붙어있다. 이 접두사를 통해 어머니는 어린아이가 여기저기 뛰어다니면 어디 부딪히지는 않을까, 넘어지지는 않을까 염려하는 마음으로 아이에게 눈을 떼지 못하고 지켜본다는 뉘앙스를 읽을 수 있다. 어머니가 자식을 사랑하고 염려하는 마음으로 지키듯 수행하라는 의미를 담고 있는 것이다.

이러한 마음만을 지킬 수 있다면, 우리의 일상은 모두 수행이 될 수 있다. 「자애경」에서는 "서있거나, 걷고 있거나, 앉아있거나, 누워있거나, 잠을 자지 않고 있는 한" 이 수행을 굳건히 닦아야 한다고 말하고 있다. 아울러 '다른 사람을 속이거나 무시하지 말고, 분노와 증오의 마음'을 버릴 것을 권한다. 이러한 내용은 우리의 일상 속에서도 얼마든지 수행을 실천할 수 있음을 말해준다. 말하자면, 나의 일상을 '아누락카띠'함으로써 나의 불건전한(akusala) 특징들을 명확하게 파악하여, 건전하고 선한 특징으로 바꾸어주는 노력이 바로 수행이라는 것이다.

이것을 한마디로 잘 표현하고 있는 것이 '사정근(四正勤)', 곧 네 가지 바른 노력이다. 이미 앞에서도 언급되었긴 하지만, 불교에서 노력이란 그냥 열심히 하는 것을 의미하지는 않는다. 불건전하고 악한 특징이나 습관을 반드시 제거하거나 교정하고자 하는 것, 그리고 대신에 선하고 건전한 특징이나 습관을 새롭게 익히거나 발전시켜 나가고자 하는 것을 노력이라고 한다.

이렇게 하기 위해서는 무엇보다, 자기 자신에 대한 지속적인 관심과 관찰이 필요하다. '늘 깨어 있는 마음으로 자신을 살펴보는데, 그것을 어머니가 목숨을 걸고 자식을 보살피듯이' 그렇게 하는 것이다. 어머니가 자식을 생각하듯 내 삶을 살아갈 수만 있다면, 적어도 나에게 주어진 시간을 의미 없이 함부로 보내지는 않을 것이다.

수레바퀴와
그림자

우리에게 『법구경』으로 잘 알려진 『담마빠다』는 풍부한 비유를 담고 있는 아름다운 경전이다. 그 비유들 중에는 너무 유명해 누구나 한 번쯤 들어보았을 내용들이 많다. 또한 『담마빠다』는 『숫따니빠따』와 더불어 초기경전 가운데 일반에 널리 알려진 경전이자, 고층(古層)의 문헌으로 유명하다. 부처님의 가르침을 가까이 듣고자 하는 사람들에게 추천하는 경전으로 늘 언급되기도 한다. 『담마빠다』를 펼치면 제일 먼저 이런 비유가 나온다.

"만약 어떤 사람이 오염된 마음으로 말하거나 행동하면, 그에게 고통이 따릅니다. 수레바퀴가 황소의 발자국을 따르듯이. 만약 어떤 사람이 깨끗한 마음으로 말하거나 행동하면, 그에게 즐거움이 따릅니다. 그림자가 자신을 떠나지 않듯이."

상상해 보자. 한가한 시골 벌판에 한 농부가 황소가 끄는 달구지를 타고 가며 느릿느릿 길을 재촉한다. 달구지의 수레바퀴는 황소의 발자국을 벗어나지 않는다. 또 다른 풍경을 떠올려 보자. 저녁노을이 아름답게 비추는 날, 노을빛에 비친 또 다른 나를 보게 된다. 바로 그림자이다. 빛이 있는 곳에는 언제나 그림자가 생기기 마련이다. 그 그림자는 지울 수 없는 흔적이다.

부처님은 어려운 이야기를 어렵게 하지 않는다. 누구나 쉽게 이해할 수 있도록 쉬운 표현과 언어로 말씀하신다. 진리란 바로 그런 것이다. 세 살 아이도 알아들어야 하고, 여든 노인도 알 수 있는 것이어야 한다. 학식이 많고 적음에 따라 이해할 수 있는 것이라면 그것은 진리가 아니다.

진리를 설명하는 것은 어려운 일일 수 있다. 그리고 그 표현 또한 난해할 수 있다. 하지만 지혜로운 이가 보이는 진리는 언제나 명확하다. 우리는 그런 지혜로운 이를 '선지식(善知識)'이라고 한다.

『담마빠다』의 이 비유는 나쁜(paduṭṭha) 마음으로 한 말이나 행동은 고통을 가져오고, 맑고 선한(pasanna) 마음으로 한 말이나 행동은 즐거움을 가져온다는 말씀을 간략히 정리한 표현이다.

우리는 말을 쉽게 내뱉는다. 상대가 상처받을 줄 알면서도, 혹은 일부러 상처를 주기 위해 말하거나 행동하기도 한다. 다른 사람에게 모욕을 주고자, 혹은 자신의 사사로운 이익이나 즐거움을 위해 거친 말이나 행동을 하기도 한다. 하지만 이렇게 꾸며 말한다면 당장은 자신에게 이익이 되는 것 같지만 결국은 자신에게 괴로움으로 다가오게 된다. 우리는 이러한 경우를 그리 어렵지 않게 볼 수 있다.

그런 사람은 한 때 부귀영화를 누릴지언정, 그 시기가 지나면 남은 생을 고통 속에서 보내는 경우가 많다. 반대로 선하고 맑은 마음으로 한 말이나 행동이 당장은 오해를 받기도 하고 비난을 받을 수도 있지만, 얼마 되지 않아 구름이 개이듯, 결국 그에게 즐거움으로 다가오게 된다. 선하고 맑은 마음으로 한 말이나 행동이 때에 맞게 표현된다면 그것은 듣는 이나 말하는 이에게 모두 즐거움을 주게 된다.

부처님께서는 자신의 행동이나 말이 다른 사람에게 영향을 미치는 것처럼 보이지만, 실제로는 바로 자신에게 영향을 미치는 것임을 수레바퀴와 그림자의 비유를 통해 말씀하신 것이다. 수레바퀴가 황소의 발자국을 벗어나지 못하는 것처럼, 그림자를 지울 수 없는 것처럼, 나의 말과 행동은 결국 나에게 고통과 즐거움을 주게 된다. 그러므로 내가 행복하기 위해서는 내가 뱉은 말과 내가 하는 행동이 그러해야 한다.

결국 우리는 이 비유를 통해서, 내 행복은 내가 만들어가는 것이라는 단순하지만 중요한 사실을 상기하게 된다. 행복은 주어지는 것이 아니라 내가 만들어 가는 것이다. 행복은 결코 거칠고 추악한 말과 행동 속에 있지 않다.

구름을
벗어난 달

2010년에 개봉한 영화 가운데 임진왜란을 배경으로 한 「구르믈 버서난 달처럼」이란 영화가 있다. 내용은 둘째 치고 이 영화 제목을 보는 순간, 『법구경』의 말씀이 떠올랐다. 이 구절의 키워드는 '구름'과 '달'이다. 말하는 사람의 의도에 따라 구름과 달이 의미하는 바는 달라질 수 있다. 영화에서의 구름은 아마도 당시의 왕과 통치계급이 아니었을까. 부처님은 구름을 방일, 즉 게으름에 비유하셨다. 이 비유가 나오는 시의 전문은 이렇다.

"어떤 이가 과거에는 방일했지만 나중에 방일하지 않는 자가 있으면, 그는 구름을 벗어난 달처럼 이 세상을 비춘다."

_『담마빠다Dhammapada』「세계품Lokavagga」중에서

상상해 보자. 달빛마저 구름에 가려진 어두운 밤이다. 더구나 먹구름이 짙게 드리웠다. 그런 밤에는 아무것도 보이지 않고, 가야할 방향도 알지 못할 것이다.

부처님이 구름을 게으름에 비유한 것은 바로 이러한 이유에서다. 게으름은 우리들로 하여금 방향을 잃고 무기력함에 빠져 아무것도 못하게 만든다. 하루 종일 '멍'한 상태로 시간만 죽이게 한다. 어제가 오늘이고, 오늘이 내일이다. 늘 같은 것이 반복되니 새로움에 대한 자각이 사라진다. 이런 사람의 미래는 깜깜한 밤과 같다. 미래의 삶이 아무것도 보이지 않게 되고, 그 자신도 뭘 해야 좋을지 모를 것이다.

부처님은 누누이 게으름을 경책하는 말씀을 하셨다. 예를 들어 『숫따니빠따』에서는 "그대들이 잠을 자서 무엇을 하겠는가. 일어나 앉아라"는 말씀이 있다. 그리고 『대반열반경』에서는 부처님의 마지막 유훈으로 "게으르지 말고 열심히 정진하라"라는 말씀을 전하고 있다. 부처님은 당신이 깨달을 수 있었던 것은 방일하지 않았기 때문이라고 말씀하신다. 그래서 초기불교 이래 이 방일(게으름)은 중요한 번뇌 가운데 하나로 제시되고 있다. 따라서 해탈을 추구하는 수행자라고 하면, 반드시 방일은 제거되어야 하는 번뇌가 된다.

게으른 자는 수행을 하지 못한다. 그럼 무엇을 게으름이라고 할까. 게으름에 대한 사전적 정의는 "행동이 느리고 움직이거나 일하기를 싫어하는 태도나 버릇"이다. 방일은 "선을 닦지 않는 게으른 마음" 혹은 "수행을 게을리 하는 마음"으로 정의된다. 이를 통해 게으름이란 "해야 할 일을 하지 않는 것"으로 이해할 수 있겠다. 그러면 학생은 "공부하지 않는 것"이 게으름이며, 연구자에게는 "연구하지 않는 것"이 게으름이 된다. 선생에게는 "가르치는 것에 충실하지 않는 것"이며, 정치인에게는 "바른 정치를 하지 않는 것"이 게으름일 것이다.

초기경전에서 깨달음의 상태를 노래할 때 "나는 해야 할 일을 다 했다"라는 표현을 쓴다. 어느 날 부처님께서 아침까지 경행을 하시고 승원에 돌아와 잠시 누웠을 때였다. 마라가 부처님을 찾아와 '태양이 떠오른 지금 어찌 잠을 자는가?'라고 하자, 부처님은 "탐욕과 갈애의 그물을 끊은 자에게 어디든 이끌릴 곳이 없다네. 모든 삶의 집착을 부수고 깨달은 이가 잠을 자네. 악마여, 그것이 네게 무슨 상관인가?"라고 말씀하셨다.

해야 할 일을 마친 사람에게 '게으름'은 없다. 오직 해야 할 일이 남은 사람에게 게으름이 있을 뿐이다. 할 일을 모두 마친 사람에게 마음의 걸림, 곧 구름은 없다. 그의 마음은 밝게 빛나는 달과 같다. 작은 일이라도 게으름을 피우지 않고 일을 완벽하게 끝내면 속이 시원하다. 하물며 수행을 마친 사람의 마음은 어떻겠는가.

물방울이 모여
항아리를 채우듯이

　부처님의 제자 중 아누룻다(아나율) 존자라는 분이 계신다. 이 분은 어느 날 부처님의 설법 시간에 깜빡 졸다가, 부처님에게 질책을 받게 된다. 이 일을 계기로 아누룻다 존자는 스스로를 크게 경책하며, 잠을 자지 않고 용맹정진하게 된다. 그러한 아누룻다 존자를 본 부처님께서는 제자의 건강을 걱정하며, 잠을 자며 수행할 것을 권한다.

　하지만 존자는 부처님의 설법 시간에 졸았던 것은 있을 수 없는 일이라 하며 용맹정진을 거듭하였다. 결국 존자는 눈이 멀고 만다. 그리고 천안(天眼)을 얻게 되었다. 사람들은 이 분을 천안제일(天眼第一)이라고 하여, 부처님의 10대 제자로 칭송한다.

　하루는 눈이 보이지 않는 존자가 "누가 나를 위해 옷을 바느질 해 주는 공덕을 쌓지 않으시겠는가?"라고 말을 하자, 누군가 얼른 옷을 받아 바느질을 하였다. 그런데 그 바느질을 해 준 이가 다름 아닌 부처님임을 알고, 존자는 황망하여 "어찌 부처님께서 지으실 공덕이 더 있습니까?"라고 여쭙는다. 이에 부처님께서는 "세상에서 복 짓는데 나 보다 더 욕심이 많은 사람은 없을 것"이라고 대답하셨다.

물질문명이 발달하면서, 우리는 참 풍요로운 세상에 살고 있다. 돈이면 모든 것이 다 해결되는 세상이다 보니, 돈이 많은 사람은 많은 대로, 적은 사람은 적은대로 돈에 대한 욕심만 커져간다. 그러다 보니 일확천금을 꿈꾸는 사람들도 많아졌다. 도박이나 주식으로 큰 돈을 쉽게 벌려다 패가망신하는 사람도 있고, 반대로 각종 범죄의 유혹에 빠지는 사람도 있다.

하지만 시선을 조금만 돌려보면, 겉으로 드러나는 모습만 다를 뿐 위와 같은 일들을 쉽게 볼 수 있다. 예를 들면 수행은 얼마 하지 않고 커다란 깨달음을 얻지 못했다고 조바심을 낸다거나, 공부한 시간이나 내용보다 시험결과가 좋기를 바라는 경우가 이에 해당할 것이다.

하지만 부처님은 작은 실천이 쌓이면 커다란 과보가 온다는 것을 누누이 강조하신다. 앞서 든 아누룻다 존자와의 일화도 마찬가지이다. 작은 행위가 반복되면 커다란 결과가 온다. 이것을 『담마빠다』에서는 다음과 같이 비유적으로 표현하고 있다.

"선을 가볍게 생각하지 않아야 한다. 물방울이 방울방울 떨어지면 물 항아리가 가득 차 듯, 지혜로운 자는 조금씩 조금씩 모은 선으로 가득 찬다."
_『담마빠다*Dhammapada*』「악의 품*Pāpavagga*」중에서

비슷한 표현으로 '낙숫물이 바윗돌을 뚫는다'는 비유도 있다. 반대로 작은 악행이 쌓여 커다란 결과를 초래한다는 말을 할 때도 경전에서는 '물방울'을 비유로 쓴다. 우리 속담에 '바늘 도둑이 소도둑 된다'라는 비유가 후자에 해당될 것이다.

이 비유는 우리가 어떤 행위를 반복하는가에 따라 시간이 지난 뒤에 받게 될 결과의 엄중함을 말해준다. 그래서 '물방울' 비유에서는 "악업이 익기 전에는 선한 사람도 고통을 받고, 선업이 익기 전에는 악한 사람도 복을 받는다"라는 말씀을 전한다.

물방울이 떨어져 물 항아리에 차기까지는 시간이 걸린다. 그 물방울이 악업의 물방울이라면 물 항아리에 가득 차기 전에는 복을 받을 수도 있다. 이때 물방울이 바로 일상에서 내가 하는 '말'이며, '행동'이며, '생각'인 것이다.

이러한 사소한 말과 행동과 생각이 모이면 커다란 결과를 낳게 된다. 그러니 작고 사소하다고 하여 가벼이 여길 수 없는 이치가 여기에 있다. 오히려 작고 사소한 것을 소중히 여겨야 한다. 일이 안된다고 주변 환경이나 사람들을 원망하기 전에, 나의 말과 행동과 생각은 어떠한지 돌아보게 하는 비유이다.

썩은 씨앗이
싹을 틔우지 못하듯이

꽃을 심거나 혹은 농사를 지을 때 중요한 것이 여럿 있겠지만, 그 중에서 빼놓을 수 없는 세 가지가 있다. 하나는 좋은 씨앗이며, 둘은 좋은 토양(흙), 셋은 적절한 수분이다. 이 가운데 핵심은 뭐니 뭐니 해도 씨앗일 것이다. 우리의 목적은 꽃을 피우는 것이며, 농작물을 수확하는 것이기 때문이다. 따라서 아무리 좋은 토양이 있다고 해도 씨앗을 뿌리지 않으면 그 결과를 얻을 수 없다. 그러므로 토양과 적절한 수분은 씨앗이 싹을 틔우는데 필요한 조건일 뿐, 그것들 자체가 결과물을 산출한다고 볼 수는 없다.

이렇게 좋은 토양과 적절한 수분을 공급했더라도 씨앗이 썩은 것이라면, 아무리 시간이 지나도 아무리 노력을 기울여도 원하는 결과를 얻지는 못할 것이다. 비록 척박한 환경이라도 씨앗이 훌륭하다면 우리는 원하는 결과를 얻을 수 있다. 하지만 썩은 씨앗이라면 아무리 좋은 환경에서도 결과를 기대하는 것은 불가능하다. 그러므로 어떤 씨앗을 뿌리는가가 중요하다. 『앙굿따라 니까야』의 내용 가운데 '썩은 씨앗'이라는 비유가 나온다. 비유를 전하는 시의 내용은 이러하다.

> "분노와 위선을 중시하는, 이익과 존경을 중시하는 비구는 바른 가르침 안에서 성장하지 못한다. 마치 썩은 씨앗이 비옥한 밭에서 자라나지 못하듯이."
>
> _『앙굿따라 니까야Aṅguttara Nikāya』「분노의 경Kodhasutta」중에서

바른 가르침, 즉 정법은 분노와 위선, 이익과 세간의 존경과는 관계가 없다. 분노와 위선을 버리고 세상의 이익과 존경을 버릴 때, 정법을 받아들일 수 있게 된다. 말하자면 분노에 사로잡혀 살고, 거짓되게 선량한 체하며, 세상의 온갖 이익을 탐하고 어울리지 않는 존경을 받고자 하는 이는 정법을 이해하지도, 받아들이지도 못한다는 것이다. 그들에게 아무리 정법을 알려주어도, '쇠귀에 경 읽기'에 지나지 않을 뿐이다.

경전의 가르침은 부처님께서 출가제자인 비구들을 대상으로 하신 것이지만, 어디 스님들에게만 해당되겠는가. 재가자에게도 해당되는 가르침인 것이다.

분노에 사로잡혀 사는 것은 분노를 다스리지 못한 결과, 분노하는 것이 습관이 된 경우이다. 위선 역시 마찬가지다. 어떤 의도를 갖

고 남을 속여서라도 잘 보이고자 치장하는 마음이 습관이 되면 위선을 떨게 된다. 그러면 사소한 이익을 탐하게 되고, 자신에게 어울리지 않는 존경을 받고자 하는 마음도 갖게 된다. 이는 '파멸의 문'에 들어서게 되는 것이다.

부처님 가르침이 아무리 훌륭하더라도, 그것이 내 삶 속에서 기능하지 않으면 아무 소용이 없다. 삶은 분노와 위선에 사로잡혀서, 크고 작음을 불문하고 이익을 탐하고 쓸데없이 존경을 받으려고 안달하면서 부처님 가르침을 실천할 수 있을까. 그것은 불가능한 일이다. 이 둘은 같이 갈 수 없다. 그렇다면 우리는 선택을 해야 한다. 정법을 선택할지, 아니면 분노와 위선의 삶을 선택할지를 말이다. 우리가 어떤 삶을 살든 그것은 전적으로 내 선택이며, 내 책임이다. 그 선택이 올바르면 좋은 씨앗이 뿌려지는 것이고, 그 선택이 바르지 못하면 썩은 씨앗이 뿌려지는 것이다. 그래서 그 결과 역시 내가 받아들이고, 향수(享受)할 수밖에 없는 것이다. 말하자면 뿌린 대로 거두어들이는 것이다.

썩은 씨앗을 뿌려놓고 좋은 과실을 얻으려는 마음은 도둑의 마음이며, 실현될 수 없는 헛된 환상 속에 사는 것과 같다. 내가 어떤 삶을 살지는 오로지 내 선택에 달려있다는 것을 우리는 이 비유를 통해 읽을 수 있다.

바다

경전 속에는 유난히 자연에 빗댄 표현이 많다. 이유는 인간은 자연과 분리될 수 없는 일부이며, 자연은 누구나 익히 경험으로 알고 있기 때문일 것이다. 우리가 경전 속에서 볼 수 있는 비유적 표현들은 당시 사람들이 누구나 알 수 있는 것, 혹은 직접 보지는 못했지만 충분히 들어서 알고 있는 것을 비유로 나타내고 있다. 그 많은 비유 가운데, 잘 알려져 있고 유명한 비유의 하나가 '바다'이다.

경전에서 비유한 바다의 의미는 무차별과 평등을 뜻한다. 즉 사회적 계급이나 신분이 달라도, 부의 정도가 달라도, 이념이 달라도, 피부색이 달라도 부처님의 제자가 되는 순간 모든 차별은 사라지고, 오로지 승가의 일원이 될 뿐이라는 것을 바다에 비유한 것이다. 강의 이름이 모두 달라도 그 강이 바다로 흘러가면, 강은 이름을 버리고 바다로 불리는 것과 같다. 경전에서는 또 다른 가르침을 위해 바다라는 비유를 사용한다. 『상윳따 니까야』에서 다음과 같은 말씀을 전한다.

> "어떤 강이든, 예를 들어 갠지스 강, 야무나 강, 아찌라바띠 강, 싸라부 강, 마히 강이든 그들 모든 강은 바다로 향하고, 바다로 나아가고, 바다로 들어간다. 비구들이여, 여덟 가지 고귀한 길을 닦고 여덟 가지 고귀한 길을 익히면, 이와 같이 비구는 열반으로 향하고 열반으로 나아가고, 열반으로 들어간다."
>
> _『상윳따 니까야Saṃyutta Nikāya』「바다로의 경Samuddaninnasutta」 중에서

여기서 말하는 여덟 가지 고귀한 길이란 바로 팔정도(八正道)를 말한다. 팔정도란 열반으로 이끄는 여덟 가지 바른 방법으로, 그 각각은 모두 열반을 목적으로 향하고 있는 것임을 말씀하고 있다. 그것을 갠지스 강, 야무나 강 등이 바다로 향하고, 바다로 들어가는 것으로 비유하고 있다.

그럼 이렇듯 열반을 목적으로 하고, 열반으로 이끄는 팔정도는 어떻게 닦을 수 있을까. 그것은 탐진치(貪瞋癡)의 소멸을 추구하는 것이 전제되어야 한다. 경전에서는 '탐욕과 성냄과 어리석음의 제거를 궁극으로 하고 팔정도를 닦는다'라고 기술되어있다. 이는 탐진치 삼독에 물든 마음으로는 팔정도를 닦을 수 없다는 말이다.

여기서 모순이 생긴다. 탐진치 삼독의 소멸은 곧 열반이기에 이미 목적을 성취한 것이 되는데, 열반을 목적으로 하는 팔정도를 닦

는다는 모순이 발생한다. 하지만 여기서 탐진치의 소멸을 궁극으로 한다는 것은 그것을 목적으로 마음을 향한다는 의미이다. 탐욕을 제거하기 위해 노력하는 그 마음으로 팔정도를 실천한다는 것이다. 따라서 탐진치를 제거하는 것 따로, 팔정도 수행이 따로 있는 것이 아니라, 모든 수행은 서로 맞물려 돌아가는 톱니바퀴와 같은 것은 것이며, 모두 하나의 목적으로 향하는 것인 셈이다.

모든 강이 바다로 흘러가듯, 모든 수행은 열반으로 향하게 된다. 따라서 어떤 수행이 보다 수승하다고 말할 수는 없다. 그것은 마치 어떤 강이 더 뛰어나고 훌륭하다고 할 수 없는 것과 같다. 힘차고 역동적으로 흐르는 강물이나 고요하고 잔잔하게 흐르는 강물이나 그 나름의 특색이 있으며, 종국에 바다에 도달하면 그저 바다가 될 뿐이다.

이와 마찬가지로 염불을 하든, 위빠사나를 하든, 간화선을 하든, 사경을 하든, 다라니를 하든 그것은 각각 그 자체로 훌륭하고, 뛰어난 것이다. 왜냐하면 그것들은 한결같이 열반으로 이끄는 훌륭한 수단이기 때문이다. 우리가 차별하고 편 가르고, 질투하는 것과 같은 마음을 버리면 열반의 바다에 도착하는 것은 그리 멀지 않은 일일 것이다.

태와 살

불교에는 두 가지 커다란 기둥이 있다. 하나는 깨달음이요, 다른 하나는 자비이다. 이 두 가지는 서로 다른 것이 아니다. 만약 이 가운데 하나가 없다면 다른 하나도 존재할 수 없다. 따라서 깨달음의 무게와 자비의 무게는 다르지 않다. 깨달음만 강조하고 자비를 강조하지 않는다면 불교를 지탱하는 기초가 흔들리게 된다. 이 두 가지가 만나는 접점이 바로 '수행'이다. 따라서 수행이란 깨달음을 구하는 것과 동시에 자비를 실천하는 것이라고 할 수 있겠다.

그래서 깨달음은 물론 자비 역시 초기불교 이래 매우 강조되는 부분이다. 자비는 자(慈, mettā)와 비(悲, karuṇā)의 합성어이다. '자'는 '모든 생명 있는 존재들이 행복하기를 바라는 마음으로 이익과 즐거움을 주고자 하는 마음'이고, '비'는 '모든 생명 있는 존재들이 고통에서 벗어나기를 바라는 마음으로 불이익과 고통을 없애 주고

자 하는 마음'이다. 그래서 '자'는 '자애'로, '비'는 '연민'으로 번역하기도 한다. 수행론적 의미에서는 자심(慈心)을 잘 닦아 수행하게 되면 분노심을 제거할 수 있고, 비심(悲心)을 수행하면 남을 해치려고 하는 마음을 제거할 수 있다고 한다. 따라서 자비는 흔히 말하는 자선이나 불우이웃 돕기와 '같은 의미'로 사용될 수 없는 말이다. 이러한 것들을 포괄하면서, 보다 본질적이며 수행론적인 의미를 갖는다. 그렇기에 자비는 여러 비유로 표현되는데, 『화엄경』 77권에 한 예가 나온다.

> "깨닫는 마음은 가라라(迦羅邏), 연민(悲)은 태(胞), 자애(慈)는 살, 보리분(菩提分)은 사지, 이것들은 여래장(如來藏)에서 자라네."
>
> _『대방광불화엄경』 「입법계품」에서

가라라는 범어 까라라(Karala)의 음사어로 보이는데, 그 의미는 '(상대에게 두려움을 주는) 돌출된 이'란 의미로 쉬바나 비쉬누의 별칭이기도 하다. 보리분은 37보리분법을 말한다. 이들 말들이 의미하고자 하는 바는 깨닫는 마음(覺心)은 번뇌를 제거하기에 위엄과 두려움을 나타내는 '가라라'로 표현한 것이며, 연민을 태(胞)라고 한 것은 생명을 보듬어 안는다는 의미를 나타낸 것이다. 그리고 자애를 살(肉)이라고 한 것은 생명을 양육하고 키운다는 의미이다. 보리분은 깨달음으로 인도하는 방법이기에 두 팔과 두 다리의 사지로 표현하였다.

여기에서 자비의 의미가 명확하게 드러난다. 자비란 생명을 보듬어 안아 양육한다는 의미이다. 그런데 왜 연민(悲)을 태(胞)라고 했을까. 어머니가 태 속에 아이를 품고 있을 때, 아이가 힘들지는 않을까, 불편하지는 않을까 염려하며, 편안하게 자랄 수 있도록 갖은 노력을 다한다. 아이에게 해가 될까 염려하고 조심하여 보호하는 마음, 바로 이 마음이 연민이라는 의미가 아닐까.

그래서 연민을 '이롭지 않은 것과 고통으로부터 존재들을 구제하고자 하는 열망'이라고 설명한다. 그럼 자애(慈)는 왜 살(肉)이라고 했을까. 자식을 이롭게 하고 행복하게 하기 위해 온갖 노력을 아끼지 않는 어머니의 마음은 자식을 건강하게 살찌운다. 어머니의 자애를 받고 아이는 무럭무럭 자라난다. 그래서 자애를 '모든 존재들을 이롭게 하고 행복하게 하려는 열망'이라고 설명한다.

이러한 자비는 저절로 생겨나지 않는다. 내 안에 이러한 선한 덕성이 자라도록 노력하고 가꾸어야 한다. 자비의 실천은 곧 수행이 된다. 그러면 어떻게 수행할까. 부처님께서는 먼저 자신에게 자비를 베풀라고 하신다. 내가 나를 연민하고 자애하는 것은 결코 쉬운 일이 아니다. 어떻게 해야 나를 연민하는 것이며, 자애하는 것인지 깊이 생각해 볼 필요가 있다. 그러면 자연스럽게 부모님의 마음을 이해하게 되고, 그것이 자라나 가족과 이웃을 넘어 궁극적으로 모든 생명으로까지 확대되게 된다.

새로운 해에는 나의 생명을 보듬어 안고 양육하는 해가 되었으면 좋겠다. 나에 대한 자비심이 커지는 만큼 이 세상은 갈등과 분노가 줄어들고 행복해질 것이다.

인 생 이   묻 고   붓 다 가   답 하 다

4장

불교로
세상을
말하다

불난 세상에서
자신을 구하는 법

『법화경』에는 '불난 집'이라는 유명한 비유가 나온다. 불난 집에서 놀고 있는 아이들을 구하기 위해 아버지인 장자가 아이들이 좋아하는 수레를 주겠다는 말로 위험에서 구한다는 내용이다. 여기서 불난 집이란 바로 우리가 사는 욕망의 세계를 말한다. 하지만 이번에 소개할 비유인 '불난 집'은 『법화경』의 비유와는 다르다.

이 비유는 『상윳따 니까야』 1권에 나오는 비유이다. 그 내용은 보시의 공덕에 대한 것이다. 이 비유는 어떤 천신(devatā)이 부처님 앞에서 읊은 것인데, 그 내용은 다음과 같다.

"집에 불이 났을 때 가구를 꺼내어 태우지 않는 것, 그것이 이로운 것이라네. 이처럼 세상이 늙음과 죽음으로 불탈 때, 보시로써 불난 세상에서 자신을 꺼내어라. 불난 세상에서 자신을 잘 꺼내는 것은 바로 보시라네."

_『상윳따 니까야Saṃyutta Nikāya』「불타는 집의 경Ādittasutta」 중에서

불교는 기본적으로 자기 수행을 가장 중요시 한다. 그리고 이에 못지않게 강조하는 것이 바로 '보시행'이다. 보시는 단순히 다른 사람에게 재물을 나누어 주는 행위가 아니다. 불교에서 보시는 '수행'의 한 방편이다. 보시가 수행의 한 방편인 이유는 '인색함'이란 번뇌를 제거해주기 때문이다. 따라서 '내가 이만큼 보시했다'라는 자만을 갖게 되면, 보시의 공덕은 줄어들 수밖에 없다.

계속해서 이 시에서 천신은 보시를 하게 되면 '행복한 결과(sukhaphalaṃ)'를 얻지만 재물을 보시하지 않고 인색하여 쌓아두기만 하면 도둑이나 왕(국가)에게 빼앗기거나, 불타 없어진다고 말한다. 그리고 가장 중요한 내용으로 "육체(sarīraṃ)는 재산과 함께(sapariggahaṃ) 결국은 버려진다네"라고 읊는다. 재산이란 결국 우리가 육체를 갖고 있는 동안에 필요한 것이다. 그래서 재산이란 육신의 소멸과 함께 쓸모가 없어져 버리는 것이다.

이러한 천신의 말은 어떤 재물이라도 남에게 빼앗기거나 자신의 죽음과 함께 사라지고 말지만, 보시만은 그렇지 않다는 것을 말한다. 그 보시로 인한 공덕은 누가 빼앗아 갈 수도 없으며, 육체적 죽음으로 인해 사라지는 것도 아니란 의미이다.

더구나 보시로 인해 늙음과 죽음으로 불타는 이 세상에서 벗어날 수 있음을 알려주는 것은 매우 흥미롭다. 일반적으로 늙음과 죽

음에서 벗어난다는 것은 해탈, 혹은 열반을 의미한다. 보시의 공덕으로 해탈 혹은 열반을 얻는다는 사고는 대승의 사고방식이다. 물론 이 시에서 보시가 곧 해탈이나 열반을 초래한다는 의미를 읽어내는 것은 다소 무리가 있지만, 적어도 훌륭한 수단으로 인식되고 있음은 사실이다. 초기경전에서 대승사상의 맹아를 찾아볼 수 있다는 점이 참으로 흥미롭다.

우리는 내가 가지고 있는 재산은 영원할 것이라고 생각한다. 재산에 대한 그릇된 견해로 인해, 내 것이라는 집착을 하게 된다. 재산에 대한 집착이 커질수록 나누지 못해 인색함이 날로 늘어나는 것은 물론이요, 온갖 수단과 방법을 가리지 않고 오로지 재산만을 위해 모든 것을 희생하게 된다. 하지만 이러한 인색함과 욕망은 자신을 묶어버리는 속박이 된다. 그래서 결국 길고 긴 윤회의 수레바퀴 속에서 고통을 더하게 될 뿐이다.

불교에서 보시행은 단순히 재산을 기부하는 것이 아니다. 보시는 수행의 한 방편이자, 고통을 벗어나는 유용한 방법임을 알아야 한다. 그리고 수행의 한 방편으로 보시행을 닦는다면 그 결과는 천상에 태어나는 과보를 넘어, 해탈의 성취도 가능케 할 것이다.

일곱 가지
재물

오늘날 사회는 자본주의를 기반으로 운영된다. 여기에 사회주의적 요소를 가미하여 복지나 부의 사회적 재분배가 가능하게 하는 것이 대부분의 나라에서 채택하는 국가 운영 시스템이다. 이것을 수정자본주의라고 부른다. 하지만 오늘날의 세계시스템은 신자유주의라고 한다. 이에 대한 다양한 비판의 목소리가 높은 것은 시장원리에 모든 것을 맡기는 탓에, 빈익빈 부익부가 심화되고, 전체적인 사람들의 삶의 질이 하락했다고 보기 때문이다. 여하튼 이러한 시스템은 정도의 차이는 있지만 포인트는 '자본'이다.

자본이 모든 가치의 우선순위가 되며, 돈의 많고 적음에 따라 새로운 계급질서가 형성된다. 그리고 사회전반을 자본이란 수단을 통해 지배하고자 하는 것을 천민자본주의라고 부른다.

자본, 즉 재물은 그 자체로는 좋지도 나쁘지도 않다. 그저 돈이고,

금일뿐이다. 문제는 이러한 자본, 재물을 어떻게 쓸 것인가, 어떻게 대할 것인가이다. 모든 재화가 인간의 삶을 풍요롭게 하는데 도움이 되기 위해선, 그것을 올바르게 인식하고 쓸 수 있어야 한다. 그렇지 않으면 오히려 자본의 노예가 되기 십상이다.

『법구비유경』에는 돈, 즉 자본이라는 재물 대신에 다른 유형의 재물을 제시하고 있다. 그 내용은 다음과 같다.

> "믿음(信)이라는 재물, 계율(戒)이라는 재물, 자신의 허물을 부끄러워하는 마음(慚)이라는 재물, 다른 사람을 의식하여 자신의 허물을 부끄러워하는 마음(愧)이라는 재물, 들음(聞)이라는 재물, 보시(施)라는 재물, 지혜(慧)라는 재물을 일곱 가지 재물(七財)이라고 한다."

사람이 살아가는데 필요한 것이 자본(재물)이라는 데는 이견이 없을 것이다. 하지만 그것만으로는 살 수 없다. 재물은 우리가 살아가는데 도움이 되는 것이지, 그것이 주인이 되어서는 안 된다. 재물이 아닌 우리 자신이 주인이 되기 위해 필요한 것이 『법구비유경』에서 말하는 일곱 가지 재물이다.

사람이 살기 위해서는 믿음, 즉 신뢰가 있어야 한다. 종교적 믿음만이 아니라 인간 상호간의 신뢰가 필요한 것이다. 계율은 도덕적 행위를 말한다. 타의적으로 강제되는 도덕이 아닌, 도덕원리에 따라 자율적으로 스스로를 제어하는 것을 가리킨다. 자신의 허물을 돌이켜보아 부끄러워하고, 남을 의식하여 부끄러운 일을 하지 않는 것이 참(慘)과 괴(愧)이다. 부끄러움을 모를 때, 그리고 남을 의식하지 않을 때 우리의 삶은 통제되지 않고 파괴된다.

또한 좋은 가르침들을 많이 들어야 한다. 그것이 우리의 정신을 풍요롭게 한다. 그리고 다른 사람에게 내가 가진 재능이나 재물을 베풀어 같이 공존하는 마음가짐이 필요하다. 말 한마디 따뜻하게 전하는 것도 훌륭한 보시이다.

그리고 바르게 분별할 수 있는 지혜가 필요하다. 때와 상황에 맞게, 대상에 맞게 말을 하고 행위를 하고, 판단하기 위해서는 바른 분별이 필요하다. 일곱 가지를 세상을 살아가는데 필요한 재물에 비유한 것이다. 실제 돈이 그 기능을 잘 발휘하기 위해서는 이 일곱 가지가 선행되어야 한다.

일곱 가지 재물을 갖춘 사회는 안전한 사회가 된다. 이런 사회에서는 돈 때문에 서로 다투거나 사람의 목숨을 해치는 일이 발생하지 않는다. 우리가 보다 많은 자본을 소유하기 위해 애쓰는 만큼, 그만큼 일곱 가지 재물을 갖추려고 노력할 때, 우리의 삶은 질적으로 향상되며 풍요로워질 것이다. 왜냐하면 우리는 더불어 살 때, 빛나는 존재이기 때문이다.

채찍과 소

요즘 우리 사회는 각종 폭력으로 몸살을 앓고 있다. 비단 우리나라뿐만 아니라 전 세계가 폭력에 괴로워하고 있다. 폭력은 작게는 가정폭력에서 학교폭력, 직장내 폭력, 성폭력, 조직폭력 등이 있고, 크게는 테러와 국가간 폭력(전쟁)까지 다양하다. 그 폭력이 어떠한 형태이든 생명을 해치는 행위이기에, 모든 성인은 폭력을 반대한다.

폭력에 반대하는 것을 비폭력이라고 하고, 비폭력의 적극적인 실천을 자비라고 할 수 있다. 근대 세계사에서 비폭력하면, 마하트마 간디를 떠올리게 된다. 그는 영국의 식민지로부터 조국 인도를 해방시키는데, 무력적 폭력이 아닌 비폭력 저항 운동을 펼쳤던 인물이다. 그가 비폭력 저항운동을 펼칠 수 있었던 것은 불교와 자이나교의 사상에 큰 영향을 받았기 때문이라고 한다.

말할 필요도 없이 불교는 폭력에 반대한다. 우리는 그것을 부처님의 말씀에서 볼 수 있다. 부처님은 『숫따니빠따』에서 "폭력을 휘두르는 자로부터 공포가 생겨납니다. … 잦아드는 물의 물고기처럼 전율하고 있는 사람들을 보십시오. 서로 반목하는 사람들을 보고, 나에게 두려움이 생겨났습니다"라고 말씀하고 계신다. 이러한 폭력은 혐오를 불러일으키고, 나아가 폭력은 화살이 되어 심장에 박히게 된다고 말씀하신다. 이러한 폭력은 행복한 삶을 깨뜨리고, 고통에 신음하게 한다.

> "소치는 사람이 채찍으로 소들을 목장으로 몰아대듯이, 늙음과 죽음이 생명이 있는 존재의 목숨을 몰아댄다."
>
> _『담마빠다Dhammapada』「폭력의 품Daṇḍavagga」중에서

『담마빠다』에서 소들이 목장으로 몰리는 이유는 채찍(daṇḍa)을 두려워하기 때문이다. 여기서 채찍은 곧 '폭력'을 의미하며, 그것은 다시 '늙음과 죽음'을 상징하고, 소들은 '생명체와 사람'을 나타낸다.

사실 폭력이 얼마나 잔인하고 무서운지는 폭력을 피해 자살하는 사람들을 통해 엿볼 수 있다. 불교는 '모든 생명들에게 죽음은 두려운 것'이라고 설파한다. 죽음은 사라짐이며, 영원한 이별이며, 온갖 두려운 것으로 묘사되어있는 경험한 적이 없는 곳으로 홀로 가는 여행에 비유할 수 있다. 그래서 죽음은 두려움으로 다가온다.

그런데 이 두려운 죽음을 스스로 선택하는 사람들이 있다. 그들

은 죽음보다 더 두려운 폭력으로부터 벗어나기 위해 죽음을 선택한다. 그들은 언어적 폭력, 신체적 폭력, 정신적 폭력의 잔인함이 얼마나 무서운지를 죽음으로 보여준다.

그래서 부처님께서는 단호하게 말씀하신다. "모든 존재들에게 살아 있다는 것은 사랑스러운 것이다. 누구도 괴롭히거나, 죽이지 말라. 자신은 행복을 바라면서 행복을 바라는 존재들을 폭력으로 해친다면, 그는 죽은 뒤에 편안함을 얻지 못한다."

누구나 고통을 회피하고자 한다. 그 이유는 자신이 경험했던 고통이 아프고 힘들었기 때문이다. 그 누구도 살아가면서 신체적이든 정신적이든 고통을 피할 수는 없다. 그 고통과 상처가 나를 얼마나 힘들게 했는지를 생각해 본다면, 다른 사람에게 나아가 다른 생명체에게 고통과 상처를 주는 일을 어찌 할 수 있을 것인가.

공자께서는 차마 하지 못하는 그 마음을 '인(仁)'이라고 하셨다. 부처님께서는 한걸음 더 나아가 다른 생명의 아픔을 공감하는 것을 '비(悲)'라고 표현하셨다. 차마 하지 못하고, 나아가 슬픔을 공감하는 마음을 회복하는 것이 오히려 나 자신을 살리는 길임을 부처님께서는 폭력을 피해 도망가는 '소'의 비유를 통해 말씀하고 계신다.

대상의
우두머리

고대 인도에서는 일찍이 상인 계급이 성장하여, 인도 사회에 커다란 영향을 미쳤다. 그들 상인은 인도를 넘어 중앙아시아, 유럽, 동북아시아, 동남아시아 등지와 무역을 하였다. 다양한 무역로 가운데 동아시아와 지중해를 이어주는 무역로를 '실크로드'라고 부른다. 이 실크로드를 따라 수많은 인도의 상인들이 물품과 문명을 전달했다. 그 중에서도 빼놓을 수 없는 것이 바로 불교의 전파였다. 특히 중앙아시아 제국과 중국으로 대승불교가 전해진 것은 상인들의 공이 상당히 컸다.

이런 상인 무리를 대상(隊商, caravan)이라고 한다. 사막처럼 교통이 발달하지 않은 험난한 지역을 여행할 때는 곳곳에 도적들이 출몰하는 경우가 적지 않아 혼자 혹은 소규모로 움직이는 것은 위험천만한 일이었다. 그래서 상인들은 무리를 이뤄 다녔다.

그리고 이런 상인 집단을 이끄는 인물을 상주(商主)라고 불렀다. 상주, 곧 대상의 우두머리는 카리스마 있는 지도력은 물론이거니와 산재해 있는 위험한 상황에 적절하게 대처하면서 상인들을 무사히 목적지로 이끌고 가기 위해 노력했다. 또한 상주는 무엇보다 지혜로워야 했다. 『화엄경』 59권에서는 보살을 대상의 우두머리에 비유한다. 그 내용은 이러하다.

> "보살은 대상의 우두머리가 되어, 모든 군생(群生)들을 두루 살펴어 보고, 그들이 죽고 사는 광야와 험악한 번뇌가 있는 곳에 머물면서 마귀와 도적에 붙잡혀 어리석고 눈이 어두워 바른 길을 잃은 그들에게 바른 길을 보여주어, 두려움 없는 성에 들어가게 한다."
>
> _『대방광불화엄경』「이세간품」중에서

대상의 우두머리에 비유된 보살은 '연민심'을 지니고 있으며 '용기'와 '지혜'를 갖추고 있음을 볼 수 있다. 뭇 생명들을 두루 살펴어 보고, 그들이 태어나고 죽는 험악한 세상에 머문다는 것은 '연민' 즉 '자비심'이 없으면 불가능한 일이다. 그리고 마귀와 도적에 붙잡힌 사람들을 이끌기 위해서는 '용기'가 필요하고, 바른 길을 안내하기 위해서는 '지혜'가 필요한 것이다.

사실 이러한 덕목은 모든 리더들이 갖추어야 할 내용이다. 우두머리를 오늘날 표현으로 바꾸면 기업 사장이나 회장 정도가 될 것이며, 국가로 비유하자면 대통령이나 정치 지도자, 작게는 한 가정의 가장이 될 것이다. 이들 지도자에게 '연민'의 마음이 없으면 폭정을 일삼게 된다. '나만 믿고 따르라'는 것은 특별한 경우에 정답이 될 수도 있겠지만, 모든 경우를 무조건 자신을 따르라는 것은 독재와 폭정이 된다.

가족을 연민하는 마음, 자신의 회사에 속한 사람들을 연민하는 마음, 국민들을 연민하는 마음이 없으면 '강력한 지도력'은 말이 좋아 지도력이지 사실은 폭력이 된다.

보살은 어떠한 경우에도 쉬운 길을 찾지 않는다. 오로지 바른 길만을 찾는다. 그것이 비록 지난한 일이라 할지라도 편법을 쓰지 않고, 폭력을 사용하지 않으며, 억압하지 않고, 오로지 연민의 마음으로 지혜롭게 사람들을 이끈다. 그러기에 보살인 것이다.

우리는 말로만 관용을 말하고, 말로만 타협을 말하며, 말로만 공존을 말하는 시대에 살고 있다. 보살은 행동으로 관용을 보여주고, 행동으로 지혜로운 타협을 이끌어내며, 행동으로 공존의 모범을 보여준다. 그에게는 단 하나의 목적만이 있을 뿐이다. '저 고통에 빠진 생명들을 두려움 없는 곳으로, 안락한 곳으로 이끌어 가고자 하는 마음'만이 있을 뿐이다. 오늘날 보살의 연민심과 지혜가 새삼 필요한 것은 지금 세상이 너무나도 거칠고 위험한 사막과 같기 때문이 아닐까 싶다.

차라리 뜨거운 쇳덩이를
먹는 편이 낫다

『담마빠다』에는 요즘 세태와 관련하여 생각해 볼 이야기가 많이 담겨있다. 불교의 수행자는 어떠해야 하는지, 재가 신자는 어떠해야 하는지는 물론, 통치자나 사회 지도층은 어떠해야 하는지와 같은 내용도 심심치 않게 보게 된다.

이번에 살펴 볼 비유는 '쇳덩이'이다. 그런데 그냥 쇳덩이가 아니라 뜨거운 화염과 같은 쇳덩이이다. '불에 시뻘겋게 달구어진 쇳덩이를 먹는 것이 차라리 낫다'는 이야기이다.

생각해 보면, 사람은 혼자서는 아무것도 할 수 없는 존재이다. 미약하기 그지없다. 하지만 뛰어난 지능을 소유하고, 협력할 수 있는 힘으로 지구상에서 가장 힘센 존재가 되었다. 아무리 지능이 뛰어나더라도 협력을 하지 못했다면 지금과 같은 문명은 건설하지 못했을 것이다. 사람들은 서로 힘을 모아 사회를 구성하고, 국가를 만들었다. 그리고 그 국가 안에는 권력을 소유한 사람들이 있다.

작게는 말단 공무원에서 대통령에 이르기까지 매우 다양한 권력자들이 존재한다. 그런데 문제는 이들이 '내가 잘나서 권력을 잡게 되었다'라고 착각을 하는 경우가 있다는 것이다. 물론 맞는 말이기도 하다. 하지만 국민들이 없었다면 그들에게 권력이나 부는 주어지지 않았을 것이다. 그런데 그들 중에는 마치 나라의 주인이 자신인 양 거들먹거리며, 법과 원칙을 무시하고 막대한 세금을 축내는 사람들이 있다. 『담마빠다』에 나오는 쇳덩이 비유의 전문은 이렇다.

> "만약 계행이 나쁘고 절제하지 못하는 자가 국가의 음식을 먹는다면
> 차라리 뜨거운 화염과 같은 쇳덩이를 먹는 편이 낫다."
>
> _『담마빠다Dhammapada』「지옥의 품Nirayavagga」중에서

이 비유에서 국가의 음식은 '국가가 제공하는 보시물'이란 의미도 되고, 넓은 의미로 '국가가 제공하는 재화'로도 이해할 수 있겠다. 삔다(piṇḍa)는 보통 '보시로 제공된 음식'이란 의미가 일반적이다. 만약에 삔다의 의미를 넓게 확장해서 '재화'를 포함하는 것으로 이해하면, 이것은 나라의 '녹'으로도 해석할 수 있을 것이다.

『담마빠다』에서 이 비유가 포함된 게송에서는 딱히 이것이 수행자에 해당하는 것인지 아니면 일반인을 포함한 것인지는 불명확하다. 하지만 주석서의 내용을 보면 이 게송은 안거를 마친 스님들에

게 부처님께서 설하신 내용으로 소개되고 있다. 하지만 '품' 전체적 맥락에서 보면 모든 사람을 염두에 둔 것으로 이해해도 무리는 없을 것 같다.

한편 '계행이 나쁘다'는 것은 '도덕적이 못하다'는 의미가 되고, '절제하지 못한다'는 것은 '욕망을 제어하지 못하고 하고 싶은 대로 하는 것'을 의미한다. 따라서 이 비유는 어떤 행태로든 나라의 녹을 먹는 사람이 도덕적이지 못하고, 자기 자신의 욕망을 채우려고 하는 것을 경계하는 것으로도 해석할 수 있겠다. 사리사욕에 눈 먼 사람이 국가의 녹을 부끄럼 없이 먹기 보다는 차라리 시뻘겋게 달구어진 쇳덩어리를 먹는 것이 낫다는 의미이다.

불교에서는 일찍이 지옥에 대한 내용이 많이 기술되었다. 이 비유가 나오는 내용의 전후 맥락은 도덕적이지 못한 사람은 지옥에 간다는 내용이다. 맥락상 '시뻘겋게 달구어진 쇳덩어리를 먹는 편이 낫다'는 것은 지옥의 고통이 그 보다 더 심하다는 것을 에둘러 표현한 것이라고 이해할 수 있다. 그런 의미에서 보면, 사리사욕에 차서 국가의 녹을 먹는 것은 뜨거운 화염과 같은 쇳덩이를 먹는 것 보다 더 심한 지옥의 고통을 받을 업을 쌓는 셈이 되는 것이다. 이 어찌 두려운 일이 아닐 수 있겠는가.

자신의 행위에서 두려움을 보는 자라면, 사소한 잘못이라도 일부러 하지는 못할 것이다. 하물며, 국가의 돈은 눈먼 돈이라고 하면서 자신의 사사로운 욕망을 채우는 일을 어찌 할 수 있을까.

예부터 불교에서는 '흐르는 물도 아껴 쓰라'는 말이 있다. 흐르는 물을 아끼는 그 마음으로 위로는 대통령부터 아래로는 말단 공무원에 이르기까지 국가의 녹을 받고, 재화를 사용한다면 우리가 사는 세상은 부정과 비리가 없는 맑고 향기로운 세상이 될 것이다.

진정한
상속

　자식이 부모에게 바라는 것 가운데 하나는 아마도 가능한 많은 부를 상속해 주기를 바라는 것일 것이다. 한국은 예로부터 부모가 자식에게 부를 상속해 주는 것을 당연히 생각했다. 이는 제사문화와 밀접한 관련이 있으리라 생각된다. 흔히 말하는 사대봉사(四代奉祀)가 그것이다. 만약 종손이라면 더 말할 나위도 없다.

　하지만 세상은 무상하여, 사회상도 많이 변하였다. 그 중 대표적인 것이 바로 제사일 것이다. 요즘은 종교에 따라 제사를 모시지 않는 경우도 있고, 제사를 지낸다고 해도 예전보다는 훨씬 간소화하는 추세다. 그에 따라 상속에 대한 관념도 많이 바뀌어, 굳이 자식에게 부를 상속하지 않고 사회에 환원하는 분위기도 자라고 있다. 아직은 미미하지만 점차 성숙해 지고 있는 분위기라고 한다.

　속담에 "부자 삼대 못간다"라는 말이 있다. 이 말은 부의 상속은 생각보다 오래 지속되지 못한다는 말이다. 부모로부터 막대한 부를 상속받은 사람 중에는 그 부를 잘 간직하거나 오히려 늘리는 사람보다는 사치와 향락에 빠져 부를 탕진하는 사람이 더 많다. 부의 가치를 모르는 사람에게는 아무리 많은 부가 상속된다고 해도, 그것을 지킬 힘을 갖지 못한다. 이럴 경우 그에게 상속은 오히려 자신을 해치는 독약과 같게 된다.

부처님께서는 제자들에게 진정한 상속이 무엇인지에 대해 말씀하신다. 그 내용이 『이띠붓따까』에 다음과 같이 소개되고 있다.

> "비구들이여, 나는 바라문, 걸식자에게 응하는 자, 항상 청정한 손을 지닌 자, 최후의 몸을 지닌 자, 화살을 뽑아버리는 위없는 의사이다. 그대들은 나의 적자이며, 입에서 생겨난 자이며, 가르침에서 생겨난 자이며, 가르침에 의해 만들어진 자로서, 가르침의 상속자이지 재산의 상속자가 아니다."
>
> 『이띠붓따까Itivuttaka』「바라문의 경Brāhmaṇasutta」중에서

이 가르침은 출가 제자들에게 하신 말씀으로, 방점은 '가르침의 상속자이지 재산의 상속자가 아니다'라는 문구에 있다. 승가에 보시된 재산을 상속하는 자는 재산을 관리하는 자일 뿐, 부처님의 적자(嫡子)는 아닌 것이다. 부처님의 아들이 되기 위해서는 가르침을 상속하여, 그것을 자신의 것으로 하는 것 외에 방법이 없다.

이것은 재가자에게도 적용된다. 부모님에게 재산만을 요구하는

자는 부모의 진정한 상속자가 될 수 없다. 우리가 생각해야 할 것은 부모님의 '뜻'이 무엇인지를 살피고, 그 뜻이 선하고 본받을 만한 것이라면 그것을 키워나가는 것에 의미를 두어야 할 것이다. 만약 그렇지 않다면, 부모님의 삶으로부터 내가 무엇을 배워야 나를 향상시킬 수 있는가를 고민해야 한다. 재산은 그 뒤의 일이다. 이것이 뒤바뀌어 버리면, 부모 자식간에 물려주고 물려받을 것이 '재산'밖에 없는 참으로 천박한 관계가 되고 만다.

그러니 부모는 자식에게 무엇을 물려줄 것인가를 고민해야 하고, 자식은 부모에게 무엇을 물려받을지 찾아야 한다. 그런데 요즘은 그것이 '재산'이라는 것에만 집중되어있어, 온갖 볼썽사나운 일들이 벌어진다. 뉴스에 보도되는 것을 보면, 몇 푼 안 되는 유산 때문에 형제간에 싸움을 하는 것은 예사요, 법정다툼으로 평생 의절하는 경우도 심심치 않게 본다. 때로는 부모에게 유산을 받기 위해 부모를 살해하는 경우도 있다.

우리가 '무엇을 위해' '어떻게 살아가야 할 것인가'를 고민하지 않으면 결국은 감각적 쾌락과 물질적 풍요로움만을 생각하는 천박한 삶을 살게 될 것이다. 진정한 상속은 부모님에게 사랑을 받고, 그 사랑에 감사할 줄 아는 것이 아닐까 생각해본다.

버려진
호리병박처럼

　지하철이나 버스 같은 대중교통에는 '노약자석'이 마련되어있다. 이곳은 어르신들이나, 어린아이 혹은 임산부를 위해 마련된 자리이다. 요즘은 노인분들이 앞에 서 계셔도 자리를 양보하지 않는 경우가 많다. 그러다 보니 '양보하는 미덕'을 강조하는 '포스터'가 유난히 눈에 많이 띈다. '~합시다'라는 계몽구의 포스터가 눈에 많이 띈다는 것은 우리들이 상식적으로 지켜야 하는 사회적 규칙이 잘 지켜지지 않고 있음을 반증하는 것은 아닐까?

　70~80년대만 해도, 자리를 양보하자는 포스터는 없었다. 어르신들에게 자리를 양보하는 것이 당연했기 때문에 굳이 '자리를 양보해 주세요'라는 말이 필요 없었던 것이다.

　그리고 또 하나, 나이든 부모를 모시지 않고 방치하는 경우가 많이 늘었다. 경제력 없는 노인들의 삶은 참으로 안타깝다. 누구나 사정이 있는 법이겠지만, 홀로 지내다가 쓸쓸히 죽음을 맞이하는 뉴스를 어렵지 않게 접하게 된다. 부처님께서는 '자신은 편하게 지내면서 늙으신 부모를 모시는 않는 사람은 천한 사람이다'라고 하셨다. 오늘날 우리사회는 예전보다는 확실히 부모를 방치하는 경우가 더 많아진 것 같다.

우리는 누구나 늙는다. 하지만 이것을 제대로 인지한다는 것은 결코 쉽지 않다. 늙음은 알지 못하는 사이에 오며, 미리 경험할 수 없기 때문이다. 언제나 청춘일 것만 같은데, 어느 날 자고 일어나니 늙음이 찾아온 셈이다. 더구나 요즘은 각종 건강식품과 의학의 발달로 70~80대라 하더라도 50~60대의 건강을 유지하는 분들이 많다. 말하자면 예전보다 10년에서 20년은 육체적으로 보다 젊게 살 수 있게 된 것이다.

과학이 발달하면 할수록 젊음은 더욱 오래 유지될 수 있을 것이다. 하지만 아무리 의학이 발달해도 늙음을 다소간 늦출 수는 있어도 막을 수는 없는 법이다. 그것이 자연의 이치이기 때문이다. 그래서 늙음은 쓸쓸함이며, 바싹 마른 생기 없는 나무에 비유하기도 한다. 늙음은 기력이 쇠잔해져서 신체기능이 현저하게 저하되고, 그로 말미암아 정신까지도 희미해지게 됨을 의미한다. 그리고 이 늙음은 바로 죽음과 연결된다. 그러한 까닭에 부처님께서는 늙음을 고통이라고 통찰하신 것이다. 『담마빠다』에 이와 관련된 비유가 나온다.

"가을에 버려진 이 호리병박들처럼, 회백색의 해골들이 있다. 그것들을 보고 어찌 기뻐하겠는가."

_『담마빠다Dhammapada』「늙음의 품Jarāvagga」 중에서

박과 식물에 속하는 호리병박은 속을 파내어 잘 말리면 물이나 술을 담는 호리병이 된다. 누런색의 바싹 마르고 딱딱하게 굳은 호리병은 유연성은 물론 생기라고는 찾아볼 수 없다. 이 경전은 우리들의 인생이 맞이하게 될 모습을 호리병박에 비유한 것이다.

그리고 같은 품에 "보라, 아름답게 꾸며진 형상(bimba)은… 영원하지도 견고하지도 않다. 이 형상(rūpa)은 늙고 쇠퇴하고 질병의 소굴이며 쉽게 파괴되는 것이다… 삶은 죽음으로 끝나기 때문이다"라는 말씀이 있다. 아무리 아름답게 치장된 모습이라고 해도 그것이 영원히 유지되지는 않는다. 시간 앞에 스러지는 것을 소중하고 감사하게 생각해야 한다.

하지만 그 무상한 것에 과도하게 집착하여 시간을 거역하고자 한다면 오히려 추해지게 된다. 무상한 것을 무상한 것으로 받아들일 때, 우리는 겸손해지며 삶을 아름답게 만들어갈 수 있다. 그리고 '젊음'의 무상함을 아는 사람은 이미 늙어 삶의 후반기에 접어든 분들을 싫어하거나 혐오하지 않고 보듬어 안을 마음의 여유를 갖게 될 것이다. 그것이 자신이 맞이하게 될 미래의 모습임을 알기 때문이다.

진짜
비린 것

특이한 성향을 가진 사람은 독특한 냄새를 좋아하기도 하지만 대부분의 사람들은 기분 좋은 냄새를 좋아한다. 방향제를 사용하거나 꽃을 키우는 것이 그래서 일 것이다. 같은 이유로 절에서, 혹은 집에서 향을 사르는 사람들이 있다. 향을 사른다는 것은 '공양'의 의미도 있다. 육법공양(六法供養) 가운데 향공양이 여기에 속한다.

그런데 이 향은 단순히 불보살님께 올리는 공양의 의미만 있는 것이 아니다. 우리가 예불문을 봉행할 때 '계향·정향·혜향·해탈향·해탈지견향'이라고 할 때에도 '향'이 들어간다. 계·정·혜 삼학의 실천을 향에 비유한 것이다. 그리고 삼학의 완성은 곧 해탈을 성취케 하고, 해탈했음에 대한 바른 지견을 일으킨다. 이 다섯 가지를 오분향(五分香)이라고 한다. 오분향은 부처님이나 아라한이 갖추는 공덕을 말하는 것이기도 하지만, 일반 수행자에게 적용해도 무방할 것이다.

이렇듯 향은 세상과 지혜를 밝히는 역할을 한다. 하지만 일부 사람들은 마음의 향기 보다는 몸의 향기를 중시한다. 아름답게 치장하고 좋은 향수를 뿌리지만, 정작 마음을 아름답게 가꾸는 것은 소홀히 한다. 정확히 표현하면 어떻게 하는지 모른다는 표현이 적당할 지도 모른다. 이 내용과 관련해 『숫따니빠따』의 「아마간다의 경」은 시사하는 바가 크다. 여기에서는 육식의 비린내와 관련해 진짜 비린내란 무엇인지에 대해 이야기한다.

> 까사빠 부처님이 대답하셨다. "바라문이여, 생명을 해치고 생명을 학대하고, 묶고, 도둑질을 하고 거짓말을 하고, 사기를 치고, 남의 아내와 가까이 하는 것, 감각적 쾌락을 조금도 자제하지 않고, 맛있는 것을 탐하고, 부정한 것과 어울리며, 삶이 허무하다는 견해를 갖고, 바르지 못하고, 거칠고 잔혹하며, 남을 험담하고 친구를 배신하고, 무자비하며, 몹시 오만하고 인색해서 누구에게도 베풀지 않는 것, 이것들이야말로 비린 것이지 육식은 비린 것이 아닙니다."
>
> _『숫따니빠따Suttanipāta』「아마간다의 경Āmagandhasutta」 중에서

아마간다 바라문은 오로지 초목의 뿌리와 과일만을 먹는, 말하자면 완진한 채식주의자였다. 그런 사람이 부처님께 육식의 비린내에 대한 질문을 하자, 부처님께서는 과거불인 까사빠 부처님과 떳사라고 하는 바라문과의 대화를 통해 무엇이 비린 것인지에 대해 가르

침을 주신 것이 위의 인용문이다.

　요즘은 채식을 하는 사람들이 늘고 있다. 그런데 왜 채식을 하는 것일까. 혹시 건강만을 위한 것은 아닐까. 생명에 대한 존중감이 없는 채식은 진정한 채식주의와는 거리가 멀 것이다. 생명에 대한 존중감, 경외감, 측은지심 없이 채식을 한다면 그것은 말과 행동이 일치하지 않는 것과 다름없다. 부처님은 바로 이러한 점을 지적하고 계신다. 생명에 대한 존중감이 없고, 거짓을 일삼으며, 잔혹하고 인색하며, 감각적 쾌락에 젖어있는 사람이야 말로 비린내 나는 사람이지, 육식을 한다는 이유만으로 비린내 나는 사람이 아니라는 것이다.

　그렇다고 부처님이 육식을 권장하는 것은 결코 아니다. 음식에 탐착하지 않고, 주어진 것을 통해 끼니를 해결해야 하는 탁발의 문화는 먹는 자가 음식을 선택할 수 없다. 공양된 음식을 감사히 받고, 그것을 통해 바른 수행을 지속하는 것이 수행자이기 때문이다. 이런 진실된 수행자는 음식의 비린내를 탓하지 않고, 행동과 말과 생각의 비린내가 나지 않도록 조심하고 삼갈 뿐이다.

　따라서 진정한 향기는 배려하는 행동, 아름답고 사려 깊은 말, 그리고 건전한 생각에서 비롯되는 것이지 남에게 보이는 치장에서 나오는 것이 아니라는 점을 새삼 생각하게 된다.

허공에 새들의 채취가
남지 않듯이

한 사람이 살아 온 삶의 자취를 기록한 것을 '전기(傳記)'라고 한다. 그리고 그러한 개인의 삶이 모여 하나의 사건으로 구성되면, 우리는 그것을 '역사(歷史)'라고 부른다. 따라서 역사에는 시대를 살아갔던 민초들의 삶이 배경으로 존재한다. 아주 소소한 일상의 일들이 역사라는 커다란 배경 속에서 존재하는 것이다. 그래서 우리는 우리 삶의 역사를 중시한다.

후대에 어떤 이름을 남길 것인지, 사람들에게 어떻게 기억될 것인지가 중요하게 부각되는 이유이다. 이러한 생각은 동서양을 막론하고, 고금을 불문하는 인류의 공통적인 내용일 것이지만, 특히 유교 문명을 배경으로 하는 동북아에서 중요시된 것이기도 하다. 그래서인지 좋은 이름을 드날리는 양명(揚名)이 효의 내용으로 강조되기도 한다.

이러한 것은 모두 자취를 남기는 것에 대한 내용이다. 내가 살아온 삶의 흔적, 자취를 통해 사회적으로 평가받게 되기 때문이다. 그러니 '어찌 삶을 함부로 살 것인가' 과연 '삶의 자취를 꼭 남겨야만 그 삶이 의미 있는 것일까'라는 문제를 고민하게 된다. 불교에서 말하는 성인의 삶은 오히려 '자취를 남기지 않는' 삶을 찬탄한다. 경전의 가르침은 다음과 같다.

> "자신의 것으로 모아놓은 것이 없고 음식에 대해서 완전히 알며, 삶의 영역은 텅 비어있고 상(相)이 없어 자유롭네. 마치 허공에 새들의 자취가 남지 없듯이, 그들의 자취는 찾기 어렵다네."
>
> _『담마빠다Dhammapada』「아라한의 품Arahantavagga」중에서

우리는 살아가면서 '내 것'을 얼마나 많이 만들었는가에 따라 그 사람의 성공 여부를 판단하기도 한다. 말로는 심플라이프니 미니멀라이프니 하지만, 실제는 돈을 얼마나 많이 갖고 있는지, 집은 얼마나 좋은 집을 갖고 있는지, 직장은 얼마나 많은 돈을 주는지 등에 따라 '좋음'과 '나쁨'을 판단한다. 결과적으로 욕망의 실현과 충족을 지향하는 삶을 그리게 된다. 이러한 삶은 내 삶의 궤적을 분명하고 선명하게 남기는 방식이다.

하지만 인용된 경구와 같이 불교에서 말하는 삶의 방식은 그와 반대가 된다. '내 것'이라고 쌓아 놓은 것이 없으며, 나아가 음식에 대

한 어떠한 욕망과 집착도 갖지 않는다. 물건을 사용하고, 음식을 먹지만 그것에 대해 집착하거나 소유한다는 생각이 없으니 그의 삶은 한가롭고, 여유롭다. 그래서 그의 삶 자체는 허공과 같이 모든 것을 품고 있으나 어떠한 망상(相)도 짓지 않기에 언제나 자유롭다. 『담마빠다』에서는 아라한의 삶을 이렇게 묘사하고 있다.

생각과 삶의 모습이 일치하지 않는 곳에서 고통이 발생한다. 또한 '내 것'이란 생각이 확고해지면, 곧 '남의 것'과 비교하는 마음이 일어난다. 비교하는 것에서 또한 커다란 고통이 생겨난다. 그래서 인연이 닿은 물건을 소중하고, 감사하게 사용할 뿐 그것에 '내 것'이란 생각을 만들어 붙이지만 않는다면, 삶의 모습은 한결 가볍고 상쾌해질 것이다. 남과 비교하지 않으니 다만 내가 할 일을 하고 그에 만족할 수 있게 되니, 그 자체로 이미 충분히 만족하는 삶이 될 것이다.

피서지든, 유원지든 놀러 가면 즐겁게 놀고 내가 다녀갔단 흔적을 남기지 않고 깨끗이 청소하고 오는 사람의 모습은 아름답다. 좋은 흔적도 남기려 하지 않거늘, 하물며 어찌 나쁜 흔적을 남기려 애쓰겠는가. 자연 그대로의 모습을 가능한 훼손하지 않고 돌아오는 것, 그것이 제대로 '논' 사람의 모습일 것이다.

'내 것'이라 집착하고 소유하려는 생각을 덜어 낼수록, 우리는 허공을 나는 새처럼 어떠한 흔적도 남기지 않게 될 것이다.

물그릇에 담긴
덕성

고따마 붓다, 석가모니 부처님께는 아드님이 한 분 계신다. 아드님의 이름은 라훌라(Rahūla)이다. 경전에서는 라훌라가 태어나고 얼마 되지 않아 태자였던 고따마가 출가했다고 전한다. 그리고 그 부자가 다시 만난 것은 부처님께서 무상정등각(無上正等覺)을 성취하고 얼마의 시간이 지난 뒤다. 당시 라훌라의 나이는 문헌마다 다소의 차이는 있지만 7~8세 정도 되었다고 한다.

부처님께서 고향을 방문하고 난 뒤, 석가족의 왕자들이 출가했다. 그 가운데 한 명이 바로 라훌라이다. 주석서에서는 라훌라가 7세 때 사리뿟따 존자를 스승으로 두고 출가했다고 전한다. 어린 라훌라는 곧잘 거짓말을 했다고 한다. 그런 라훌라에게 부처님께서는 물그릇을 비유로 가르침을 주셨다. 하루는 부처님께서 라훌라를 찾아가셨는데, 라훌라는 부처님이 오시는 것을 보고 발 씻을 물을 준비한다.

부처님께서는 발을 씻으시고 물그릇에 물을 조금 남겨 놓으시고 라훌라에게 말씀하신다.

"라훌라야. 너는 물그릇에 물이 조금 남아있는 것을 보았느냐?" "예, 보았습니다." "라훌라야. 고의로 거짓말을 하는 것을 부끄러워 할 줄 모르는 자에게 수행자의 덕성은 이와 같이 적다." 부처님은 남아있던 물을 모두 버리고 다시 말씀하신다. "라훌라야. 너는 물그릇에 남아있던 물이 버려진 것을 보았느냐?" "예, 보았습니다." "고의로 거짓말을 하는 것을 부끄러워할 줄 모르는 자에게 수행자의 덕성은 이와 같이 버려진다."

_『맛지마 니까야*Majjhima Nikāya*』
「암바랏티까에서 라훌라를 가르치신 경Ambalaṭṭhikārāhulovādasutta」 중에서

위의 인용문은 「암바랏티까에서 라훌라를 가르치신 경」으로 번역되는 경전의 일부이다. 거짓말을 잘하던 7세의 어린 라훌라를 위해 부처님께서 그의 눈높이에 맞추어 가르침을 설하신 것이다. 어린 라훌라는 이 가르침을 받고 다시는 거짓말을 하지 않게 되었다. 사적으로는 아버지이지만, 이제는 천신과 인간을 포함한 모든 존재의 스승이신 분의 자애로운 가르침이 개구쟁이이자 말썽꾸러기였던 라훌라를 크게 일깨운 것이다.

우리는 누구나 거짓말을 한다. 이전에 했을 수도 있고, 지금 하고 있을 수도 있으며, 앞으로 또 할 수도 있다. 그리고 그 거짓말은 자신의 잘못을 덮기 위해서, 혹은 남을 곤경에 빠뜨리기 위해서, 때로

는 장난삼아 하는 경우도 있다. 장난삼아 하는 거짓말이라도 반복되게 되면 사람들로부터 신뢰를 잃는다. 우화에 나오는 양치기 소년처럼, 더 이상 그 누구도 그의 말을 믿으려 하지 않게 된다. 하물며 자신의 잘못을 덮기 위해서 혹은 남을 곤경에 빠뜨리기 위해서 하는 거짓말이 주는 폐해는 말하여 무엇하겠는가.

이러한 거짓말은 비단 수행자만이 아니라 일반인도 해서는 안 되는 일이다. 상대방을 위해 어쩔 수 없이 하는 아주 예외적인 경우가 있기는 하지만, 그렇다 해도 결국 나중에는 사실을 정확하게 알려주어야 한다.

부처님께서 라훌라에게 말씀하셨듯이, 거짓말은 물그릇에 남아 있던 조그마한 덕성마저도 잃게 만든다. 덕성은 우리가 소중히 키우고자 노력하지 않으면 결코 지닐 수 없는 품성이다. 우리가 덕성을 키워야 하는 이유는 그것이 자신을 풍요롭게 하고 다른 사람을 행복하게 해주기 때문이다.

노력하고 노력하지 않으면 갖추지 못하는 것이니, 부끄러움도 모른 채 거짓말을 일삼는 사람은 제 아무리 지위가 높다 해도 갖출 수 없는 덕목이다. 덕성이 없는 삶은 천박한 삶이 될 수밖에 없다. 이는 물그릇을 걷어차듯, 덕성을 걷어차는 거짓말을 일삼고 있지는 않은지 자신을 돌아보게 해주는 부처님의 가르침이다.

무화과나무에서
꽃을 찾듯이

이 세상에는 수많은 꽃이 있다. 이름만 대면 누구나 아는 꽃부터 아무도 모르는 이름 없는 꽃까지. 또한 우리는 꽃을 통해 계절의 변화를 경험하기도 한다. 신기하게도 봄에 피는 꽃은 봄에 피고, 가을에 피는 꽃은 가을에 핀다. 계절을 거스르지 않는다는 말이다. 물론 요즘은 기술의 발달로 아무 때고 꽃을 피우는 것이 가능하지만, 그것은 자연스러움을 벗어난 일이다.

그런데 꽃 가운데는 이름만 있지 실제 존재하지 않거나 보지 못하는 꽃들도 있다. 그 가운데 하나가 바로 '무화과꽃'이다. 무화과(無花果)는 말 그대로 꽃이 피지 않는 과실이라고 해서 무화과라고 한다. 식물학자들의 말에 따르면 과실내부에서 꽃이 피어 밖으로 나타나지 않을 뿐이라고 한다. 여하튼 우리는 무화과의 꽃을 볼 수 없다.

『숫따니빠따』 제1품 「뱀의 품」에서는 바로 이 무화과를 빗댄 가르침이 나온다. 경전에 나오는 시는 다음과 같다.

> "무화과나무에서 꽃을 찾아도 얻지 못하듯, 존재들 가운데 어떠한 실
> 체도 발견하지 못하는 비구는 마치 뱀이 묵은 허물을 벗어버리는 것처
> 럼, 이 세상도 저 세상도 다 버린다."
>
> _『숫따니빠따Suttanipāta』「뱀의 경Uragasutta」 중에서

부처님께서 사용하신 '무화과나무의 꽃'은 영원한 그 무엇(자아,
영혼)을 찾아 헤매는 것을 비유한다. 우리는 영원히 존재하는 그 무
엇이 있다고 생각하며, 그것을 움켜잡고 산다. 그럼 그것이 어디에
있냐고 물으면 아무도 자신 있게 답하지 못한다. 그저 "있다고 보는
게 좋지 않나요?" "영적 스승들이 있다고 하던데요"라고 답할 뿐이
다. '있다고 보는 게 좋다'고 주장하는 사람들은 그래야 인간이 윤리
적으로 살아야 할 이유를 갖게 된다고도 말한다. 하지만 영원한 '영
혼'의 존재를 믿는 종교인들, 그리고 종교적 성향을 지닌 사람들은
과연 모두 윤리적인가? 생각해 볼 일이다.

육체는 세월과 함께 변화하고 결국 죽음을 맞이하지만, 영혼은 변
화와 죽음과는 관계없는 존재로 받아들여진다. 뇌신경과학의 발달
은 이러한 인간이해를 변화시키고 있다. 영국의 분자생물학자로 유
명한 프랜시스 크릭은 1994년 자신의 한 저서에서 "영혼은 팅커벨
처럼, 오로지 그것의 존재를 믿는 믿음 때문에 영속되는 환상에 불
과하다"고 주장했다. 크릭 이후 신경과학의 비약적 발전은 영혼에

대한 믿음을 근본부터 제거했다는 평가를 받는다. 결국 인간의 지각 능력, 기억, 감정, 의식 등은 뇌 속의 전기화학적 신호가 변화된 신경코드에 불과하다는 것이다.

하지만 이러한 인간이해를 반박하는 견해도 분명 존재한다. 이렇듯 인간의 본질(영혼)에 대한 문제는 아마도 결론에 도달하기는 요원할 것이다. 이에 대해 부처님의 입장은 단호하다. 이러한 논쟁은 무익하다는 것이다. 아무리 논쟁해도 결론이 나지 않고, 그것은 어떠한 이익도 주지 않기 때문이다. 즉 영혼이 존재하든 그렇지 않든 우리에게 중요한 것은 지금 이 순간의 삶을 '잘 사는 것'이다. 그러기 위해선 우리의 삶의 문제를 직시하여 올바른 방향에서 해결책을 강구하고, 실천하는 것이 중요하다.

문제 해결을 위해 쓸데없는 믿음에 근거한 존재를 상정하고, 그것을 찾아 헤매는 것은 존재하지 않는 무화과꽃을 찾아 헤매는 것과 같은 것이다. 그리고 영혼을 상정하지 않아도 우리가 윤리적으로 살아가야 할 이유는 너무도 많다.

불구덩이를
피하듯이

'(시뻘겋게) 타오르는 불구덩이를 피하듯이'란 표현은 『숫따니빠다』 제2품, 「담미까의 경」에 나온다. 이 비유가 말하고자 하는 것은 성적 행위의 위험에 대한 것이다. 빨리어로 욕망을 나타내는 말은 매우 다양한데, 그 중에서 성적 욕망을 나타낼 때는 까마(kāma)라는 말을 쓴다. 경전에서는 특히 성적 욕망에 대한 강렬한 추구를 나타낼 때 까마땅하(kāmataṇhā)라는 표현을 쓴다. 이 말은 (성적)욕망의 대상에 대한 갈증(갈망)을 의미한다.

경전에는 부처님께서 제자들에게 성적 욕망의 위험을 말씀하신 내용을 어렵지 않게 볼 수 있다. 그만큼 수행자에게 있어 '성'에 대한 욕망은 커다란 번뇌였음을 짐작해볼 수 있다.

예를 들어 부처님께서 만년에 암바빨리라고 하는 유녀(遊女)가 다른 유녀들과 당신을 방문하려는 것을 아시고는 제자들에게 "그대들은 마음을 바르게 하라. 어떠한 경우에도 관능적 욕망에 마음을 빼앗겨서는 안 된다. 굳건히 마음을 제어하라. 뼈를 부수고, 몸을 태워도 악을 행해서는 안 된다"라고 말씀하셨다. 이는 아름다운 여인들이 수행처를 방문하였을 때, 수행자들이 자칫 욕망에 마음을 빼앗길 것을 염려하셨기 때문이다. 하지만 비단 수행자만이 아니라 재가자에게 있어서도 마찬가지다. 성적 욕망이 갖는 위험을 『숫따니빠따』에서는 다음과 같이 표현하고 있다.

> "이제껏 그가 가졌던 명예와 명성을 다 잃게 됩니다. 이 일을 보고 성행위를 끊도록 공부해야 합니다."
>
> _『숫따니빠다Suttanipāta』「떳사메떼이야의 경Tissametteyyasutta」중에서

수행자에게는 성적 욕망 자체가, 재가자에게는 그릇된 성적 욕망이 한순간에 모든 것을 앗아갈 수 있음을 강력하게 경고하고 계신 것이다.

우리는 각종 매스컴을 통해 성직자나 유명한 인사들이 순간의 성적 욕망 때문에 평생에 걸쳐 쌓아 올린 명예와 명성을 잃고 세상 사람들에게 손가락질 당하는 경우를 많이 본다. 이것은 성적 욕망이 커다란 쾌락을 가져다준다고 믿기 때문이다. 하지만 욕망의 속성은 만족을 모르는 데 있다. 만족을 모르는 것은 결국 고통을 유발하게 된다. 그렇기에 부처님께서는 성적 욕망을 포함한 모든 욕망이 고통의 원인이라고 보신 것이다. 이러한 내용을 『숫따니빠따』의 또 다

른 경에서는 이렇게 묘사하고 있다.

"감각적 쾌락의 길을 들어서 욕망이 생겨난 사람에게 만일 감각적 쾌락이 충족되지 못하면, 그는 화살에 맞은 사람처럼 괴로워한다."

_『숫따니빠따Suttanipāta』「감각적 쾌락의 욕망의 경Kāmasutta」중에서

그리고 이어서 "발로 뱀의 머리를 밟지 않듯 욕망의 대상을 피한다"라는 비유를 통해서 (성적)욕망의 위험을 표현하고 있다. '타오르는 불구덩이를 피하듯이'나 '발로 뱀의 머리를 밟지 않듯이'는 같은 비유이다. 불구덩이를 보고 그 속으로 들어가는 사람이 없을 것이며, 뱀을 보고 밟으려고 하는 자는 없을 것이다. 둘 다 나를 해치는 위험한 것이기 때문이다. 이와 같이 욕망을 보아야 한다.

하지만 요즘은 오히려 이러한 욕망을 부추기는 사회가 되었다. 우리가 욕망에 노출되면 노출될수록, 우리의 의식은 판단 기제를 거치지 않고 자동으로 행동하게 된다. 즉 '강렬한 감정과 반복적으로 나타나는 생각에 완전히 마음을 빼앗겨 버리면 아무런 자각 없이 자동적으로 반응'하게 된다는 것이다. 그렇기에 우리는 욕망을 통제하는 법을 배워야 한다. 그렇지 않으면 나와 욕망의 대상 모두를 불태워버리고 말기 때문이다.

시냇물이 흘러
돌아오지 않듯이

시냇물은 흘러가는 것이 자연의 이치이며 올바른 것이다. 시냇물이 흘러가지 못하면 그것은 자연을 거스르는 것이며 바르지 못한 것이다. 그런데 우리는 시냇물을 가두어 두려고 한다. 이른바 치수(治水)라고 하는 명목 하에 말이다. 물이 흘러가는 곳이 물길이 되는 것이며, 그것이 강이 되는 것이다. 그런 물의 흐름을 막게 되면 거기에는 반드시 그에 상응하는 대가를 치러야 한다.

한역 경전 중에 『중본기경』이란 경전이 있다. 이 경전의 「자애품」에 '시냇물'이란 표현이 나오는데, 사람의 죽음을 비유하는데 사용된다. 내용은 이러하다.

코살라국의 국왕인 파세나디왕이 부처님을 찾아뵈었는데, 그 얼굴이 매우 야위었다. 이에 그 연유를 묻자, 왕은 나라의 태부인의 죽음에 상심한 결과라고 말씀드렸다. 이에 부처님께서 형상을 받은 모든 중생은 늙은이거나 젊은이거나 세력가이거나 천한이거나 관계 없이 누구나 꽃이 피면 지듯이, 과실이 익으면 떨어지듯이 죽을 수 밖에 없음을 말씀하신다.

나아가 전륜성왕이든, 아라한이든, 심지어 여래이든 사람이 사는 세간에서는 목숨이 오래 머물지 못함을 다양한 비유로 표현하고 있다. 그리고 시로써 다음과 같이 읊으셨다.

"마치 시냇물이 빠르게 흘러 내려가서 돌아오지 못하는 것처럼, 사람의 목숨도 그와 같아서, 가는 이는 돌아오지 못한다."

_『중본기경』「자애품」중에서

사람의 목숨은 한 번 가면 돌아오지 못하는게 자연의 이치이며, 그것이 올바른 것이다. 그런데 영생(永生)하고자 하면, 그것은 자연을 거스르는 것이고, 바르지 못한 것이 된다. 영생을 꿈꾸는 순간, 그에 상응하는 대가를 치러야 한다. 그것은 고통이다. 죽음을 회피하고자 노력하면 할수록 그 고통은 커진다. 흐르는 시냇물을 가두려고 하면, 많은 노력과 돈이 들지만 결국 시냇물을 가두어 두는 것은 실패하고 만다. 어느 정도 성공하는 듯 보이지만, 그것은 자신의 노력이 수포로 돌아가는 것을 인정하고 싶지 않기에, 성공적으로 보이는 요소들을 끄집어내어 포장하고 선전하는 '자기기만'에 불과할 뿐이다.

마찬가지로 유한한 생명을 지속시키기 위해 좋은 약, 좋은 의료

장비, 좋은 의사를 옆에 두고 보살핌을 받지만, 그것은 잠시 동안의 위안을 줄 뿐이다. 나이가 들면 늙고, 시간이 흐르면 죽는 것이 당연하다. 현대 의학의 발전은 인간의 헛된 욕망에 불을 지피고 있다. 요즘은 나이 60대는 노인 축에도 끼지 못한다. 80은 넘어야 노인 대접을 받는 시대가 되었다.

그러다 보니 젊게 오래 살고자 하는 욕망이 다양한 방식으로 표출되고, 자신의 몸에 투자하는 시간과 돈은 점점 늘어만 간다. 이것이 잘못이라고 말하는 것은 아니다. 건강의 차원을 넘어 20대나 30대의 젊음과 욕망을 누리고자 하기에 문제가 되는 것이다. 그러다 보면 정신적 측면은 간과되고, 심지어 의미부여가 되지 않는 경우도 본다. 욕구의 실현이 중시되는 만큼, 도덕적 삶은 가치를 상실하고 있다.

부처님은 같은 경에서, 자신을 사랑하는 길은 '도덕적 원리를 지키고(護所守) 마음을 제어하고 몸을 바르게 하는 것'이라고 말씀하신다. 어리석은 사람은 자신을 사랑한다고 한 행동이 오히려 자신을 위태롭게 할 뿐이라고 경책하신다. 헛된 욕망에 사로잡혀 막을 수 없는 시냇물을 막으려 하는 것처럼, 내 자신을 위태로움에 빠뜨리고 있지는 않은지 돌아보게 된다.

남의 소를
지키는 자

요즘은 인터넷이 발달하여 웬만한 정보는 바로 검색이 된다. 남의 글을 자기 것인 양 포장한 글도 쉽게 찾을 수 있다. 한때 연예인이나 공직자들의 논문 표절 문제로 세상이 시끄럽기도 했다. 공직자들은 낙마하기도 했고, 연예인들도 언론의 뭇매를 피해가지 못했다. 물론 그럼에도 불구하고 능력(?)있다는 말로 굳이 문제 있는 사람을 임명하는 경우를 보기도 하고, 도덕성 따윈 문제 삼지 않겠다는 권력자들의 굳은 의지(?)를 엿보기도 한다.

『담마빠다』에 "마치 소치는 사람이 남의 소들을 헤아리는 것처럼"이란 비유가 나온다. 이 비유의 배경은 이러하다. 부처님의 제자로 출가한 두 스님이 있었다. 둘은 속가시절부터 친구였다고 한다. 한 분은 통찰수행(vipassanā)을, 다른 한 분은 경전공부(gantha)에 전념하기로 결정하였다. 그러나 시간이 흐른 뒤, 경전공부에 전념한 스님은 통찰수행을 한 도반스님을 인정하지 않고 무시하는 마음을 갖게 되었다. 이를 안 부처님께서는 경전에 통달한 스님에게 선정과 팔등지, 색(色)과 무색(無色)에 대해서 물으셨다. 이에 그 스님은 훌륭하게 답변을 하였다. 이어 부처님은 예류도(성자의 흐름에 드는 방법)에 대해 물었다. 하지만 이 스님은 답하지 못했다. 이에 통찰수행을 한 스님에게 묻자, 스님은 막힘없이 답하였다.

이어 나머지 과위에 대해서도 역시 훌륭하게 답하였고, 부처님은 이를 크게 칭찬하였다. 그러자 경전에 통달한 스님의 제자들이 이의를 제기하였다. 어째서 경전에 통달한 스님이 선정과 팔등지 등에 대해 답을 했을 때는 칭찬하지 않으셨는지 물은 것이다. 이에 부처님께서는 이렇게 답했다.

> "비구들이여, 그대들의 스승은 나의 가르침에 대한 부채 때문에 소를 지키는 자와 같다(rakkhaṇasadiso). 하지만 나의 아들(putta)은 자기가 좋아하는 대로 다섯 가지 유제품을 마음껏 즐기는 소의 주인과 같다."
>
> _『담마빠다Dhammapada』「법구의석Dhammapadaṭṭhakathā」 중에서

여기서 '아들'이란 표현과 '소를 지키는 자'라는 표현이 눈에 띈다. 이를 통해 부처님께서 말씀하시고자 하는 바를 유추해 볼 수 있는데, 실천 수행이 결여된 지식으로는 진정한 부처님의 아들(제자)이 되지 못한다는 것을 의미하는 것은 아닐까? 경전의 가르침은 길을 안내하는 안내서이지, 그 자체가 목적은 아니다. 이를 다른 경전

에서는 앵무새에 비유하기도 한다. 흉내만 내는 것으로는 해탈·열반의 성취는 불가능하다.

그렇지만 우리가 부처님의 가르침을 통해 수행의 길로 가기 위해서는 반드시 경전에 대한 공부가 필요하다. 안내서 없이 길을 나서는 것은 위험하기 때문이다. 그래서 불자라면 반드시 경전을 읽고, 그 내용을 이해하는 것이 필요하다. 그래야 삶 속에서 바른 수행을 실천할 수가 있다. 하지만 경전만을 읽고 '그것이 전부'라고 주장한다면 그것은 남의 소를 헤아리며 만족하는 사람과 같다. 경전의 가르침을 바탕으로 실천의 길로 들어서는 순간 우리는 부처님의 '아들'이 되는 것이다.

그 실천은 어려운 것이 아니다. 거창하게 산 속에 들어가 두문불출 수행하는 것만이 수행이 아니다. 삶 속에서 실천할 수 있는 부처님의 말씀을 찾아 그것을 직접 실천하는 것 역시 수행이다. 다른 사람을 배려하고 이기적 욕심을 조금이라도 줄이려고 노력하는 작은 실천이 사실은 아주 훌륭한 수행이 된다.

따라서 남의 글을 제 것 인양 하는 것이나, 실천이 결여된 신행(信行)은 '내 것이 아니다'라는 측면에서 보면 동일하다고 할 수 있을 것이다. 내 것이 아닌 것은 나에게 이익을 주지 못한다. 지금 나는 남의 소를 보며 만족하고 있지 않은지 돌아보게 된다.

악마의
올가미

『상윳따 니까야』 제1권에는 「마라 상윳따」라고 하는 품이 있다. 이 품에는 말 그대로 악마인 마라(Māra)와 부처님 혹은 부처님 제자와의 문답을 기록하고 있다.

그 내용을 보면 악마 마라는 끝임없이 부처님께 대항하고, 제자들을 유혹한다. "악마는 그 정체가 탄로 나면 '세존께서는 나에 대해 알고 계신다. 선서께서는 나에 대해 알고 계신다'라고 괴로워하고, 슬퍼하면서 그곳에서 사라졌다"라는 정형구로 끝난다. 참 흥미로운 표현이다. 이러한 측면에서 기독교에서 말하는 악마(사탄)와 불교의 악마(마라)는 결정적으로 다른 것 같다.

그리고 결론에서 악마 마라가 낙담하며 슬퍼하는 모습은 불교적 악마는 결국 패배자의 모습임을 볼 수 있다. 그리고 마라를 물리치는 방법은 그의 정체를 정확히 꿰뚫어보는 것에 있음도 알 수 있다.

바르게 보는 것이 얼마나 중요한지 이를 통해 알 수 있다.

이 「마라 상윳따」에 나오는 비유 가운데 '올가미(pāsa)'라는 비유가 나오는데, 빠사(pāsa)는 '덫, 족쇄' 등의 의미도 갖는다. 마라는 이 비유를 부처님께 사용한다.

> "그대는 악마의 올가미에 묶였다. 온갖 하늘의 올가미든 인간의 올가미든, 악마의 속박에 묶였다. 사문이여, 그대는 나의 올가미에서 자유롭지 못하다."
>
> _『상윳따 니까야Saṃyutta Nikāya』_
> 「악마의 올가미에 대한 경Mārapāsasutta」 중에서

이에 부처님께서는 "나는 악마의 올가미에서 벗어났네. … 죽음의 신이여, 그대가 패했다"라고 응대하신다. 여기에서 나오는 올가미란 늙음과 죽음으로 대표되는 온갖 번뇌를 말한다. 따라서 올가미에서 벗어났다는 말은 해탈을 성취했다는 말이 된다.

생각해보면, 우리들 삶이란 바로 이러한 올가미에 속박된 삶이 아닐까 싶다. 내가 속한 사회는 온갖 폭력의 올가미, 거짓의 올가미, 욕망의 올가미, 투쟁의 올가미 등으로 가득 찬 사회이다. 하루가 멀다 하고 보도되는 뉴스는 온통 이런 이야기들로 가득 차있다. 하지만 이것은 외적인 올가미들이다. 나의 내면을 돌아보면 어떨까. 그 안에도 폭력, 분노, 위선, 우울, 욕망 등의 올가미들이 얽혀 있다.

이뿐일까. 애증으로 얽혀있는 가족관계나 친구 등 대인관계 역

시 올가미이다. 어쩔 수 없는 관계에 얽매어 이러지도 저러지도 못하는 경우를 보면, 애증의 관계만큼 강력한 올가미도 없다는 생각이 든다. 또한 우리들은 온갖 사유와 이미지들에 묶여있다. 온갖 언어와 환상의 이미지들이 우리를 집어삼키고 있다. 그 거센 사유와 이미지의 물결은 사회적 흐름 혹은 유행이란 것으로 포장되어 나를 기만한다.

그래서 부처님께서는 제자들에게 "나는 올바로 사유하고 올바로 정진해서 위없는 해탈에 이르렀으며, 최상의 해탈을 증득했다"고 말씀하시며 "그대들도 그렇게 하라"고 권하신다. 올바로 사유하고 올바로 노력하는 것만이 온갖 종류의 올가미에서 벗어나는 길이다. 바르게 사유하는 것은 욕망을 충족시키는 것과는 반대이며, 대상과 나의 내면을 있는 그대로 보는 것을 의미한다. 내 안에 똬리를 틀고 있는 폭력과 분노와 위선과 욕망을 바로 알고 그것을 극복하고자 노력할 때, 내가 속한 사회의 폭력과 분노와 위선도 극복될 것이다.

요즘 세상은 폭력과 욕망이 난무한다. 이 사회는 '나'라는 개개인이 모인 집합체이며, 우리들 개개인의 내면엔 폭력과 욕망이 강하게 뿌리내리고 있다. 그렇기에 내 안의 잔혹함을 제거하는 일이 세상의 온갖 잔혹함에서 벗어나는 길이라고, 부처님께서는 다양한 방식으로 가르치고 계신 것이리라.

배우는 자는
초승달과 같아야

불교에서는 달에 다양한 의미를 부여하여 비유적으로 표현하는 경우가 많다. 예를 들어 '달이 일천 강에 비치리' '구름을 벗어난 달' 과 같은 비유도 유명하고 '달을 가리키면 달을 보아야지 손가락을 본다'와 같은 비유도 있다.

이러한 비유 말고도 또 하나 있는데, 바로 초승달과 그믐달이다. 초승달은 보름달을 향해 가는 출발점에 놓인 달이고, 그믐달은 사그라져 가는 달을 가리킨다. 본래 달이 차고 기우는 것은 아니다. 다만 지구에 있는 우리들의 눈에 그렇게 보이는 것 뿐이다. 달은 그대로 달일 뿐이다. 하지만 23.5도 기울어져 돌고 있는 지구는 우리에게 다양한 달의 모습을 보여준다. 그런 덕분에 인간에게 달은 무한한 상상력의 근원이 되어, 무수한 문학작품의 모티브가 되기도 했다.

『증일아함경』에 보면, 그믐으로 향하는 달과 보름으로 향하는 초
승달에 대한 비유가 있다. 그 중 초승달에 대한 내용을 소개하면 다
음과 같다.

"만일 어떤 사람에게 탐욕이 없고, 성냄과 어리석음 또한 다하면, 그
에게 선함은 점차로 늘어나게 될 것이다. 마치 달이 차는 것처럼. 그러므
로 바라문이여, 마땅히 초승달처럼 배워야 합니다."

_『증일아함경』「안반품」중에서

부처님의 이 가르침은 선한 벗과 나쁜 벗에 대한 내용에서 나온
것이다. 이미 본 책 가운데 벗과 관련된 내용이 나온 적(숲속의 코끼
리)이 있다. 그때는 선한 벗이 없으면 차라리 홀로 가라는 의미를 숲
속에 사는 코끼리에 비유했다. 하지만 이번 비유는 달에 비유하고
있는 점이 다르다. 그리고 더 나아가 선한 벗(善知識)과 사귀면 어떠
한 이로움이 있는지를 자세히 언급하고 있다. 말하자면 선한 벗에
가까이 가면 갈수록 믿음·계율·법을 들음·보시·지계가 더욱 늘
어나고, 더욱 늘어남에 따라 목숨이 다한 뒤에 천상(天上)에 태어나
게 된다는 것이다. 따라서 선한 벗에게 다가가는 것을 마치 달이 보
름달을 향해 가는 것과 같다고 비유한 것이다.

내 주변에 선한 벗이 있으면, 해탈을 얻지 못하더라도 바른 견해
를 갖게 된다. 바른 견해를 갖게 되면 바른 윤리적 행위를 하게 되
고, 그것을 씨앗으로 바른 삼매를 얻고 해탈을 얻게 되는 것이다. 하

지만 반대로 악한 벗(惡知識)과 가까이 하면, 나쁜 견해를 갖게 되어 비윤리적 행위를 하면서도 부끄러워하지 않고 오히려 좋은 것이라는 잘못된 견해(惡見)를 갖게 된다. 그 결과는 직접 보지 않아도 미루어 짐작할 수 있다. 경전에서는 이것을 "선한 일이 점차 줄어드는 것이 마치 달이 그믐으로 향하는 것과 같다"라고 표현하고 있다. 그믐날이 되면 달빛은 자취를 감추어 칠흑 같은 어둠이 찾아온다. 선한 일이 줄어들면 우리의 삶도 역시 암담한 처지에 놓이게 됨을 비유적으로 잘 표현하고 있다.

이렇게 부처님은 선한 벗과 악한 벗을 각각 보름과 그믐에 비유하고 계신다. 경전에서는 달에 대한 비유 말고도 다양한 비유를 통해 벗의 중요성을 언급하고 있다. 이렇듯 벗을 강조하는 것은 우리들의 삶을 바르게 가꾸어 나가는데 있어 가장 중요한 요소 가운데 하나이기 때문이다. 바로 '벗'은 나의 선생일 수도 있고, 부모일 수도 있고, 가족일 수도 있고, 친구나 후배일 수도 있다. 아니면 길에서 우연히 만난 길벗일 수도 있다.

어떠한 벗이 진정한 벗인지 알기 위해서는 부처님의 가르침을 통해 배워야 한다. 그런 의미에서 보면 경전을 읽는 것은 가르침을 듣는 청문(聽聞)의 한 방법인 것이다. 바른 가르침을 통해 선한 벗을 사귀게 되면 깨달음의 길은 멀지 않음을 부처님께서는 말씀하고 계신다.

공덕의
작은 불씨

　겨울이 되면 날씨가 건조해지는 만큼 화재 발생이 많아진다. 수십 년 가꾼 산림이 한순간에 재가 되어버리기도 하고, 재산과 인명 피해까지 발생하기도 한다. 2005년도 양양에서 발생한 산불이 낙산사로 번져 소중한 문화재를 모두 불태워 버린 일은 아직도 기억에 생생하다.

　이런 화재들이 방화인 경우도 있지만, 무심히 버린 담뱃불이나 논이나 밭두렁을 태우기 위해 놓았던 불씨가 날아가 발생하는 경우도 많다고 한다. 그래서 겨울철이 다가오면 '작은 불씨도 다시 한 번' '꺼진 불도 다시 한 번'과 같은 표어를 여기저기 붙여 경각심을 일깨운다.

　하지만 이런 화재를 떠나 불은 인류에겐 없어선 안 될 것 가운데 하나이다. 고대부터 불은 신성시 되어왔고, 그 중에는 불을 숭배하

는 종교도 있다. 대표적으로 배화교(조로아스터교)가 그것이다. 불은
모든 것을 태운다는 의미에서 거대한 힘을 상징하기도 하고, 나쁜
것을 태운다는 재액소멸(災厄消滅)의 의미도 있다.

불교에서도 불은 경전 속에서 빈번하게 비유적으로 사용된다. 불교
에서는 주로 '번뇌를 태우는 것'으로 불을 언급한다. 『화엄경』 52권에
서도 이러한 비유를 볼 수 있다. 그 내용은 다음과 같다.

> "마치 마른 풀을 수미산과 같이 높이 쌓아놓더라도, 겨자씨 만한 불(芥
> 子火)을 던지면 모두 타버리듯이, 모든 부처님들께 올리는 공양의 작은 공
> 덕은 반드시 모든 번뇌를 끊고 열반에 이르게 한다."
>
> _『대방광불화엄경』 「여래출현품」 중에서

수미산은 불교에서 전하는 전설적인 산으로, 세상의 중심이 되는
거대한 산이다. 마른 풀이 수미산과 같이 쌓여있다 해도, 그 풀은 아
주 작은 겨자씨 만한 불씨로도 순식간에 모두 타버린다. 이러한 불
의 위력 때문에 초기경전에서는 작지만 결코 무시할 수 없는 몇 가
지를 이야기할 때 불씨를 언급했다. 아무리 작은 불씨라도 그것은
세상을 모두 태울 수 있는 '거대한 불'의 가능성을 지녔기 때문이다.
이와 마찬가지로 부처님께 올리는 사소한 공양이 지닌 공덕이 비록
작더라도, 그것은 모든 번뇌를 태워버릴 수 있는 가능성을 지니고
있다는 것이 『화엄경』에서 말하고자 하는 바이다.

우리가 예불을 올릴 때 '귀의불 양족존(歸依佛 兩足尊)'이라는 표현

을 쓰는데, 여기서 양족존이란 지혜와 공덕을 두루 갖추신 존귀한 분이란 의미이다. 부처가 된다는 것은 지혜만으로는 2퍼센트 부족하다. 거기에 반드시 공덕을 쌓아야 함을 말하는 것이다. 공덕을 쌓는 행을 공덕행(功德行)이라고 한다. 공덕행이란 요즘 말로 표현하면 '베풂의 실천'이라고 할 수 있겠다.

연말연시가 되면 어김없이 여기저기에서 불우이웃돕기를 위해 모금활동을 편다. 여러 사람이 힘을 모아 경제적으로 힘든 사람들을 돕는다는 것은 바람직한 일임에 틀림없다. 하지만 이것이 연례행사가 되는 것은 그다지 바람직스럽지만은 않다. 부처님은 일상생활 속에서 보시를 실천하라고 가르치셨다. 그것은 수행의 한 방법이기도 하다. 공양이 수행인 이유는 그로 인해 열반을 성취할 수 있기 때문이다.

『화엄경』에서 말하는 '모든 부처님(諸佛)께 올리는 공양'은 '모든 생명체에게 올리는 공양, 베풂'과 같은 의미이다. 법당에 모셔져있는 부처님께 공양 올리듯, 어려운 이웃에게 작지만 정성을 다한 공양은 반드시 나에게 열반의 과(果)를 가져다준다는 것이 『화엄경』이 말하고자 하는 바일 것이다.

상처를
치료하지 않으면

아무리 조심한다고 해도 살다보면 어떠한 형태로든 상처를 입는다. 대수롭지 않은 상처라서 무심코 지나치는 경우도 있고, 제법 큰 상처라 치료를 요하는 경우도 있다. 대개 상처가 나면 소독을 하고 상처에 약을 바르고, 그것이 덧나지 않도록 잘 관리한다. 사실 아무리 작은 상처라도 잘 관리하지 않으면 크게 고생하는 경우가 적지 않다. 상처가 나면 상처를 관리하듯이 우리가 신경 써 관리할 것이 또 있다. 그것은 바로 우리의 감각기관이다. 부처님께서는 감각기관을 상처를 돌보듯 세심하게 관리해야 한다고 가르치셨다.

"넷째, 상처를 치료하지 못한다 함은 무엇을 말하는가? 이는 눈으로 형상을 보았을 때 전체적인 인상과 세세한 것들에 집착하여 탐욕과 근심, 나쁘고 해로운 법들이 눈의 감각기관을 통해 들어오더라도 그것을 제어하지 못하고 눈의 감각기관을 지켜내지 못하는 것을 말하느니라. 마찬가지로 귀로 소리를 듣고 코로 냄새를 맡고 혀로 맛을 보고 몸으로 감촉을 느끼고 의식으로 사실을 인식할 때에도 전체적인 인상과 세세한 것들에 집착하여 탐욕과 근심, 나쁘고 해로운 법들이 각각의 감각기관을 통해 들어오더라도 그것을 제어하지 못하고 각각의 감각기관을 지켜내지 못하는 것을 말하느니라."

_『맛지마 니까야*Majjhima Nikāya*』
「소 치는 사람에 대한 큰 경Mahāgopālakasutta」 중에서

우리는 여섯 가지 감각기관을 가지고 있다. 눈, 귀, 코, 혀, 몸, 마음을 말하며 그것을 육근(六根)이라고 한다. 우리는 잠시도 쉬지 않고, 이 여섯 가지 감각기관을 통해 대상에 대한 다양한 정보를 받아들이고 해석한다. 그리고 그 대상에 대해서 '좋다' '싫다' 등의 인상을 갖게 된다. '좋다'라는 인상을 갖게 되면, 그것을 취하고자 하는 욕망, 탐욕이 일어나고, 그것이 충족되지 못하면 근심하고 슬퍼하게 된다. 반대로 '싫다'라는 인상이 일어나면, 그것을 배척하고 버리려고 하는 욕망이 일어난다. 그리고 그것이 마음대로 되지 않으면 역시 근심하고 괴로워한다.

여기서 '좋다' 혹은 '싫다' 같은 판단은 나의 주관적인 판단이지, 대상이 본래 좋은 것이거나 싫은 것이 아니다. 따라서 '좋다' '싫다'라는 판단에서 생겨나는 근심과 걱정과 괴로움은 대상을 바꾼다고 해결되는 문제가 아니다. 바로 내 판단을 바꾸어야 하는 것이다. 그

러나 우리는 내 판단에 대해서는 조금도 의심하지 않고, 문제라고 생각하는 대상을 바꾸려고 노력한다.

예를 들어, 갖고 싶은 '상품'이 있다고 하자. 그런데 가격이 너무 비싸 현재는 살 수가 없다. 그럼에도 그것을 꼭 갖고 싶어 한다면 어떠한가. 그 상품의 값을 임의로 내릴 수는 없으며, 그냥 가져갈 수도 없다. 눈앞에 그것이 아른거려 욕망이 커지면 어떤 사람은 그것을 위해 다른 모든 것을 포기하고자 마음먹기도 한다. 혹은 훔쳐갈 생각도 할 것이며, 돈을 빌려서라도 사고자 하는 사람도 있을 것이다.

여기서 우리가 '감각기관을 지켜낸다'라는 것은 현재 나의 재정 상태와 그것이 꼭 나에게 필요한 것인지 냉철하게 판단하여 물건에 현혹되어 그릇된 판단을 하지 않도록 제어하는 것을 말한다. 이렇게 하면 내가 좋아하거나 싫어하는 대상으로부터 나 자신을 보호할 수 있게 된다. 즉 내가 보고, 듣고, 접촉하는 것 때문에 상처를 받지 않게 되는 것이다.

무분별하게 대상의 특징에 현혹되는 것이 아니라, 내 욕망의 내용을 자세히 살펴보면 우리는 대상에 따라 흔들리지 않는 마음의 평온을 얻을 수 있을 것이다.

밤이면 연기를
내뿜는 것

요즘은 공장이 현대화 되거나 사람들이 사는 도시에서 조금 벗어난 곳에 위치한 까닭에, 공장굴뚝에서 연기가 나는 모습을 보기가 쉽지 않다. 물론 산업단지가 밀집해 있는 지역은 예외이지만.

산업화가 한창 진행되던 시절, 공장에서 쉼 없이 연기가 솟아오르는 것은 경제성장의 징후처럼 여겨지기도 했다. 공장이 있는데 연기가 나지 않는 것 또한 정상적인 모습은 아닐 것이다. 뭔가가 끊임없이 생산되고 있다는 증거, 그리고 그 속에서 삶이 이루어지고 있다는 증거가 바로 공장 굴뚝에서 솟아나는 연기다.

경전에도 연기를 내뿜는 것에 대한 비유가 나온다. 그것도 밤에 내뿜는 연기에 대한 것이다. 관련된 내용만을 간추려 보면 다음과 같다.

[a] 비구여, 비구여. 지금부터 나의 이야기를 들어보십시오. 여기 있는 개미언덕은 밤이면 연기를 내뿜고 낮에는 불타오릅니다. 그 모습을 보고 바라문이 말했습니다. '현자여, 칼을 들고 파내십시오. … 중략 … [b] 비구여, 낮에 한 일에 대해 밤에 사유하고 깊이 숙고하는 것을 밤이면 연기를 내뿜는 것이라 한다. 밤에 사유하고 깊이 숙고한 뒤에 낮동안 몸으로 말로 마음으로 일에 종사하는 것을 낮에 불타오르는 것이라 한다.

_『맛지마 니까야Majjhima Nikāya』「개미 언덕의 경Vammikasutta」 중에서

[a]는 천신이 존자 꾸마라 까사빠에게 다가와 그 의미가 무엇인지를 질문한 내용이다. 그 내용에 대해서 존자가 부처님을 찾아뵙고 가르침을 받게 되는데, 그것이 [b]이다. 우선 개미언덕이란 표현이 나오는데, 이것은 지수화풍으로 이루어진 우리 인간의 사대육신을 말한다. 그리고 우리가 살펴보는 '밤이면 연기를 내뿜는 것'에 대한 내용이 나오는데, 그것은 '낮에 한 일에 대해 밤에 사유하고 깊이 숙고하는 것'이라는 부처님의 가르침이 나온다.

이 내용은 붓다고사 스님의 『청정도론(Visuddhimagga)』에서도 나오는데, 거기에서는 '사색적인 기질'을 지닌 사람의 특징으로 묘사되고 있다.

우리에게는 낮 동안 활발하게 활동하고, 저녁시간이면 그것을 되돌아보며 반추(反芻)하는 시간이 필요하다. 많은 사람들을 만나고, 사건들을 접하면서 무심코 내뱉은 말 한마디, 행동 하나하나에 대해서 가능한 되짚어 생각해 볼 시간이 필요한 것이다.

시간을 되짚어 보는 것에는 두 가지 의미가 있다. 하나는 스스로 반성하여 잘못을 시정하고자 하는 것이고, 둘째는 자신의 말과 행동을 재구성해 봄으로써 자신의 습관을 파악하는 것이다. 자신의 잘못에 대해 반성하는 것은 어찌 보면 쉬운 일이다. 하지만 자신의 습관과 버릇을 파악하는 것은 사실 생각처럼 간단하지가 않다. 어떤 상황에서 자신이 어떻게 반응하여 행동하는지 면밀히 살펴보지 않으면 자신의 감추어진 습관과 버릇은 좀체 드러나지 않는다.

나에게 익숙해진 반응패턴을 분석해보는 것, 그것은 아마도 조용한 밤이 적절할 것이다. 그런데 요즘은 밤에 조용히 자신만의 시간을 갖기가 어렵다. 저녁 술자리 약속은 물론 TV를 보다가 잠들어 버리는 경우도 많다. 또 SNS를 통해 잠드는 순간까지도 친구들과 손가락 대화를 나누거나 자신의 일상을 포스팅하는데, 이것도 결국은 자신을 되돌아보는 시간과는 거리가 먼 행동이다.

매일 밤 자신과 만나는 시간을 갖기 어려우면, 일주일 중 요일을 정해놓고 그 시간만큼은 자신과 마주하는 시간을 갖자. 자신에게 얼마나 무관심했는지를 새삼 깨닫게 될 것이다. 다른 사람에게 관심을 갖는 것만큼 자신에게 관심을 갖게 되면 몰랐던 자신을 알게 될 것이다.

덫에 걸린
사슴

한 때 숲을 마구잡이로 개발하던 시기가 있었다. 오늘날에는 묻지 마 개발이 많이 사라지긴 했지만 요즘도 간혹 오래된 숲이 하루 아침에 사라지는 경우를 종종 본다. 숲에 자동차 길을 내거나 케이블카 같은 것을 설치하게 되면 자연히 그 숲에 살던 야생동물들의 활동반경은 줄어들게 된다. 그러면서 인간과 야생동물 사이에 원치 않는 접촉도 늘어났다.

또한 숲이 인간의 생활영역과 가까워지면 질수록 발생하는 문제도 적지 않다. 동물들이 먹거리를 찾아 인간의 생활영역으로 자꾸 내려오기 때문에 피해를 입는 지역도 많다. 사슴이나 곰과 같은 야생동물이 먹을 것을 찾아 사람이 사는 곳 가까이 내려와 덫에 걸릴 확률도 높아진다.

이러한 내용을 비유로 표현한 경전이 『상윳따 니까야』에 전한다.

그 내용은 다음과 같다.

> 감각적 욕망과 재물에 홀리고 탐착하고 감각적 욕망에 미혹한 자들
> 은 너무 멀리 가버렸음을 깨닫지 못하나니 마치 덫에 걸린 사슴과 같도
> 다. 그들에게는 언젠가 쓰디쓴 결과 있으리니 그들이 불러올 과보는 무
> 척 해롭고 괴로운 것이리라.
>
> _『상윳따 니까야Saṁyutta Nikāya』「재판의 경Atthakaraṇasutta」 중에서

우리는 감각적 욕망을 즐기는 법을 배우지 않아도 자라면서 저절
로 습득하게 된다. 굳이 알려주지 않아도 된다는 말이다. 마찬가지
로 재물에 욕심을 부리는 것도 그러하다. 그런데 감각적 욕망을 즐
기는 것이 과도하게 되면, 그리고 재물에 마음을 빼앗긴 채 정신없
이 살다보면 돌이킬 수 없는 결과를 마주하게 된다. 경전에서는 그
것을 '미혹한 자들은 너무 멀리 가버렸음을 깨닫지 못하나니'로 표
현하고 있다.

육체를 지니고 있는 한, 감각적 욕망에서 완전하게 자유로울 수
는 없다. 그것은 성인이라고 해도 마찬가지이다. 배고프고, 졸리고,
춥고, 덥고, 아픈 것 등에서 누구도 자유롭지 못하다. 그런데 성인과
우리 일반인과는 차이가 나는 점이 있다. 그것은 성인은 배고프면
배고픔을 면하는 정도로 먹고, 졸리면 적당한 수면을 취하고, 추우
면 추위를 면할 정도면 족한 줄 안다는 것이다. 배고프다고 화를 내
거나 정신없이 허겁지겁 먹지 않으며, 졸립다고 짜증을 내거나 푹신

한 이부자리를 탐하지 않는다는 것이다. 말하자면 감각을 효과적으로 통제하여 욕망에 마음을 빼앗기지 않는다는 것이다.

욕망에 탐착하는 자신을 알아차리지 못하면 나중에는 너무 멀리 와 버린 자신을 발견하게 된다. 그때는 사슴이 먼 길을 수고로이 와서 덫에 걸린 것처럼 고통을 받게 된다는 것이 경전이 말하는 요지이다.

이 말은 감각적 욕망을 적절하게 통제하지 못하면 수십 년간 나름 노력하여 살아온 결과가 고통을 받기 위한 노력일 수 있다는 것이다. 우리가 애써 노력하는 것은 행복한 삶을 살기 위함이다. 그런데 욕망을 제대로 통제하지 못하면 행복한 삶을 위한 노력이 모두 헛된 일이 될 수 있음을 어렵지 않게 보게 된다.

욕망의 덫에 걸려 고통 받는 애처로운 사슴의 처지가 되지 않으려면, 지금 내가 무엇을 하고 있는지 잘 살펴 되돌아가지 못할 만큼 멀리 가지 않도록 해야 한다. 위험을 잘 살피는 자는 예기치 않은 위험도 피해갈 수 있지만, 위험에 둔감한 사람은 눈앞에 뻔히 보이는 위험도 피해가지 못한다.

인 생 이 묻 고 붓 다 가 답 하 다

5장

불교로
철학을
말하다

물방울이 연잎에서 떨어지듯이

　불교의 목적은 분명하다. 그것은 고통스러운 현실을 극복하여 안락함을 얻는 것이다. 그 안락함을 열반이라고도 하고, 해탈이라고도 한다. 그렇다고 해서 해탈이 흔히 말하는 일시적인 행복감이나 편안함을 말하는 것은 아니다. 궁극적으로 다시 고통에 빠져 괴로움을 당하지 않는 것을 말한다. 그래서 부처님의 가르침은 고통에 대한 명확한 '자각'을 전제로 한다.

　이 세상이 고통스럽지 않은데 누가 수행을 하겠는가. 수행을 하거나 어떤 종교에 귀의하는 것은 이 세상이 고통스럽고 안전하지 않아 불안하기 때문이다. 그런 의미에서 본다면, 불교만큼 현실에 대해 냉혹한 관찰을 요구하는 종교도 드물 것이다.

　"이 세상이 고통으로 가득 차있다"라는 것은 불교의 출발점이다. 이것은 철저한 현실에 대한 직시이며, 우리가 사는 세계의 참된 모습인 것이다.

이러한 고통에 대한 바른 인식이 성립하면, 그 원인을 탐색하여 밝히는 작업이 이루어지게 된다. 부처님은 고통을 종교적 믿음의 차원으로 약속하지 않는다. 대신 '나는 고통의 소멸에 이르는 방법을 제시한다. 그 방법을 따라 스스로 수행하면 고통에서 벗어날 것이다'라고 말씀하신다. 불교는 어디까지나 스스로 문제를 해결하는 자력(自力)의 종교이다. 이렇듯 고통에 대한 바른 인식과 원인 탐색의 과정, 그리고 원인에 대한 제거와 그 결과를 말하는 것이 '사성제'라고 하는 가르침이다.

그럼 고통의 원인은 무엇일까. 이를 한마디로 표현하면 '번뇌'가 될 것이다. 흔히 108번뇌라는 말을 들어보았을 것이다. 그리고 그 많은 번뇌 가운데 가장 근본이 되는 번뇌가 있다. 그것을 '갈애(渴愛, taṇhā)'라고 한다. 물론 '무명(無明, avidyā)'을 제시하는 경우도 있다. 『담마빠다』의 「갈애품」에서는 윤회와 근심과 고통의 뿌리를 '갈애'라고 밝히고 있다. 이번 글에서는 '갈애'를 중심으로 살펴보고자 한다. 우선 시의 전문은 이렇다.

"세상에서 이기기 어려운 갈애, 그 저열한 것을 이기는 자가 있다면, 그것으로부터 온갖 근심들이 떨어진다. 마치 물방울이 연잎에서 떨어지듯이."

_『담마빠다Dhammapada』 「갈애의 품Taṇhāvagga」 중에서

갈애라고 하는 번뇌는 참으로 이기기 어려운 번뇌임을 밝히고 있다. 그리고 그 갈애를 이기게 되면 온갖 근심들이 사라지게 되는데, 그것을 연잎에 맺힌 물방울이 떨어지는 것에 비유하고 있다. 연잎은 어떤 경우에도 물에 젖는 법이 없으며, 물방울이 붙어있지 못한다. 이 시에서 물방울은 '온갖 근심'에 대한 비유이다.

내 안에 갈애가 정복되면, 온갖 근심 걱정과 고통이 마치 연잎의 물방울처럼 나에게 붙어있지 못하고 떨어져 나간다. 우리는 갈애로 인해 취착(取着)을 여의지 못한다. 취착이란 '꼭 붙들어 놓지 않음'을 말한다. 갈애는 우리로 하여금 온갖 근심과 걱정, 고통을 꼭 붙들고 놓지 못하게 한다. 속박된 삶을 살게 하는 것이다. 다른 누군가가 나를 속박하는 것이 아닌 내가 나 자신을 속박하는 것이다. 그래서 선가에서는 방하착(放下着)이란 표현으로, 취착하고 있는 것들을 내려놓으라고 말한다.

우리는 취하여 갖는 것에 익숙하다. 그것이 나를 풍요롭고 행복하게 해준다고 믿는다. 그래서 끊임없이 붙들고 산다. 하지만 부처님은 내려놓으라고 한다. 하지만 아무나 내려놓지 못한다. 내려놓는 것에는 용기가 필요하며, 바른 견해가 필요하다. 그래서 불제자라면 나에게 바른 견해와 용기가 갖추어질 수 있도록 힘써야 할 것이다.

벌들이
움직이듯이

벌(bhamara)은 부지런함의 상징으로 알려져있다. 부지런히 꽃에서 꽃으로 날아다니며 꿀을 모으는 것을 보면 '열심히 산다'라는 생각이 절로 든다. 경전 속에도 부처님께서 벌을 통해 재가자들에게 가르침을 주신 내용이 나온다. 그것은 열심히 일하여 재산을 불리라는 것이다.

이렇게 말하면, '무소유를 말하는 불교에서 어찌 재산을 모으라고 가르칠까?' 의아해 하는 사람들이 있을 것이다. 무소유란 사실 집착을 하지 말라는 의미이지, 아무것도 소유하지 말라는 말이 아니다. 아무것도 갖지 않으면 생존 자체가 위협을 받게 된다. 그것은 또 하나의 극단이다. 수행자에게 무소유를 유난히 강조하는 것 역시, 집착을 하지 말라는 것이다. 그래서 무소유보다는 소욕지족(少欲知足)하라는 가르침이 경전에는 더 많이 나온다. 만족할 줄 아는 자에게 재물은 장애가 되지 않는다. 다만 만족할 줄 모르고, 재물에 굶주려 있는 사람에게만 장애가 될 뿐이다.

부처님께서는 재가자들에게 비난받을 만한 직업이나 바르지 못한 방법으로 취하는 것을 제외하고, 바른 방법으로 부지런히 일하여 부를 축적할 것을 가르치신다. 그 내용을 『디가 니까야』에서 다음과 같이 전하고 있다.

"벌들이 움직이듯이 부지런히 재물을 모으면, 개미집이 쌓아올려지듯 재물이 모여 쌓아집니다. 이처럼 재물을 모아서 재가자는 가문에 유익하게 사용합니다. … 재물은 네 등분으로 나누는 것이 좋습니다. 하나는 재화를 즐기고, 둘은 일에 사용하고, 넷은 저축을 하여, 여러 재난에 준비해야 합니다."

_『디가 니까야Dīgha Nikāya』
「싱갈라까에 대한 훈계의 경Siṅgalakovādasutta」중에서

부처님께서는 재산을 네 등분해서 사용할 것을 권한다. 하나는 모은 재산으로 삶을 영위하는 것이다. 이것을 '재화를 즐긴다'라고 표현하고 있다. 여기에는 다양한 의미가 있는데, 가족은 물론 보시와 남을 도와주는 자선과 같은 행위도 포함된다. 그리고 위에서 '둘은' 이란 둘째와 셋째를 말하는 것으로, 주석서에 따르면 '농사와 상업' 에 사용하는 것으로 설명되고 있다. 마지막 네 번째는 '저축'을 하여 여러 재난에 미리 대비해야함을 주문하고 있다.

요즘의 관점에서 볼 때에도 우리들이 반드시 마음에 새겨야 할 가르침이다. 삶을 영위하는데는 다양한 방식으로 재화가 소요된다. 그렇기에 재화의 의미와 그 기능에 대한 바른 이해가 필요한 것이다. 재산을 모으기만 할 뿐, 쓸 줄 모르는 사람이 있다. 그 사람은 벌처럼 열심히 일하여 많은 재산을 모을지는 모르지만, 가족과 함께 그 부를 사용할 줄 모르고, 주변 사람과 나눌 줄 모른다. 그저 재산을 모으는 것만이 목적이 되어버려, 돈 버는 기계, 혹은 노예가 된 삶을 살게 된다. 그래서 부처님은 그 하나로 재화를 그 목적에 맞게 사용할 것을 말씀하고 계신 것이다.

재화는 수단이다. 그것 자체가 목적이 되어서는 안 될 것이다. 그리고 2/4는 적절하게 재산을 재투자하여, 일을 하라는 것이다. 옛날이야 농업과 상업이 가장 대표적이니 주석서에서 이 두 가지를 언급했지만, 오늘날에는 다양한 방식이 가능할 것이다. 어느 하나에 집중 투자하는 것이 아니라, 적절하게 분산하여 일을 도모하는 것이 좋다.

그리고 마지막 1/4은 반드시 언제 닥칠지 모르는 위험에 대비하여 저축을 하라는 것이다. 말하자면, 저축, 보험, 연금 등의 방법을 통해 미래를 대비할 필요가 있다. 이렇게 재산을 활용하게 되면, 우리는 그 재산을 통해 보다 윤택하고, 행복한 삶을 살 수 있을 것이다. 벌과 같이 열심히 일하되, 그것을 적절하게 사용할 줄 아는 지혜로운 사람이 될 것을 부처님께서는 말씀하고 계신다.

행복을 가져다주는
보배

　누구에게나 세상에서 가장 소중한 것이 있다. 그것이 사랑하는 사람일 수도 있고, 자신의 인생을 바꾸어준 가르침일 수도 있고, 평생 간직하고 싶은 자신만의 추억이나 애장품일 수도, 또 정말 세상에 흔치 않은 보물일 수도 있다. 어느 것이든 가치를 매길 수 없이 소중하게 간직하고 싶어 한다는 점에서는 모두 같다고 하겠다. 어떤 것이든 소중하게 간직하고픈 무언가가 있다는 것은 삶의 의미이자, 활력소가 된다.

　불교에서도 세상의 그 무엇과도 비교할 수 없는 보배가 있다. 그것은 대대로 전해 내려오는 부처님의 가사도 아니요, 발우도 아니다. 부처님께서 사용하신 가사나 발우가 어찌 보배가 아닐 수 있겠는가. 하지만 부처님께서 제자들에게, 그리고 오늘날 우리들에게 지정해 주신 보배가 있다. 그것은 부처님과 부처님의 가르침, 그리고 그것을 실천하는 화합된 승가이다. 이것을 삼보(三寶), 즉 세 가지 보배라고 한다. 이 세 가지가 진정한 보배이다. 경전에서는 이것을 다음과 같이 표현하고 있다.

"이생과 내생의 그 어떤 재물도 우리들의 여래에 견줄만한 것은 없습니다. 설령 그것이 천상의 뛰어난 보배라 할지라도 우리들의 여래에 견줄만한 것은 없습니다. 여래에게는 이처럼 훌륭한 보배가 있으니 이러한 진실에 의해 모두 행복하여지이다.

싸끼야족의 성자가 삼매에 들어 성취한 열반의 가르침에 견줄만한 것은 아무것도 없습니다. 여래의 가르침에는 이처럼 훌륭한 보배가 있으니 이러한 진실에 의해 모두 행복하여지이다.

참된 수행자로 칭송받는 네 쌍을 이루는 여덟 사람들이 있으니 그들은 여래의 제자로서 공양받을 자격이 있으며 그들에게 보시하면 크나큰 과보를 받습니다. 여래의 승가에는 이처럼 훌륭한 보배가 있으니 이러한 진실에 의해 모두 행복하여지이다."

_『숫따니빠따Suttanipāta』「보배의 경Ratanasutta」중에서

이 경전은 웨살리라는 지방에 극심한 가뭄이 들어 농작물이 말라죽고, 사람들이 죽어나가 거리에 시체와 오물이 가득하고, 온갖 질병과 잡귀가 창궐하자 난국을 해결하고자 마가다국에 계신 부처님을 모셔왔을 때, 부처님께서 설하신 것이다.

부처님이 웨살리에 도착하자마자 천둥과 번개를 동반한 많은 비

가 내려 대지의 더러움을 씻어내고, 가뭄을 일시에 해결하게 되었다. 그리고 부처님께서는 아난다존자에게 웨살리의 왕자와 함께 도시 곳곳을 돌아다니며, 부처님의 발우에 물을 담아 뿌리면서 이 경전을 읊을 것을 당부하셨다. 아난다존자는 왕자와 함께 부처님의 가르침대로 행하자, 사람들을 두려움에 떨게 한 잡귀가 도시에서 자취를 감추게 되었다.

이러한 이유로 이 경전은 남방 상좌부 전통의 불교계에서는 재가자들이 늘 염송하는 중요한 경전으로 인식되고 있다. 말하자면 우리들이 매일 예불문을 하듯이 일상적으로 염송하는 경전인 셈이다. 그리고 이 경전은 '모두 행복하여지이다'와 같이 후렴구를 지니고 있는데 이를 통해 축원의 의미를 함께 담고 있음도 볼 수 있다.

여하튼 부처님이 이 세상에 출현하시는 것은 참으로 희유한 일이다. 부처님의 출현으로 이 세상은 진정한 구원자를 만나게 되었다. 그리고 부처님의 가르침을 통해 그 구원자의 길을 스스로 걸을 수 있음을 알게 되고, 깨닫게 된 것이다. 또한 그 길을 걸은 청정한 제자들이 생겨났으니, 이 세 가지는 그 무엇보다 훌륭한 보배임이 틀림없다. 이것은 잃어버릴 수도 없고, 누군가 훔쳐갈 수도 없는 진정한 보배인 것이다.

진실을 알지 못하는 사람이
장님

우리는 눈이 보이지 않는 사람을 '장님'이라고 표현한다. 선천적으로 앞을 보지 못하는 사람이 있는가 하면, 사고나 병처럼 후천적인 요인으로 앞을 보지 못하게 되는 경우도 있다. 하지만 이것은 육신(肉身)의 눈이란 기관이 작동하지 않는 것일 뿐, 그 외의 다른 해석을 붙일 이유는 없다.

우리 주위에는 육신의 눈은 멀쩡하지만 마음의 눈이 닫힌 사람들이 있다. 사실 우리가 문제를 삼아야 하는 것은 '마음의 눈이 닫힌' 사람이다. 마음의 눈이 보이지 않는 사람은 다른 사람과 교류하지 못하고, 다른 사람의 기분이나 생각을 알려하지 않는다. 그래서 '공감'할 줄 모른다. 이것은 심각한 문제이다.

인간을 사회적 동물(Social animal)이라고 한다. 이는 끊임없이 타자와의 관계 속에서 존재할 수밖에 없는 인간의 속성을 표현한 것이다. 타자와의 관계를 바르게 설정하고, 발전시켜 나가기 위해서는 반드시 '공감'이란 능력을 키워야 하는데 그것은 육신의 눈이 아닌, 마음의 눈으로만 가능한 일이다. 그런데 우리는 마음의 눈으로는 볼 줄 모르면서 육신의 눈이 보이지 않는 것만을 문제삼으며 편견을 갖는다. 이것이야말로 뒤바뀐 생각이다. 불교에서는 이것을 전도(顚倒)된 생각이라고 한다. 경전에서는 진실을 알지 못하는 사람을 '장님'에 비유한다. 그 내용을 보면 다음과 같다.

> "마치 눈이 보이지 않는 장님이 서로의 손을 잡고 길게 줄을 서있는 것과 조금도 다르지 않습니다. 맨 앞에 선 사람도, 가운데 선 사람도 맨 뒤에 선 사람도 아무 것도 보지 못하는 것과 같다고 나는 생각합니다."
>
> _『맛지마 니까야*Majjhima Nikāya*』「수바의 경*Subhasutta*」중에서

위의 인용문은 부처님께서 바라문 청년 수바에게 하신 말씀이다. 이 가르침은 말은 그럴 듯 하고 화려하게 하는데, 그 내용과 의미를 알지 못하는 사람을 두고 하신 말씀이다. 제대로 알지 못하는 사람이 아는 척하고 선동하게 되면, 그것은 장님이 앞을 보지 못하는 다른 사람을 이끄는 꼴이며, 아는 척하는 사람을 따르는 것은 앞을 보지 못하는 사람을 따르는 것과 같다는 것이다.

같은 경전에서는 말하는 방식에 대한 가르침도 나온다. 즉 바른 말이란 세상의 관례에 맞게 말해야 하며, 사유를 하고 말해야 하고, 깊이 성찰을 하고 말해야 하며, 합당한 근거를 갖고 말해야 한다는

것이다. 이렇게 말할 때, 우리는 그의 말을 신뢰하고 받아들일 수 있다. 그렇지 않은 말은 자신이 하는 말이 무엇인지도 모르고 하는 말과 같다. 이러한 사람 또한 장님이라고 말한다.

우리가 바른 눈을 갖춘 사람이 되기 위해서는 깊이 성찰하고, 합당한 근거를 갖고, 사회에서 합의한 방식을 바르게 알아야 한다. 우리는 이것을 상식이라고도 하고, 법규라고도 하며 사회규칙이라고도 한다. 또는 관습일 수도 있다. 이러한 내용을 바르게 알고 있어야 우리는 다른 사람과 바르게 소통할 수 있다. 그리고 그럴 때 비로소 알지도 못하고 떠벌이는 말에 속지 않을 수 있다. 또한 옳지 못한 길을 제시하는 사람을 가려낼 수 있고, 따라야 할 사람과 따르지 말아야 할 사람을 구분할 수 있게 된다.

바른 것이 무엇인지 알지 못하는 것, 그리고 바른 것을 구분하고 가려내지 못하는 것이 '장님'의 특징이다. 우리가 바른 것을 추구하려는 노력을 포기하고 그저 욕망에 충실하게 되면, 공감능력을 상실한 진짜 '장님'이 되는 것이다. 장님들 속에서 눈뜬 사람이 되라는 것, 그것이 바로 부처님의 가르침이다.

악마의
군대

모든 종교가 악을 넘어 선을 추구한다. 물론 종교마다 악이나 선을 규정하는 내용이 다를 수 있다. 하지만 역사의 흐름을 견디어 온 전통적인 종교들은 보편적 선이라고 하는 것을 갖고 있다. 우리는 그것을 자비, 어짊(仁), 사랑 등으로 표현한다.

그런데 종교마다 악을 규정하는 내용은 다소 다르다. 악을 실존하는 악마에게서 찾고, 그것을 절대 악으로 규정하는 종교도 있다. 그리고 그 절대 악의 대척점에는 절대 선 즉 선함 그 자체인 절대자가 놓여있다고 말한다. 서양의 대표적인 철학자 중 한 사람인 스피노자는 악마를 "악마란 신의 의지에 반해 수많은 인간을 꾀어내고 속이는 자"라고 정의한다. 그래서 서양에서는 악마를 신의 적대자란 의미에서 디아볼로스(diabolos)라고 불렀고, 이 단어에서 영어 데블(devil)이 나왔다.

불교는 악마에 대한 관념이 서양과는 다르다. 우선 악마란 단어는 빨리어 마라(Māra)의 번역어로, 마라는 '죽는다'라는 동사 '마라띠(marati)'에서 파생된 명사이다. 따라서 불교에서 악마는 죽음의 신으로 이해된다. 다른 한편, 악마를 나타내는 다른 말로 빠삐만뜨(Pāpimant)란 단어가 있다. 이것은 '사악함을 지닌 자'란 의미로, 한역으로는 파순(波旬)이라고 한다. 또 다른 이름은 나무치(Namuci)로 '파괴자' 혹은 '죽음'을 의미한다.

불교의 악마는 실제 욕계(欲界)의 지배자로 이해되기도 하지만, 다른 한편으로는 번뇌의 상징적 표현이기도 하다. 경전을 보면, 오히려 후자의 성격이 더 강하며, 본래적인 의미라고 이해된다. 이와 관련된 경전의 대표적인 기술을 보면 다음과 같다.

> 세존께서는 악마 나무치에게 계속해서 말씀하셨다. "그대의 군대 가운데 첫째는 욕망, 둘째는 혐오, 셋째는 배고픔과 목마름, 넷째는 갈애라 불린다. 다섯째는 혼침과 무기력, 여섯째는 공포, 일곱째는 의심, 여덟째는 위선과 고집이라 불린다. 잘못 얻어진 이득과 환대와 타인의 예경과 명성 그리고 자신을 칭찬하고 타인을 경멸하는 것도 그대의 군대가 아니던가."
>
> _『숫따니빠따Suttanipāta』「정진의 경Padhānasutta」 중에서

위 인용문은 「정진의 경」의 일부이다. 부처님께서 악마 나무치에게 말씀하신 내용으로 악마 나무치가 위력을 지니는 것은 다름 아

닌 욕망과 혐오 같은 번뇌를 군대로 거닐고 있기 때문이라고 말한다. 인간은 때로 강력한 욕망에 사로잡히기도 하고, 때로는 무기력과 우울함, 공포에 짓눌리기도 한다. 내 안에서 일어나는 다양한 정서적 내용들, 그것들의 정체가 바로 악마의 군대로 표현된 것이다. 따라서 내 안의 불건전한 정서, 번뇌들을 정확하게 파악하고 그것들을 통제하거나 제거하게 되면 악마를 물리칠 수 있게 된다.

말하자면 부처님께서는 악마를 멀리 다른 세계의 존재로 보지 말고, 내 안에서 일어나는 욕망의 내용에서 찾으라고 하시는 것이다. 악마가 욕망을 불러일으키는 것이 아니라, 오히려 내가 욕망과 갈애, 혼침과 공포, 위선과 경멸 등으로 악마를 불러일으키고 있음을 직시하라고 가르치신다.

배고프면 밥을 먹으면 된다. 그러나 우리는 배고프면 짜증과 분노, 무기력 등 격한 감정에 사로잡힌다. 허기를 면할 정도의 양으로 만족하지 못하고 맛난 것을 찾아다니며 투정한다. 전자의 경우는 악마와 관련 없지만, 후자의 경우는 악마를 불러들인 것이다. 따라서 악마를 만드는 자도 나요, 악마를 없앨 수 있는 자도 바로 나 자신이다. 어떤 선택을 할 것인지는 오직 나에게 달려있다.

거울을 보듯
자신을 성찰하라

 거울은 대상을 있는 그대로 비춘다. 하지만 거울에 금이 가거나, 얼룩이 지거나, 다른 무엇인가를 붙여 놓으면 거울 속 대상이 왜곡되어 그대로의 모습을 비추지 못한다. 예부터 현인들이 우리 인간의 심성을 거울에 비유한 것은 이 때문이다.

 색안경을 쓰고 세상을 바라보면 안경 색깔에 따라 세상이 다르게 보인다. 하지만 세상은 색안경 때문에 달라지지 않는다. 다만 세상을 바라보는 그 사람의 인식이 왜곡되었을 뿐이다. 이 이치를 알지 못한 사람은 자신이 바라보고 있는 세상이 옳은 것이고, 전부라고 생각하게 된다. 그리고 다른 사람이 보는 세상은 잘못된 것이라는 견해에 사로잡히게 된다.

 잘못된 견해가 자리 잡게 되면 그 사람은 자신의 잘못된 견해를 바로잡으려는 노력조차 하지 않게 되고, 오히려 다른 사람들을 질책하며 자신과 같이 색안경을 쓸 것을 요구하는 어처구니없는 상황으로까지 전개되는 경우가 있다.

그래서 잘못된 견해는 대상을 왜곡할 뿐만 아니라, 바른 노력을 방해하여 자신의 향상과 다른 사람의 진보에 커다란 장애가 되기에 쉽다. 그렇기 때문에 우리는 늘 내가 어떤 색안경을 쓰고 상대를 대하는지, 세상을 바라보는지 진지하게 고민하고 성찰해야 한다.

경전에는 마하목갈라나 존자가 거울의 비유를 통해 다른 비구스님들께 가르침을 설한 내용이 전해진다. 그 내용을 보면 다음과 같다.

"예를 들면 마치 장식을 좋아하는 어리고 젊은 여인이나 남자가 깨끗하고 밝은 거울이나 대야에 담긴 맑은 물에 비친 자신의 얼굴을 들여다보면서 얼굴에 더러운 것이나 때가 묻은 것이 있으면 그것을 지우기 위해 몇 번이나 얼굴을 닦아내고, 반대로 더러운 것이나 때가 묻지 않았음을 확인하면 '참으로 다행한 일이다. 내 얼굴은 깨끗하다' 하며 만족해하는 것과 같습니다. 이와 같이 벗들이여, 수행자는 자기 자신을 성찰하면서 악하고 해로운 법들을 제거하고 선하고 유익한 법들을 유지하기 위해 노력하고 정진해야 합니다."

_『맛지마 니까야*Majjhima Nikāya*』「추론의 경Anumānasutta」 중에서

우리는 하루에 한 번 정도는 거울을 본다. 다른 사람에게 보여질 자신의 모습을 점검하기 위해서이다. 여기서 다른 사람이란 불특정 다수를 포함한다. 그들에게 비치는 모습을 거울을 통해 미리 점검

하여 자신이 보여주고 싶은 모습을 하기 위해서이다. 거울처럼 나를 비춰볼 수 있는 것이 없으면 나는 결코 나를 보지 못할 것이다. 그러면 내가 타인에게 어떤 모습으로 비추어지는지 알 수 없게 된다. 그러나 다행히도 우리는 거울을 통해 내 모습을 샅샅이 체크해 볼 수 있다.

우리에게는 겉으로 드러난 모습 말고도, 다른 사람에게 비추어지는 모습이 또 하나 있다. 그것은 바로 마음씀씀이다. 우리는 늘 어떤 형태로든 마음을 쓰며 산다. 그런데 그 마음이 어떻게 드러나는지에 대해서는 거울을 통해 겉모습을 체크하듯이 면밀하게 점검하지 않는다. 내 마음이 욕망에 찌들어있지는 않은지, 악한 성향에 물들어 있지는 않은지, 분노에 사로잡혀있지는 않은지 등등 세밀하게 점검할 때, 우리는 자신의 마음씀씀이를 가다듬을 수 있다. 마치 거울을 통해 모습을 단정히 꾸미듯이. 이렇듯 자신의 마음을 되돌아보고, 점검하는 것을 '성찰'이라고 한다.

적어도 하루에 한 번 거울을 보듯이, 적어도 하루에 한 번은 내 마음을 성찰해 볼 때 마음이 함부로 날뛰는 것을 통제할 수 있는 힘이 생겨날 것이다.

눈을 감추지
못한 자

　우리에게는 감각기관이 있다. 그 가운데 사물을 보는 기관을 시각기관이라고 한다. 이 시각기관이 기관으로써 역할을 하지 못하면 우리는 사물을 보지 못한다. 그러한 장애를 지닌 사람을 맹인이라고 한다. 맹인은 다만 사물을 보지 못할 뿐이다. 그래서 그만큼 불편할 뿐이다. 그것 뿐이다.

　부처님 시대에 아누룻다 존자란 분이 계셨다. 이 분은 잠을 자지 않고 수행에 정진한 끝에, 깨달음을 얻어 아라한이 되었지만 눈이 멀고 말았다. 하지만 이 분은 더불어 천안제일(天眼第一)이란 능력을 얻게 되었다. 천안은 육안으로는 보지 못하는 것을 보는 능력을 말한다. 구체적으로 모든 것을 관통하여 보는 능력과 뭇 생명이 죽은 뒤에 어디에 태어나는지를 아는 신통력을 말한다. 말하자면 아누룻다 존자는 시각기관인 육체의 눈은 멀었지만, 지혜의 눈을 얻은 것이다. 그렇다면 육체의 눈은 멀쩡하지만 지혜가 없는 눈과, 육체의 눈은 멀었지만 지혜의 눈을 갖춘 사람 가운데 누가 진짜 눈먼 사람인가. 이에 대한 가르침이 『앙굿따라 니까야』에 나온다. 그 내용은 다음과 같다.

"비구들이여, 누가 눈먼 자인가. 비구들이여, 이 세상에 어떤 사람은 얻지 못한 부를 얻게 하고 얻은 부를 증가시키는 그러한 눈도 갖추고 있지 않으며, 착하고 건전한 것과 악하고 불건전한 것을 알고, 비난 받을 만한 것과 비난받지 않을 만한 것을 알고, 저열한 것과 수승한 것을 알고, 어둡고 밝은 상대적인 것을 아는 그러한 눈도 갖추고 있지 않다. 비구들이여, 이와 같은 사람이 눈먼 사람이다."

_『앙굿따라 니까야*Aṅguttara Nikāya*』「눈먼 사람의 경Andhasutta」중에서

부처님께서는 얻지 못한 부를 얻고 얻은 부를 증가시키기 위해서는 눈을 갖추고 있어야 한다고 말씀하신다. 이때 부를 얻고, 증가시키는 것은 다른 사람을 속이고, 빼앗고, 부정한 방법을 사용하는 것을 말하는 게 아니다. 바른 안목을 갖추고 바르게 노력해 부를 얻어야 하며, 또 늘릴 수 있는 것을 말한다. 그리고 착하고 건전한 것과 악하고 불건전한 것을 구분할 줄 아는 것, 또한 비난 받을 만한 것과 비난받지 않을 만한 것을 아는 것, 저열한 것과 수승한 것을 아는 것, 어두운 것과 밝은 것을 아는 '눈'을 갖추지 못한 사람이 바로 눈먼 사람이라고 말한다. 이렇듯 상대적인 가치를 버려야 하고, 취해

야 할 것을 아는 사람은 눈을 갖춘 사람이며, 그렇지 못하면 육체의 눈은 멀쩡하더라도 눈 먼 사람이라는 것이다.

우리가 삶을 살아가는 동안 회피할 수 없는 것이 있다. 그것은 바로 선택이다. 어떤 선택을 하느냐에 따라 우리의 삶이 결정된다. 결정된 삶을 따라 살아가는 것이 아니라, 선택에 의해 삶의 모습이 결정되는 것이다. 그런 만큼 선택을 잘해야 한다. 그리고 선택한 순간 그 결과는 내가 짊어져야 한다. 이것이 바로 업이다. 업을 회피할 수 없는 이유는 바로 '내가 선택한 결과'이기 때문이다.

항상 갈림길에 놓인 것이 인생이다. 이것은 어린아이가 다르고, 어른이 다른 것이 아니다. 태어난 순간부터 늘 우리는 갈림길에서 선택을 해왔다. 그 선택이 잘못된 선택일 때도 있었고, 탁월한 선택이었던 때도 있었다. 때로는 손해인 듯하지만 선택해야 할 때도 있다. 그럴 때면 기꺼운 마음으로 선택하고 후회하지 않아야 한다. 그렇게 하기 위해서는 경문의 가르침과 같이 상대적 가치 가운데 어떤 것이 보다 가치있는 것이고, 지향해야 할 것인지를 아는 '눈을 갖추고 있어야' 한다. 그렇지 않으면 모두 앞 못 보는 맹인일 따름이다.

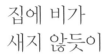

집에 비가
새지 않듯이

옛 속담에 '집에서 새는 바가지는 들에 가도 샌다'라는 말이 있다. '본바탕이 좋지 아니한 사람은 어디를 가나 그 본색을 드러내고야 만다'는 의미이다. 이와 같은 의미의 경문이 『담마빠다』에 나온다.

"지붕의 이엉이 잘 이어진 집에 비가 새지 않듯이, 잘 닦여진 마음에 는 탐욕이 스며들지 않는다."

_『담마빠다Dhammapada』「쌍의 품Yamakavagga」중에서

이 비유는 평소 잘 닦이지 않은(abhāvita) 마음에는 탐욕(rāga, 貪 欲)이 새어들고, 평소에 잘 닦여진 마음에는 탐욕이 새어들 여지가 없다는 것을 의미한다.

부처님 가르침의 요지는 '평소에 늘 준비하라'는 것이다. 늙음과

죽음이라는 인간의 한계상황은 누구도 피할 수 없다. 어느덧 늙은 뒤에 젊은 날을 후회한들 소용없으며, 죽음에 이르러 삶을 후회한들 또한 아무 소용없다. 그래서 입버릇처럼 '늘 스스로를 잘 다루어 수행하라'는 말씀을 하신다. 오죽하면 부처님의 유언이 '게으르지 말고 정진하라'였겠는가.

우리는 어떤 일이 닥치면 '어찌 되겠지?'라는 생각을 갖는다. 할 일이 많아서일 때도 있지만, 대개는 다른 일로 시간을 낭비하느라 하지 못하는 경우가 많다. 하지만 '닥쳐서' 한 일은 제대로 될 리가 없다. 그럴 땐 꼭 문제가 생긴다. 그러다 이러한 일이 반복되다보면 그것은 습관이 되어 좀체 고치려 해도 쉬이 고쳐지지 않는다.

한 번 지붕의 이엉이 잘못되면, 비가 새는 부분만 수리한다고 해서 해결되지 않는다. 안 새던 곳도 새게 되고, 여기 저기 물이 떨어지게 마련이다. 결국은 이엉을 다 내려, 새로 엮어야 한다.

경문에 나오는 '라가(rāga)'라는 말은 기본적으로 '물들다(rajati)'란 단어와 관련이 깊다. '격정, 욕정'의 의미이며, 영어로는 'passion'으로 번역된다. 탐욕은 한역경전에서 주로 사용하는 말이다. 하지만 이 말은 단순한 물질에 대한 탐욕만이 아니라, 존재하고자 하는 욕망과 이성에 대한 욕망을 모두 포괄하는 용어이다. 이 말이 '물들다'란 의미에서 파생된 것은 아마도 성적, 물질적 욕망이 자신도 모르는 사이에 마음에 물들어 버린다는 관점에서 이해했기 때문일 것이다. 그런 의미에서 라가를 지붕에 새어드는 비에 비유한 것은 매우 탁월하다.

서서히 물이 들면 자신도 모르는 사이에 자기 성격이 변하게 되고, 문득 어느 날 변해버린 자신을 보게 된다. 다시 원래의 모습으로 돌아가기는 매우 어렵다. 모든 행동과 사고방식이 이미 그렇게 프로그램화되었기 때문이다. 이것을 '경향성'이라고 한다. 그것은 개인의 성향이나 성격이 된다. 곧 어떤 상황이나 사건에 직면하게 되면, 일정한 방식으로 행동이나 사고하는 경향성을 띄게 된다는 것이다. 그래서 그 사람의 성격을 파악하게 되면, 그 사람을 어떻게 대해야 할지를 알게 된다.

하지만 아무리 개인의 성격이 일정 방향으로 프로그램화되었다고 하더라도, 그것이 변하지 않는 것은 아니다. 그런 입장에서 불교는 결정론이나 운명론을 거부한다. 불교는 개인의 고착화된 프로그램을 해체하여 재설정하는 방법을 제시한다. 그 방법이 수행이다. 수행으로 바뀌지 않을 것만 같았던 자신의 성격을 바꾸는 것이다.

결과적으로 수행을 통해 나의 마음을 갈고 닦는다면, 나도 모르는 사이에 욕망에 물드는 일은 없을 것이다. 기존에 스스로도 싫어하던 내 성향이 내가 원하는 방향으로 재정립하게 되면, 그만큼 우리는 자유로움에 한 발 더 다가서게 된다. 이러한 것이 쌓여 해탈로 나아가게 되는 것이다.

수호받는
사람

사람은 누구나 어려움에 처하면 누군가의 '도움'을 간절히 바라
게 된다. 정말로 간절할 때는 종교에 귀의하기도 하며, 자신을 지켜
주는 어떤 상징물을 가지고 다니기도 한다. 한편 권력자들은 공권
력을 통해 자신을 보호하고자 한다. 하지만 진정 자신을 지키는 것
이 무엇인지에 대해 부처님은 꼬살라국의 빠세나디 왕에게 아래와
같은 가르침을 주고 있다.

몸으로 자제하는 것도 훌륭하고, 말로 자제하는 것도 훌륭하며, 뜻으
로 자제하는 것도 훌륭하네. 어디서든 자제하고 부끄러워하는 자는 수
호받는 사람이라 말해지네.

_『상윳따 니까야*Saṃyutta Nikāya*』「스스로 보호받음의 경Attānarakkhita」

빠세나디 왕이 부처님을 찾아뵙고 "그 누구라도 몸과 말과 뜻으로 나쁜 행위를 하면 그 사람은 수호되지 않습니다. 설령 코끼리 부대로, 기마 부대로, 전차 부대로, 보병 부대로 지킬지라도 그 사람은 수호되지 않습니다. 왜냐하면 그들의 수호는 밖에 있으며 안에 있지 않기 때문입니다. 반면 몸과 말과 뜻으로 선한 행위를 하면 그 사람은 수호됩니다. 설령 코끼리 부대로, 기마 부대로, 전차 부대로, 보병 부대로 지키지 않더라도 그는 수호됩니다. 왜냐하면 그들의 수호는 안에 있으며 그들의 수호는 밖에 있지 않기 때문입니다"라고 자신의 견해를 말씀드렸다. 그러자 부처님은 그 말에 동의하시며, 앞의 시를 읊으신 것이다.

'수호가 밖에 있다'라는 것과 '수호가 안에 있다'라는 것은 무슨 의미일까. 수호가 밖에 있다는 것은 군대나 공권력을 통해 외부의 위험으로부터 자신을 지킨다는 의미이다. 그러나 이는 진정한 의미에서 수호가 아니다. 반면 수호가 안에 있다는 것은 자신의 몸과 말과 뜻으로 선한 행위를 하게 되면 군대나 공권력으로 지키지 않아도 그 사람은 보호를 받게 된다는 것을 말한다.

권력자들은 막강한 공권력을 앞세워 자신을 보호하고자 한다. 그런데 그들은 무엇으로부터 보호받고 싶어 하는 것일까. 그들이 보호받고 싶어 하는 것은 아마도 자신들이 저지른 잘못과 부패가 알려지는 것으로부터 보호일 것이다. 그리고 그들은 대개 자신이 특별한 존재라고 생각하는 경향이 짙다. 그래서 특별한 대우를 받고 싶어 한다. 자신들의 부정과 부패는 국가의 발전을 위한 것으로 포장되며, 외부 적들로부터 국가를 지키기 위한 것이라는 말로 변명하며 협박한다. 모든 것은 비밀이어야 하며, 그 비밀은 대개 '국가 기밀'로 분류되어 자신들을 제외한 사람들은 알아서는 안 된다고 말한다.

그런데 그들이 말하는 국가 기밀이란 개인의 사적인 이익을 탐한 것에 불과한 경우가 많다. 그러니 알려져서는 안 되는 것이다. 알려져서는 안 되는 비밀을 많이 간직한 자일수록 부패한 자이며, 몸과 말과 뜻으로 부정을 저지른 자일 가능성이 높다.

조선시대 통치자의 곁에는 항상 사관이 따라 다니며, 일거수일투족을 모두 기록으로 남겼다고 한다. 기록한다 함은 자신이 한 일을 알리겠다는 의미이다. 그래서 기록이란 구체적 행위를 통해 통치자는 스스로의 행동과 말을 자제했을 것을 것이다. 만약 통치자의 사적 영역이라면서 사관을 배제했다면 훨씬 더 많은 부정과 음모가 있었을 것이라고 짐작해 볼 수 있다.

그렇기 때문에 결국 권력과 무력으로 자신을 지키는 것은 어리석은 자가 취하는 방식이요, 지혜로운 자라면 마땅히 자신의 행동과 말과 뜻을 선하게 갖고자 노력함으로써 자신을 보호하고자 할 것이다.

부처님께서 '자제와 부끄러움'을 늘 강조하는 것은 그것이 온갖 사악한 욕망과 거짓과 부패로부터 스스로를 지키는 거의 유일한 길이기 때문이다. 권력자가, 사회 지도층이 이것을 명심한다면 사회와 국가는 부정과 부패로부터 보호받게 될 것이다. 이것이 권력자에게 고도의 자제가 요구되는 이유이며, 부끄러워할 줄 아는 높은 도덕성이 요구되는 이유이기도 하다.

살모살부(殺母殺父)

당나라의 선승 임제 의현 스님이 어느 날 법상에 올라 "살불살조(殺佛殺祖) 살부살모(殺父殺母)"라는 법문을 했다. 즉 "부처를 만나면 부처를 죽이고, 조사를 만나면 조사를 죽이고, 부모를 만나면 부모를 죽인다"는 의미이다. 이게 무슨 소리인가? 임제 스님의 이 법문은 사실 『담마빠다』에 나오는 이야기를 그 근원으로 한다. 내용은 다음과 같다.

"어머니와 아버지, 그리고 두 명의 크샤뜨리야 출신 왕들을 죽이고 나서, 왕국과 신하를 없애고 나서, 바라문은 두려움 없이 간다."

_『담마빠다Dhammapada』「다양한 것의 품Pakiṇṇakavagga」중에서

이 시는 한역 『출요경』「쌍요품」에도 나온다. 『출요경』은 『법구경』

296

을 비롯한 여러 경전에서 시 형식의 경구를 뽑아 해설한 경전이다. 임제 스님은 '살모살부'의 가르침을 근간으로 해서 그 유명한 '살불살조'의 법문을 남겼다고 생각된다.

그런데 불살생(不殺生)을 계율의 제 1칙으로 삼는 불교에서 '살모살부'가 말이 되는가. 벌레 한 마리라도 실수로 죽이는 것을 두려워하는 불교에서, 어찌 부모를 죽이라고 말할 수 있겠는가. 따라서 이는 명확하게 비유임을 알 수 있다. 『담마빠다』에 나오는 이 시의 배경은 이러하다.

부처님께서 어느 날 비구들과 함께 계시는데, 마침 그 주변을 라꾼따까 밧디야 장로가 지나가고 있었다. 그때 부처님께서 다른 비구들에게 밧디야 장로를 가리키며, "그는 어머니와 아버지를 죽이고 해탈하여 거닌다"는 말씀을 하셨다. 이에 비구들이 그 의미를 몰라 의아해 하며, 부처님께 상세히 설명해 주실 것을 청하자 이 비유의 시를 읊으셨다고 한다.

이 주석서의 설명에 따르면, 어머니와 아버지를 죽이는 것이 곧 '해탈'이 됨을 알 수 있다. 그러면 어머니와 아버지가 의미하는 것은 무엇일까. 역시 주석서에서 그 의미를 밝히고 있는데, 어머니는 갈애를 그리고 아버지는 자만을 의미한다. 아울러 두 왕은 허무주의와 영원주의를 의미하고, 왕국과 신하는 12처(十二處)를 의미한다고 설명하고 있다.

갈애는 모든 번뇌가 이로부터 비롯된다고 할 수 있을 만큼 강력한 번뇌이며, 나아가 무명과 더불어 윤회의 원인이기도 하다. 자만은 '아상(我相)', 곧 내가 있다는 생각의 근원이다. 결국 갈애와 자만을 제거하면 해탈을 성취한다는 것이 이 시가 갖는 의미인 것이다.

한편 임제 스님은 아버지를 무명, 어머니를 애착으로 설명한다. 그리고 살불살조에서 부처와 조사는 수행자가 수행할 때 그 어떤 대상에도 집착해서는 안 됨을 상징적으로 표현한 것으로 이해된다.

그런데 왜 하필이면 아버지와 어머니를 강력한 번뇌로 표현한 것일까. 갈애와 자만, 혹은 무명과 애착은 현실적으로 나를 존재하게 하는 원인이자, 또 다른 측면에서 보면 우리가 삶을 살아갈 수 있게 하는 원동력이기 때문일 것이다.

무엇인가를 끊임없이 욕망하지 않으면 삶의 의미를 상실할 것처럼 생각하는 것이 우리 중생들이 갖고 있는 커다란 착각일 것이다. 그런 의미에서 지금의 나를 존재하게 하는 원인, 그것이 바로 갈애이며, 자만이며, 무명이며, 애착인 것이다. 그렇기에 부처님께서는 이것들을 부모에 빗대어 설명하신 것이리라.

이러한 부처님의 가르침을 바르게 이해하여, 스스로 부처님의 제자라고 생각하는 사람이라면 마땅히 갈애와 자만을 끊도록 노력해야 할 것이다. 부처님은 갈애와 자만이 안겨주는 속박과 굴레로부터 벗어나는 길을 가르쳐 주신 분이기 때문이다.

포말

'절벽을 타고 떨어진 물줄기가 하얗게 포말(泡沫)을 일으키고' 혹은 '하얗게 부서지는 파도의 포말'과 같은 표현은 꽤나 시적이다. 포말은 사전적 정의를 보면, 물이 무엇인가에 부딪혀 생겨나는 거품을 의미한다. 유사한 표현으로 물방울이란 단어가 있다.

불교 경전에서 이 포말은 자주 사용되는 비유 가운데 하나이다. 『상윳따 니까야』에 「포말의 비유 경(Pheṇapiṇḍūpamasutta)」이 있다. 말 그대로 부처님께서 포말의 비유를 통해 가르침을 주신 경전이다. 내용은 이러하다.

"비구들이여, 예를 들어 갠지스 강이 커다란 포말을 일으키는데, 눈 있는 자가 그것에 대하여 보고 고요히 관찰하여 이치에 맞게 탐구한다고 하자. 그가 그것에 대하여 보고 고요히 관찰하여 이치에 맞게 탐구하

면, 비어 있음을 발견하고, 공허한 것을 발견하고, 실체가 없는 것을 발
견한다. 비구들이여, 무엇이 실로 포말의 실체일 수 있는가?"

_『상윳따 니까야Saṃyutta Nikāya』

「포말의 비유경Pheṇapiṇḍūpamasutta」 중에서

마찬가지로 물질에 대해 관찰하여 이치에 맞게 탐구하면, 비어 있
음을 발견하고, 공허한 것을 발견하고, 실체가 없는 것을 발견한다
는 가르침이 이 경의 내용이다.

그리고 이어져서 수상행식(色受想行識)도 마찬가지 방식으로 설명
된다. 즉 오온(五蘊)은 그 어느 것에도 실체가 없음을 물질(色)은 포
말에, 느낌(受)은 빗방울이 떨어져 생기는 물거품에, 이미지 작용(想)
은 아지랑이에, 개념작용(行)은 파초 줄기에, 의식(識)은 마술사의 환
술에 비유해서 설명되고 있다.

허공은 텅비어 있다. 그렇기에 모든 것을 그 안에 수용할 수 있
는 것이다. 예를 들어 바윗덩이가 있다고 하자. 그 바윗덩이는 이
미 꽉 차있어 그 안에 다른 것을 수용할 수가 없다. '나'라는 관념은
이처럼 나를 세상과, 대상과 분리시킨다. 이러한 분리는 나를 하나
의 독립된 실체로 인식하게 한다. 일단 이러한 인식이 자리 잡게 되
면, 철저하게 이분법적인 사고로 세상을 바라보게 된다. 그리고 다
양한 방식으로 '나(我)'와 '나의 것(我所)'을 확고하게 세우고, 구분
하게 되는 것이다.

이러한 관념은 고집을 일으키며, 집착과 욕망의 근원을 이룬다.

이러한 고집, 집착이 나의 정체성을 형성하게 되는데, 사람들은 그것을 '자아 정체성'이라는 그럴듯한 표현으로 포장한다. 불교는 이러한 방식으로 정체성을 확립하는 방식이 아닌, 정체성을 파괴하는 방식을 권한다. 이러한 파괴는 혼돈과 무질서를 의미하는 것이 아니다. 오히려 인위적인 질서로부터 자유를 획득하는 방식인 것이다. 우리가 우리의 고집과 집착을 파괴하게 되면, 그만큼 정신적 유연성과 자유를 얻게 된다.

부처님은 우리들이 자꾸 없는 것을 '있다'고 보는 것에 물음을 던진다. 아지랑이나 마술사의 환술 등의 비유를 통해 오온이 '있는 것처럼' 보이지만 사실은 '없는 것'임을 반복해서 자상하게 가르치신다. 하지만 오온에 실체가 없음은 이해로 알 수 있는 것이 아니다. 실제 오온에 실체가 없음을 안다면 그것은 생활 속에서도 그대로 구현되어야 한다. 즉 앎(智)과 생활이 그대로 일치해야 하는 것이다. 오온무아(五蘊無我)를 말하면서, 생활 속에서는 권력과 명예와 부에 집착하는 모습을 보인다면, 그것은 지식으로 아는 오온무아일 뿐이다. 그것은 그의 삶과는 무관한 지식일 뿐이다.

이는 어린아이가 빈주먹 속에 무언가가 들어있다고 생각하고, 빈주먹에 집착하는 것과 같다. 사실은 주먹 속에 아무것도 없음을 보여주어도, 주먹을 쥐고 눈앞에 보여주면 다시 주먹에 집착하는 것이 우리들의 모습이 아닐까.

황금으로 된
산도 부족

얼마 전까지 전 세계의 금값이 치솟아, 금테크 열풍이 분 적이 있다. 한동안 하늘 높은 줄 모르고 치솟던 금값이 안정을 되찾은 지 얼마 되지 않았는데, 다시 금값이 요동치는 것 같다. 국제 금값이 반등했지만 투자는 시기상조라는 분석기사가 신문에 실리기도 했다.

예부터 금은 부의 지표였다. 동서양의 고대 왕국에서는 금화를 주조하여 유통하기도 했다. 금은 불변의 가치를 지닌 것으로 고금을 막론하고 많은 사람들로부터 사랑을 받아오고 있다. 다이아몬드나 에메랄드와 같은 보석도 사람들의 이목을 끌지만 여러 측면에서 금이 더 좋은 것 같다.

금은 그 독특한 성질로 인해 다양한 최신 전자제품에 반드시 들어가는 광물이기도 하다. 다이아몬드는 인조다이아몬드가 있지만 금은 인조금이 없다. 인류는 오래 전부터 동서양을 막론하고 연금

술을 현실화시키려 노력했지만 결국 아직까지 이 기술은 실현되지 못했다. 금은 초신성이 폭발하면서 생기는 것이라는 연구결과가 나오면서, 결국 인간의 기술로는 만들지 못하는 우주의 선물이 되었다. 그런 만큼 금이 시대를 초월해서 사람들로부터 사랑을 받는 것은 어찌 보면 당연한 일일 것이다.

한편 금은 인간의 끝없는 탐욕을 상징하기도 한다. 부처님께서는 인간의 탐욕을 경계하시면서 다음과 같이 말씀하셨다.

> "황금 산의 황금 모두가 두 배나 세 배가 되어도 한 사람에게조차 충분치 않네. 이렇게 알고 바르게 살아야 하리라."
>
> _『상윳따 니까야Saṃyutta Nikāya』「통치의 경Rajjasutta」 중에서

예를 들어 남산만한 크기의 산이 모두 황금으로 되어있는데, 누군가 그 산을 소유했다고 하자. 그러면 그 사람은 더 이상 황금에 대한 욕심이 없을까? 오히려 한 돈짜리 금반지를 갖고 있는 사람보다 더 많은 금을 갈구할 것이다. 그래서 그 만한 양의 황금이 또 있어도 그 사람의 욕심을 채울 수가 없다.

사실 이러한 예는 오늘날 쉽게 찾아볼 수 있다. 재벌가의 총수들 가운데에는 엄청난 재화를 갖고도 온갖 탈법적 방법을 동원해 탈세와 비자금을 조성하다가 법의 심판을 받는 경우를 본다. 그들에게 부족할 것이 무엇인가. 평생 써도 다 못쓸 만큼의 재화를 갖고 있지만 만족하지 못하는 것이다. 만족을 모르는 인간의 욕심은 결국 그

화가 자신에게 미친 뒤에야 멈추게 된다. 그래서 옛 성현들은 한결같이 '지족(知足)' 즉 만족을 알라고 하신다. 만족을 아는 자는 김치 반찬 하나 만으로도 풍족하고 감사한 식사를 하게 되고, 그렇지 못한 사람은 제 아무리 진수성찬도 성에 차지 않는 법이다. 사람의 행복과 불행이 바로 '만족'에서 갈리는 순간이다.

오늘날 사람들은 예전보다 풍족한 삶을 살지만, 행복도는 예전에 비해 많이 낮아져 있다. 그것은 만족을 모르기 때문이다. 만족을 모르는 이유 가운데 하나는 '비교' 때문이다. 남과의 끊임없는 비교는 상대적 박탈감을 키우게 되고, 그로 인해 사실은 풍족하면서도 늘 부족함을 느끼게 되는 것이다. 부처님께서는 이렇게 비교하는 것을 하지 말라고 하신다. 비교는 집착을 낳고, 집착은 속박을 낳게 된다. 그래서 결과적으로 괴로움만 커질 뿐이기 때문이다.

내가 갖고 있는 것이 적으면 적은대로, 많으면 많은 대로 만족하는 법을 배워야 행복해진다. 남과의 비교를 멈출 때, 나의 내면은 평온해질 수 있다. 만족을 모르는 사람은 제 아무리 많은 재산을 갖고 있어도 사실은 가난한 것이며, 만족을 아는 사람은 풍요로운 삶을 살 수 있는 것이다. 사실 이것은 누구나 알고 있는 것이지만 아무나 실천할 수 없는 일이다. 실천에는 바른 견해와 용기가 필요하기 때문이다.

거센 물결을
건너는 법

　여름이면 찾아오는 장마로 인해 안타까운 소식을 접할 때가 많다. 우리나라는 예전과 많이 달라져 국지성 폭우의 패턴을 보인다. 계곡으로 놀러갔다가 갑자기 내린 폭우로 인해 목숨을 잃거나, 오도 가도 못하고 갇혀있다가 구출되는 경우도 있다. 무사히 구출된다면 참으로 다행이나 두려움과 공포에 떨었을 것을 생각하면 그 또한 안타깝다.

　이런 경우 '비가 내려 봤자 얼마나 되겠어?'라는 안일한 생각이 원인이 된다. 급작스럽게 불어난 물은 모든 것을 휩쓸고 내려간다. 저항한다고 해도 휘말려 들어가는 것을 막을 수는 없다. 일이 이렇게 되면 후회해도 이미 때는 늦는다. 요즘처럼 국지성 폭우가 많이 내리는 때에는 가급적 계곡처럼 위험한 곳에는 가지 않는 것이 현명한 일이다.

『상윳따 니까야』 제1권의 첫 번째 내용이 바로 '거센 물결(Ogha)' 이다. 이를 한역『잡아함경』에서는 사류(駛流), 즉 빠르게 흐르는 물 결이라고 표현하고 있다. 이 표현은 천신(天神)이 부처님께 질문을 하면서 시작된다.

　　천신 : 스승이시여, 당신께서는 어떻게 거센 물결을 건너셨습니까?
　　부처님 : 벗이여, 나는 머물지 않고 애쓰지도 않으면서 거센 물결을 건넜습니다. 벗이여, 내가 머무르려고 하면 가라앉습니다. 내가 애쓰려 고 하면 (물살에) 이끌리고 맙니다. 벗이여, 이와 같이 나는 머물지도 않 고 애쓰지도 않으면서 거센 물결을 건넜습니다.

　　　　　　　　　　　　　　　　　　_『상윳따 니까야*Saṃyutta Nikāya*』
　　　　　　　　「거센 물결을 건넘의 경Oghataraṇasutta」 중에서

　　거센 물결에 휩쓸렸을 땐 그곳에서 벗어나고자 애를 쓰면 곧 힘이 다해 빠져나오지 못하게 된다. 그렇다고 마냥 물결에 있을 수도 없 다. 어찌해야 하겠는가. 여기서 거센 물결은 생사가 거듭되는 윤회 나, 감각적 쾌락, 존재하고자 하는 욕망, 견해의 고집, 무지 등을 비 유하는 표현으로 사용된다. 어느 것이나 결코 빠져나오기가 만만치 않은 것들이다. 한 번 휘말려 버리면, 아득해져 빠져나올 날을 기약 하기 힘들다. 부처님께서는 그 거센 물결을 건너셨던 것이다. 그리 고 그러한 건넘이 곧 세상에 대한 집착(visattikā)을 뛰어넘어 열반에 도달하는 것임을 이 시는 보여주고 있다.

감각적 쾌락을 결코 얕보아서는 안 된다. 육체는 쾌락적 특징에 곧 익숙해지고, 선호하는 경향을 갖는다. 일례로 운동을 하고자 할 때 육체는 힘들면 곧 강한 거부감을 표현해 운동을 지속하지 못하게 한다. 하지만 맛있는 음식을 먹을 때면 절제하지 못하고 계속 음식을 탐하는 것을 볼 수 있다.

그래서 일단 감각적 쾌락에 빠져들면 그것이 아무리 사소한 것이라고 해도 쉽게 빠져나오기란 쉽지 않다. 그리고 견해 역시 마찬가지이다. 하나의 고정관념이 생겨나면 사소한 그 생각 하나에서 벗어나기란 어렵다. 그리고 그 좁고 협소한 관념에 갇혀 평생 세상을 바라보며, 그것이 전부인양 알고 살게 된다.

차안(此岸)에서 피안(彼岸)으로 건너는 것은 쉬운 일이 아니다. 하지만 불가능한 일도 아니다. 이미 부처님을 비롯한 앞선 선지식들이 그것을 보여주고 있기 때문이다. 일상에서 부딪히는 감각적 쾌락과 무수한 견해들 속에서 과연 어떻게 해야 그것들에 휘말리지 않고, 안주하지 않을 수 있을까. 쾌락과 견해가 나쁘다고 모든 것을 내버리고 산으로 들어가야 할까? 그렇다고 그것들로부터 벗어날 수 있을까? 지금 이 자리에서 어떻게 이것들과 마주해야 할지 깊이 생각해볼 일이다.

죽은 뒤에
가져갈 수 있는 노잣돈

　우리나라에서는 예부터 죽은 이에게 주는 돈이 있다. 그것을 지전(紙錢)이라고 하고, 저승길에 사용할 노잣돈이라고도 한다. 신라 시대 제망매가(祭亡妹歌)란 향가에서는 월명사 스님이 죽은 누이의 제를 올리며 향가를 읊으니 홀연 바람이 불어 지전이 서쪽으로 사라졌다는 이야기가 등장한다. 이 외에도 죽은 이의 무덤 속에 온갖 금은보화를 넣는 풍습 역시 망자를 위한 '노잣돈'의 의미가 담겨있다고 할 수 있다.

　이러한 사고방식은 고대 인도인들, 특히 불을 숭배하는 종교인 조로아스터교를 믿었던 중앙아시아의 쿠샨인들도 갖고 있었다. 그들은 죽은 이의 입에 저승에 가져 갈 노잣돈을 넣어 주었다고 한다. 그리고 중국인들 역시 이러한 저승 노잣돈에 대한 관념을 갖고 있었다.

그런데 정말로 죽은 뒤에 돈을 쓸 수 있을까? 불교의 가르침에 따르면 이것은 망상이다. 현실의 삶을 죽은 뒤의 삶에 투영한 것뿐이다. 흔히 억만금이 있어도 죽은 뒤에 한 푼도 가지고 가지 못한다는 말이 있다. 맞는 말이다. 권력이 되었든, 부가 되었든 생전에 가지고 있었던 것은 어느 것 하나 가져갈 수 없다.

그럼 살아생전에 우리가 갖고 있었던 것은 아무것도 가져가지 못하는 것일까. 그렇지는 않다. 우리의 선행(善行)과 믿음(信), 그리고 수행(修行)에 대한 과보는 가져갈 수 있다. 이러한 것이 씨앗이 되어 내생의 어느 시점에 우리는 천상에도 태어나고, 깨달아 부처도 될 수 있는 것이다. 반대로 악행(惡行)과 불신(不信), 나태(懶怠)에 대한 과보도 가져가게 된다. 그 결과는 악처(惡處), 곧 지옥이나 축생, 아귀의 세계에 태어나게 되는 것이다.

『상윳따 니까야』에는 천신과 부처님의 대화를 전하는데, 그 내용에서 '노잣돈'이란 표현이 나온다.

천신 : 무엇이 노잣돈입니까?
부처님 : 믿음이 노잣돈입니다.
　　_『상윳따 니까야Saṃyutta Nikāya』「노잣돈의 경Pātheyyasutta」 중에서

여기서 말하는 믿음은 불법승(佛法僧) 삼보에 대한 청정한 믿음을 의미한다. 우리가 불도(佛道)를 닦는데 있어 그 밑거름이 되는 것은 바로 삼보에 대한 귀의이다. 귀의(歸依)는 돌아가 의지한다는 말

이다. 즉 불법승 삼보에 마음을 돌려 의지처로 삼는다는 의미이다.

이 내용이 죽은 자를 위한 노잣돈을 말하는 것은 아니다. 하지만 연관지어 생각해볼 여지는 많다. 성인의 계위 가운데 예류(預流)성자가 있는데, 이는 불법승 삼보에 대한 결코 무너지지 않는 믿음(不壞信)을 갖고, 계율을 지키면 획득되는 경지이다.

예류성자가 되면 죽은 뒤에 최대한 일곱 번 천상과 인간세계를 왕래하면 궁극의 깨달음을 얻어 열반을 성취하게 된다. 그래서 극칠반생(極七返生 : 최대 일곱 번 다시 태어남)이라고도 표현한다.

바로 여기서 중요한 것이 '믿음'이다. 결코 무너지지 않는 청정한 믿음은 우리가 죽은 뒤에 가져갈 수 있는 가장 든든한 노잣돈이자, 악처(惡處 : 지옥, 아귀, 축생)를 벗어나 선처(善處 : 하늘나라, 인간)로 나아갈 보증수표가 되는 것이다. 살아서 갖는 바르고 청정한 믿음은 삶을 편안하고 두려움 없이 살게 한다. 그리고 죽은 뒤에는 선처로 나아가게 하고, 나아가 깨달음으로 인도하게 되는 '노잣돈'이 된다.

불법승 삼보에 대한 믿음은 '한 번 믿어볼까?'가 아니라, 나의 모든 존재를 걸고 '확고하고 크게' 믿는 것을 의미한다. 그럴 때 믿음이 노잣돈의 역할도 할 수 있는 것이고 깨달음의 씨앗도 되는 것이다. 용수 보살이 『대지도론』에서 "불법(佛法)의 대해(大海)는 믿음으로 능히 들어간다"라고 한 이유도 여기에 있다.

물은
한 맛일 뿐

　노자의 『도덕경』에 보면, '상선약수(上善若水)'라는 말이 나온다. 가장 좋은 것은 물과 같다는 의미이다. 노자는 '물은 만물을 이롭게 하지만 공을 다투지 않고, 사람들은 싫어하여 가지 않는 곳도 싫어하지 않고 이르지 않는 곳이 없으니, 가히 도(道)와 가깝다'고 했다.

　생각해 보면, 물처럼 생명에 꼭 필요한 것도 드물다. 사람만 놓고 보더라도, 물이 인체의 70퍼센트를 차지한다고 하지 않는가. 그만큼 물은 우리 생명이 자라고 유지하는데 없어서는 안 될 요소이다. 노자의 말처럼 물은 참으로 모든 생명을 이롭게 한다. 그리고 물은 더러운 것을 씻어주어, 깨끗하게 한다. 그래서 많은 종교에서 성스러운 의식을 치룰 때에 물을 '정화(淨化)'의 수단으로 사용하기도 한다. 더러움을 씻어주어 깨끗하게 하니 이 또한 물의 커다란 공덕이 아닐 수 없다. 『화엄경』 51권에 보면, 물에 대한 비유가 나온다.

"불자여, 비유하면 온갖 물이 모두 한 맛으로 같지만, 그릇에 따라 다르기에 물에 차별이 있습니다. 하지만 물에는 생각(念慮)도 분별(分別)도 없습니다. 여래의 말씀(言音) 또한 이와 같습니다. 오직 한 맛일 뿐으로, 해탈의 맛(解脫味)이라고 합니다. 뭇 중생들이 마음 그릇에 따라 다르기에 무량한 차별이 있지만, 생각도 없고 분별도 없습니다."

_『대방광불화엄경』「여래출현품」중에서

물을 여래의 말씀에 비유하고 있다. 경전의 가르침과 같이 세상의 모든 물은 한 맛(一味)이다. 거기에 꿀을 타면 꿀물이 되고, 차(茶)를 넣으면 찻물이 된다. 탄산이 들어가면 탄산수가 되고, 땅속에서 지열로 데워져 여러 무기물이 들어가면 온천수라고도 부른다. 그리고 네모난 그릇에 담기면 물은 네모난 형태를 띠고, 둥근 그릇에 담기면 둥근 형태를 보인다. 어떤 모양의 그릇에 담기든, 그 모양으로 변하는데 능하다. 그래서 물의 맛은 본래 같지만, 다양한 차별을 보이게 되는 것이다. 이 차별은 현상일 뿐 물 자체에는 그에 따른 차별이 존재하지 않는다. 그래서 물에는 생각도 분별도 없다고 한 것이다.

마찬가지로 부처님의 말씀 또한 한 맛(一味)으로, 그 많은 가르침은 모두 해탈의 맛일 뿐이다. 하지만 중생들이 지닌 마음의 그릇(根器)의 차별로 인해 부처님의 가르침도 팔만 사천 가지로 다양하게 보일 뿐이다. 하지만 부처님의 말씀에는 어떠한 생각도 분별도 없다. 그렇기에 부처님의 말씀은 모든 중생들을 해탈로 이끌 수 있는 것이다.

이처럼 많은 성현이 물을 도(道)에 빗댄 것은 물이 가진 특성 때문이다. 공자는 물이 끊임없이 흐르는 것이 곧 세상에 도가 전파되는 것을 잠시도 멈추지 않는 것과 같다고 했다. 그러고 보면, 진리가 되었든 도(道)가 되었든, 깨달음이 되었든 그것은 우리의 일상생활과 떨어져 있는 것이 아닌 것 같다. 초기불교 이래 선불교에 이르기까지 깨달음을 얻는 기연은 늘 현실의 삶 속에서 이루어진다. 그리고 그 삶은 늘 우리가 영위하는 것이다.

분별과 망상만 내려놓으면, 바로 그 자리가 깨달음의 자리라는 말이 있듯이, 우리는 깨달음의 세계, 해탈의 세계를 삶과 분리해서 바라보기 때문에 똑같은 '물'을 보고도 깨달음을 얻지 못하는 것은 아닐까.

깨달음을 저 멀리 높은 곳에 있는 초월적인 앎(智)이라고 생각한다면, 우리에게 깨달음은 요원할 것이다. 물이 모든 것을 있는 그대로 받아들이듯, 그렇게만 살 수 있다면 깨달음은 멀지 않을 것 같다.

욕망을
반려자로 삼으면

사람의 특징을 나타내는 표현 가운데 사회성에 초점을 둔 것이 아리스토텔레스가 말한 '인간은 사회적 동물(social animal)'이란 표현이다. 이 말은 인간은 독자적, 유일적으로 존재할 수 없고, 다른 사람들과의 관계 속에서 존재한다는 의미이다.

우리의 일상을 보면 어떤 방식으로든 관계를 맺는 사람은 헤아릴 수 없이 많다. 물건을 사든, 교통수단을 이용하든, 식당에 가서 밥을 먹든, 커피숍에서 커피를 마시든 생각과 감정을 소통하지는 않지만, 삶 속에서 많은 사람과 다양한 형태의 관계를 형성하며 살아간다.

그 많은 사람 중에서 내 생각과 감정을 토로하며 위로 받고, 위로해주는 사람을 반려자(동반자)라고 한다. 불교용어로 말한다면, 도반(道伴)이 될 것이다. 물리적으로 가장 많은 시간을 보내지 못한다고 해도, 정신적 의지가 되는 사람이 진정한 반려자일 것이다. 몸은 붙어있으나, 생각이 서로 다른 곳을 향해 있다면 같이 사는 사람일 뿐 반려자라고 하지 않는다. 이렇듯 늘 살아가는데 힘이 되고, 의지처가 되는 반려자의 이미지를 『이띠붓따까』에서는 갈애에 빗대어 표현한다. 내용은 이러하다.

> "갈애(taṇhā)를 반려자(dutiyo)로 삼은 사람은 오랜 시간동안 윤회한다. 이 세상의 존재, 저 세상의 존재로 윤회를 벗어나지 못한다."
>
> _『이띠붓따까Itivuttaka』「갈애의 발생원인의 경Taṇhuppādasutta」

경전에서는 반려자의 의미를 전혀 다른 의미로 사용하여, 갈애의 이미지를 확연히 드러내주고 있다. 내가 아끼고 의지했던 것이 사실은 나를 욕망의 노예로 만들고, 길고 긴 고통의 바다에서 괴로워하게 한 원인임을 밝히고 있는 것이다.

연기의 가르침 중에는 무명으로 시작하는 12연기 외에도 다양한 형식의 연기가 설해져있다. 그 가운데는 갈애를 그 시작점으로 하여 생사의 괴로움으로 이루어진 연기의 가르침도 있다. 그만큼 갈애는 무명과 더불어 고통을 야기하는 가장 강력한 번뇌로 언급된다.

탐진치(貪瞋癡) 삼독 가운데 탐(rāga)은 갈애의 다른 표현이며, 치는 무명의 다른 표현이다. 그런데 우리는 자신을 괴롭게 하는 그 '갈애'를 반려자로 맞아 늘 의지하며 살고 있으니, 얼마나 안타까운 일인가. 이를 달리 표현하면, 원수를 친구로, 도둑을 잃어버린 아들로 둔 것과 같다고 할 수 있겠다.

그래서 『법구경』에서는 '갈애의 품'을 따로 두어, 갈애의 특징과 그것이 어떠한 문제를 야기하는지에 대해 자세히 설명하고 있다. 갈애의 뿌리를 파내고 그 경향을 완전히 제거하지 않으면, 결국 쾌락에 속박되어 악마에게 사로잡히고, 기나 긴 고통을 받게 된다는 내용이다.

이 갈애는 바른 눈을 가려 뒤바뀐 생각을 갖게 한다. 이런저런 삿된 생각에 날 가는 줄 모르게 되며, 탐욕에 물든 자신을 자랑스럽게 보고, 집착을 사랑으로 여기며, 인색함을 자랑하게 된다. 그리하여 오랜 세월 고통을 받게 되는 강력한 원인을 심게 되는 것이다.

갈애는 늘 바깥 대상을 갈구하는 것을 특징으로 하며, 욕구가 충족되면 새로운 목표를 설정하여 그칠 줄 모르게 한다. 그래서 정신을 바짝 차리지 않으면, 자신도 모르는 사이에 저만치 먼 길을 가 있는 경우가 허다하다. 이것을 막기 위해서는 부처님의 가르침을 가까이하고, 그 내용을 숙고하여 바른 생각을 키워나가는 노력이 필요하다. 그렇게 할 때, 우리는 갈애의 작용을 바르게 보고, 그것에 끌려가지 않을 수 있을 것이다.

폭력을 내려놓고
멈추어야

우리는 멈추어야 할 때 멈추고, 가야할 때 가야한다. 이것은 사실 어린아이도 아는 일이다. 하지만 이것을 실천하기란 결코 쉬운 일이 아니다. 대부분 우리의 삶을 돌아보면, 멈추어야 할 때 가고, 가야할 때 멈춘다. 왜 그럴까. 그것은 자기 멋대로 생각하는 뒤바뀐 생각을 갖고 있기 때문이다. 더군다나 더 큰 문제는 자신의 생각이 뒤바뀌어있다는 것을 모른다는 것이다.

멈추어야 할 때 멈추지 못하면, 결과적으로 커다란 고난이 닥친다. 한두 번이야 어찌어찌 넘어갈 수 있지만, 늘 그런 행운이 따르지는 않는다. 예를 들어 횡단보도에서 빨간불임에도 무시하고 길을 건너는 것을 예사로 아는 사람은 언젠가는 교통사고를 당하게 된다. 멈춤은 우리에게 자신을 돌아보고 주변을 살펴보는 여유를 주고, 결과적으로 다툼의 여지를 줄여준다.

멈춤과 관련해서 부처님께서 살인자 앙굴리말라에게 하신 말씀이 경전에 전해진다. 그 내용은 이렇다.

"앙굴리말라여, 나는 언제나 모든 생명에 대해서 폭력을 내려놓고 멈추어있다. 그러나 그대는 온갖 생명에 대해서 자제하지 못한다. 그러므로 나는 멈추어있고 그대는 멈추어있지 않는다."

_『맛지마 니까야*Majjhima Nikāya*』「앙굴리말라의 경*Aṅgulimālasutta*」중에서

경전의 인용에서 알 수 있듯이, 폭력을 내려놓고 멈추는 것을 진정한 '멈춤'에 비유하고 있다. 그렇기에 부처님은 언제나 멈추어 있는 것이고, 앙굴리말라는 멈추지 못하고 헐떡이고 있는 것이다.

생명에 대한 폭력은 다양한 방식이 있다. 신체적인 폭력뿐만 아니라 언어적 폭력, 그리고 정신적 폭력이 그것이다. 이들 폭력은 폭력을 당하는 사람에게는 쉽게 씻기지 않는 상처를 남긴다. 이럴 때 필요한 것이 '돌이켜 봄'이다. '내가 당하는 사람 입장이라면' 이라고 한 번이라도 생각한다면 그렇게 모진 폭력은 차마 하지 못할 것이다.

상대방의 입장이 되어 볼 수 있는 사람이 되는 것, 그것은 생각만큼 어려운 일이 아니다. 왜냐하면 우리 인간은 '공감'이라는 뛰어난 능력을 갖고 있기 때문이다. '공감'이 태어날 때부터 갖고 있는 천성(生而知之)인지, 아니면 인간 사회 속에서 자라면서 습득한 것(學而知之)인지는 모르겠지만, 인간이 두드러지게 갖고 있는 특징인 것만은 분명하다.

사실 부처님께서 '모든 생명에 대해 폭력을 내려놓고 멈추어있다' 라고 말씀하신 것은, 폭력을 당하는 생명에 대한 깊은 '공감'의 결과일지도 모른다. 그 '공감'이 적극적으로 표출되는 것이 바로 '자비'라고 할 수 있다. 남의 고통을 내가 겪는 고통처럼 진지하게 받아들이고, 공감하고, 나누며, 힘이 되어 주는 것, 그것이 폭력을 내려놓고 멈출 줄 아는 자가 갖게 되는 불가사의한 '능력'일 것이다. 그리고 이것이 바로 '신통력'의 본질일 것이다.

그런데 우리 사회는 언제부터인가 폭력에 익숙한 사회가 되어버렸다. 더구나 다른 사람들의 아픔을 조롱하고, 사람의 감정을 갖고 농락하는 경우도 심심치 않게 보게 된다.

또한 자본이 최고의 가치가 되어 버린 지금, 인간의 아픔마저도 '돈'으로 해결할 수 있다는 미신이 만연되어있다. 이는 개인의 차원을 넘어 기업이나 정부차원에서도 아무렇지 않게 이루어지고 있음을 본다.

사람의 생명과 존엄의 가치가 돈으로 너무나 쉽게 환산되는 사회에 살다보니, '공감'의 능력을 점점 잃어가고, 폭력을 멈추는 법을 잊어버리는 방향으로 나아가고 있는 것 같다. 기업이 국가가 쉽게 돈으로 모든 것을 해결하려고 할 때, 우리 사회는 통제되지 않는 폭력적 사회로 변해갈 것이다. 그것은 모두가 불행해지는 길이다.

생명에 대해 폭력을 자제할 수 있는 자애심만이 우리 사회의 어두운 면을 씻어낼 거의 유일한 길이 아닐까 싶다.

질그릇이
깨지듯이

형체를 지닌 것은 언젠가는 깨어지기 마련이다. 아무리 소중한 문화재라 할지라도 그것이 영원히 존재하는 것은 아니다. 우리가 문화재로 지정하고 소중하게 간직하는 것들은 어쩌면 그것이 금방이라도 깨어져 사라져 버릴 것이기 때문인지도 모른다.

생명이 소중하다고 하는 것도 마찬가지이다. 불노불사(不老不死), 즉 영원히 늙지도 죽지도 않는다고 한다면, 생명의 가치를 소중하게 생각하지 않을지도 모른다. 어느 날 문득 거울에 비친 내 모습에서 노인의 모습을 보게 되었을 때 세월의 무상함을 느끼지 않을 사람이 누가 있을까. 젊은 날이 마치 꿈속의 일처럼 지나감을 느낄 때, 젊음이 갖는 의미와 가치에 새롭게 눈을 뜨게 된다. 이렇듯 젊음이 아름답게 느껴지는 것은 늙음이 준비되어있기 때문일 것이다.

건강할 땐 병이 들었을 때를 알지 못하고, 젊어서는 늙음이 주는 무상함을 알지 못한다. 그렇기에 우리들을 범부(凡夫), 즉 번뇌에 싸여 있으면서도 번뇌에서 벗어나려고 하지 않는 존재라고 하는지도 모른다. 사람은 누구나 태어나면 죽을 수밖에 없는 존재라는 것을 질그릇에 비유한 내용이 『숫따니빠따』 「화살의 경」에 나온다. 그 내용은 다음과 같다.

"사람은 누구나 언젠가는 죽음을 맞이합니다. 다만 수명이 정해져있지 않아 그때가 언제인지 알 수 없을 뿐, 애처롭고 고통스럽습니다. 태어나 죽지 않고자 하나 그럴 방도가 없습니다. 죽음이란 반드시 닥치는 것, 중생의 운명입니다.

과일이 다 익으면 나무에서 떨어지듯이, 태어난 자들은 죽을 수밖에 없고, 항상 죽음의 두려움에서 벗어나지 못합니다. 옹기장이가 빚어낸 질그릇이 마침내 모두 깨어지듯이 사람의 목숨 또한 그러합니다."

_『숫따니빠따Suttanipāta』 「화살의 경Sallasutta」

「화살의 경」은 아들을 죽음으로 잃은 아버지가 몇 날 며칠 동안 식음을 전폐하고 슬픔에 빠져지내자, 이를 가엾이 여긴 부처님께서 그를 위해 설하신 경전이다. 내용은 인용문에서 나오듯이, 죽음이란 누구도 피할 수 없다는 것, 그것을 받아들여야 한다는 것이다. 다만 경전에서는 범부는 그럼에도 불구하고 죽지 않으려 하고, 죽음을 받아들이지 않으려 하기 때문에 슬픔에 빠져 자신을 해치고 말지만, 지혜로운 이는 죽음을 받아들이기 때문에 슬픔에 빠져 자신을 해치는 어리석음을 범하지 않는다는 것도 설하고 있다.

인간사에는 그 누구도 어찌할 수 없는 일이 있다. 늙음이 그러하고, 죽음이 그러하다. 만남이 있으면 헤어지기 마련이다. 어찌할 수 없는 일에 어떻게든 해보려는 것이 바로 망상이며 집착이다. 그로 인해 괴로움은 더욱더 커질 뿐, 결코 해결되지 못한다.

아무리 부모가 자식을 사랑한다고 해도, 자식을 대신해 죽을 수 없다. 설령 대신한다고 해도 그 자식이 영원히 살수 없고, 언젠가는 자식과도 죽음을 통해 이별하게 된다. 죽음을 받아들이는 것, 그리고 그것을 있는 그대로 직시하고 인정하는 것이 죽음에 대처하는 방식일 것이다. 온전히 슬퍼하는 것, 그것은 죽음을 온전히 받아들일 때만이 가능하다. 그때야 비로소 우리는 죽음을 통해 삶의 의미를 새롭게 통찰할 수 있게 된다. 하지만 슬픔에 매몰되어 버리면, 죽음은 물론 삶의 의미를 통찰할 수 없을 것이다. 늙음과 죽음 앞에서 과연 무엇을 하는 것이 현명한 것인지 깊이 생각해 볼 문제이다.

하늘의
사자

예로부터 우리나라는 '저승사자'의 존재를 믿었다. 사람의 목숨이
다할 때쯤이면 저승사자가 나타나 우리를 저승으로 데려간다고 하여
저승사자는 사람들에게 공포의 대상으로 자리 잡았다. 지금은 사라진
프로그램이지만, 매년 여름이면 「전설의 고향」이란 TV 프로그램에서
꼭 한 번쯤은 저승사자 이야기가 나올 정도였다.

저승이란 말은 이승의 반대말이다. 이승은 지금 살고 있는 세상을
말하고, 저승이란 죽은 뒤에 혼령이 가는 세상을 말한다. 따라서 저
승사자는 이승의 삶을 마감한 혼령을 저쪽 세계로 데려가는 사자,
즉 염라대왕의 심부름꾼인 것이다.

이승과 저승은 순우리말로 한자어가 없다. 그래서 저승사자를 한
자어로는 감재사자(監齋使者)라고 한다. '감재'란 '살피고 다스린다'
는 의미라고 한다. 우리의 저승사자와 비슷한 표현이 경전에도 등

장하는데 그것을 하늘의 사자라고 한다. 하늘의 사자가 나오는 내용을 간략하게 살펴보면 다음과 같다.

"폐하, 폐하께 하늘의 사자가 나타났습니다. 흰 머리카락이 생겼습니다."

그러자 왕이 말했느니라. "착한 이발사여, 그렇다면 그 흰 머리카락을 족집게로 잘 뽑아서 나의 손바닥에 놓아다오."

아난다여, 이발사는 왕이 시키는 대로 했고 왕은 이발사에게 자신이 가진 가장 좋은 마을을 하사한 다음 태자를 불러 말했다.

"사랑하는 태자여, 나에게 하늘의 사자가 나타났다. 보아라, 이처럼 내게 흰 머리카락이 생겼느니라. 나는 인간의 감각적 욕망을 모두 다 누렸으니 이제 천상의 감각적 욕망을 누릴 때가 되었구나. 나는 머리와 수염을 자르고 물들인 옷을 입고 집에서 집 없는 곳으로 출가하리라."

_『맛지마 니까야*Majjhima Nikāya*』「마카데와의 경*Makhādevasutta*」중에서

이 경전은 과거 어느 때에 마카데와라는 왕이 있었는데, 그 이야기를 부처님께서 아난다 존자에게 설하신 내용이다. 이 경전에서 하늘의 사자는 곧 흰 머리카락임을 보여준다. 본래 하늘의 사자를 의미하는 말은 데와두따(devadūtā)인데, 이 말은 '천사' 혹은 '신의 심부름꾼'이란 의미이다. 그것을 하늘의 사자라고 번역한 것이다. 달리 '(죽음의) 신의 사자'라고 해도 무방할 것이다.

흰 머리카락이란 청춘이 지나 노년에 이르렀음을 보여주는 하나의

사건이다. 특별히 젊어서부터 새치가 난 사람이 아니라면, 어느 날 문득 흰 머리카락을 발견했을 때 적잖이 당황스러울 것이다. 이제 살아갈 시간보다 산 시간이 많아졌음을 의미하는 것이기 때문이다.

이 경전에서는 이렇듯 흰 머리카락이 머리 위에 내려앉게 되면 이제 어떻게 해야 하는가에 대한 메시지를 제시하고 있다. 말하자면 젊어서는 감각적 욕망을 누리는데 시간을 할애했다면, 이제 높은 차원의 욕망을 추구하는데 시간을 투자해야 함을 말하고 있다. 높은 차원의 욕망이란 도덕적 생활과 베풂의 삶을 의미한다. 이것을 불교적 용어로 지계(持戒)와 보시(布施)라고 한다. 그리고 도덕적 생활과 베풂의 적극적 실천이 바로 출가(出家)라는 행위임도 이 경전은 보여주고 있다.

또한 이 경전은 사람이 각 시절마다 어떻게 지내는 것이 좋은지에 대한 내용도 아울러 가르쳐주고 있다. 그것은 젊어서는 의욕적으로 여러 가지 일에 도전적인 삶을 사는 것이 바람직하고, 나이가 들게 되면 자신의 정신적 향상과 주변에 대해 보다 배려하는 삶을 사는 것이 좋다는 것을 보여준다. 이것이 흔한 말로 '나잇값'하며 살아가는 삶의 방식일 것이다.

흰 머리카락이 생기자마자 노인대접을 받으려고 하는 것이 아니라, 내적인 성숙됨을 살피라는 것이 이 비유가 주는 가르침이 아닐까 싶다.

날개를
가진 새

'자유롭게 저 하늘을 날아가도 놀라지 말아요'라는 노랫말이 있다. 인간은 예부터 하늘을 나는 새를 동경했다. 사실 우리가 사는 3차원의 세상을 제대로 사는 동물은 아마도 새가 아닐까 싶다. 인간은 비행기를 발명하기 이전에는 땅 위에서만 움직일 수 있었으니, 3차원의 세계에 살면서 이동은 면을 따라 이동하는 2차원적 세계에 머물러 있었다고 할 수 있다. 그러니 허공을 자유롭게 날아다니는 새를 동경하지 않을 수 없었을 것이다.

시문학이나 노랫말에 유난히 '새'가 등장하는 이유는 이렇듯 가고 싶은 곳은 어디든 갈 수 있는 자유의 이미지가 투사되어있기 때문이다. 그런데 새가 자유로운 것은 비단 하늘을 날 수 있다는 이유만은 아닐 것이다.

『맛지마 니까야』에 왜 새가 자유롭게 어디든 날아갈 수 있는지를 설명하는 대목이 나온다. 그 내용을 보면 다음과 같다.

마치 날개를 가진 새가 어디로 날아가든 날개를 유일한 짐으로 하고 하늘을 날듯 이처럼 수행자는 옷은 오직 몸을 보호하는 것으로 족하고 식사는 허기를 채우는 것으로 족하고 어디에 가든지 오직 이것들만을 지닙니다. 그는 고귀한 여러 가지 계율을 갖추고 안으로 허물이 없는 행복을 느낍니다.

_『맛지마 니까야*Majjhima Nikāya*』「산다까의 경Sandakasutta」중에서

인용문에서 나오듯이 새가 자유롭게 어디든 날아갈 수 있는 것은 새가 지닌 유일한 짐이 날개뿐이기 때문이다. 등 뒤에 짐을 싣고 날아가지 않으며, 입에 잔뜩 먹을 것을 물고 다니지도 않는다.

경전에서 부처님은 바로 수행자는 새와 같이 생활해야 한다는 점을 강조하고 있다. 새에게 유일한 짐이 날개뿐이듯이, 수행자에게 유일한 짐은 몸을 보호하는 옷가지(三衣)와 허기를 채우는 식사뿐이어야 한다는 것이다. 말하자면 소유가 없는 삶이 살 때, 새와 같이 어디든 자유롭게 다닐 수 있다는 것이다.

이사를 하다 보면 '참 짐이 많다'라고 느끼게 된다. 구석구석 처박아 두었던 짐들이 세상 밖 구경을 할 때면, 언제 이렇게 쌓아두었나 싶을 정도로 많이도 나온다. 그러면서 '사는데 이렇게 까지 필요한가?'라는 생각이 들기도 한다. 그러다 보니, 이사 한 번 하려고 하면 여러 사람이 고생을 해야 한다. 그리고 그 이삿짐을 정리하는 데 또 며칠이 걸린다.

소유하는 바가 많으면 그만큼 삶이 무거워진다. 굳이 나에게 필

요 없음에도 남을 주거나 버리지 못하는 것은 대부분 인색함 때문이다. 쓰지 않더라도 내가 갖고 있어야 마음이 편하다고 하지만 그것은 욕심의 또 다른 표현일 뿐이다. 알고 있는 교수님 중에 "지금까지 보지 않은 책은 앞으로도 보지 않는다"라고 하시며 책을 정리하여 후배들에게 주시는 분이 계셨다. 나누어주고 버리는 만큼 삶은 가벼워질 것이다.

재가의 삶을 사는 사람도 소유하는 바가 많으면 생각보다 삶이 부자유스럽게 된다. 하물며 출가하여 수행하는 수행자는 말할 필요도 없을 것이다. 소욕지족(少欲知足)의 삶, 그것은 바로 수행자가 평생을 지켜야 하는 삶의 모습일 것이다. 그리고 거기에다가 도덕적인 삶의 모습을 갖추게 되면 그것을 통해 어떤 허물도 없는 행복을 느끼게 된다고 부처님은 말씀하고 계신다.

소유가 미덕인 세상에서 적은 것에 만족하며 계율을 지키는 수행자는 분명 세상 사람들에게 존경의 대상이 될 것이며, 세상살이에 힘들어 하는 사람들의 훌륭한 스승이 될 것이다.

또 하나의 마침표를 찍으며

필자가 불교를 공부한 지도 20여 년이 되었다. 동국대학교 김호성 교수님과의 인연이 불교학자로서의 길을 걷게 된 계기였다. 필자에게는 선생님과의 인연이 인생의 터닝 포인트였던 것이다. 이후에도 선생님은 여러 방법으로 부족한 점이 많은 제자의 공부를 이끌어주셨다. 참 감사하고, 분에 넘치는 보살핌이다.

공부하는 과정에서 소중한 인연을 많이 만났다. 도반이라고 해도 좋을 것이다. 그 중의 한명이 법보신문사에서 데스크를 맡고 있는 이재형 기자이다. 늘 애정 있게 지켜봐주고, 이끌어준 형과 같은 존재이다. 이재형 기자와의 만남은 김호성 선생님이 이끄셨던 신행공동체라고 할 '백화도량'에서였다. 제기동에 있었는데, 그곳에서 1996년부터 2년 동안 숙식을 하며 같이 지냈다.

이 책은 이재형 기자의 권유로 시작된다. 2012년 어느 날 신문에 연재를 하지 않겠냐는 권유를 받았다. 사실 매주 글을 쓴다는 게 쉬운 일은 아니었고, 대중을 위한 글을 쓴다는 무게감에 망설였다. 그런 망설임을 다독이며, 연재를 시작할 수 있게 도와준 이가 이재형 기자였다. 이렇게나마 감사의 마음을 전하고 싶다.

불교는 종교이다. 믿음을 근간으로 한다는 말이다. 그래서 필자에게 불교는 학문적 대상이기도 하지만, 또 한편으로는 믿음의 대상이기도 하다. 그리고 그 가르침은 필자에게는 나침반의 역할을 한다. 길을 잃고 헤맬 때, 목적지로 올바르게 안내하는 목숨줄과도 같은 것이다. 한 해, 두 해 시간이 쌓일수록 부처님의 가르침이 새롭게 다가오고, 해석된다. 이전에는 막연했던 것들이 조금은 더 분명해지고, 풍부해짐과 동시에 경험해 보지 못한 무거움으로도 다가온다.

이 책의 내용은 부처님의 말씀을 기록한 경전에서 사용된 비유와 그 내용을 소개하는 형식을 빌어 필자 나름의 시각에서 다양한 문제들을 비판적으로 기술한 것이다. 동시에 어떻게 살아가야 하는지, 붓다의 가르침을 어떻게 이해해야 하는지에 대한 내용을 담고 있다. 그 내용은 필자가 사회를 바라보는 시선이자, 동시에 내 자신을 향한 비판이기도 하며, 필자의 불교에 대한 이해방식이기도 하다.

글의 내용 중 적지 않은 분량이 사회 문제에 대한 비판이다. 그런데 그 비판은 다른 사람들을 향한 것이 아니다. 사실은 필자가 나 스스로에게 하고 싶은 이야기들이다. 우리 사회에서 일어나는 문제들을 붓다의 가르침을 통해 해석하면서, 나를 비판하고, 경계하고, 질책한 것이 이 책의 내용인 것이다.

이 책은 2013년 1월부터 2014년 12월까지 법보신문에 연재되었던 글을 모아 수정하였고, 부족한 내용은 새롭게 써서 엮은 것이다. 연재 내용을 좋게 봐주시고 출판을 제안해 주신 '마음의숲' 대표님과 관계자 분들께 감사드린다. 글을 꼼꼼히 읽고, 지금의 현실과 맞지 않는 내용이나 부정확한 표현들을 수정하고 바로 잡아준 송희영 편집자와 고광표 디자이너에게도 깊이 감사드린다.

마지막으로 사랑과 감사의 마음을 담아 이 책을 돌아가신 아버지께 바친다.

2017년 봄을 기다리며
이필원

참고문헌

경전 원전

Aṅguttara Nikāya, 5 Vols. PTS

Dhammapada, PTS

Dhammapadaṭṭhakatha, PTS

Dīgha Nikāya, 3 Vols. PTS

Itivuttaka, PTS

Majjhima Nikāya, 3 Vols. PTS

Saṃyutta Nikāya, 5 Vols. PTS

Suttanipāta, PTS

경전 번역서

김서리 역주, 『담마빠다』, 소명출판, 2013.

김월운 옮김, 『증일아함경1~4』, 동국역경원, 2011.

이운허 옮김, 『대방광불화엄경4~5』, 동국역경원, 2013.

전재성 역주,『디가 니까야』, 한국빠알리성전협회, 2011.

전재성 역주,『맛지마 니까야』, 한국빠알리성전협회, 2009.

전재성 역주,『법구경 - 담마빠다』, 한국빠알리성전협회, 2008.

전재성 역주,『숫따니빠타』, 한국빠알리성전협회, 2013.

전재성 역주,『상윳따 니까야1』, 한국빠알리성전협회, 2006.

전재성 역주,『상윳따 니까야4』, 한국빠알리성전협회, 2007.

전재성 역주,『앙굿따라 니까야3』, 한국빠알리성전협회, 2007.

전재성 역주,『이띠붓따까 - 여시어경』, 한국빠알리성전협회, 2012.

기타 단행본 및 논문

y스토리 리버스 번역,『쇼펜하우어 따라잡기』, 이지출판, 2009.

구모이 쇼젠 지음, 이필원 옮김,『붓다와의 대화』, 심산, 2005.

김용옥,『논어 한글역주1』, 통나무, 2008.

사이먼 불랙번 지음, 고현범 옮김,『선』, 이소출판사, 2004.

스티븐 미첼 편저, 권지연 김영재 옮김,『부처가 부처를 묻다』,
      물병자리, 2011.

안도 오사무 지음, 인경스님 · 이필원 옮김,『심리치료와 불교』,
      불광출판사, 2011.

왕꾸어뚱 지음, 신주리 옮김,『장자 평전』, 미다스북스, 2005.

이용범,『불교가 정말 좋아지는 불교 우화』, 수희재, 2004.

이을호 역,『한글맹자』, 사단법인 올재, 2012.

이자랑·이필원,『도표로 읽는 불교입문』, 민족사, 2016.

한자경,『불교학연구 제6호』,「정도전의 불교비판에 대한 비판적 고찰」, 불교학연구회, 2003.

並川孝儀,『スッタニパータ』, 岩波書店, 2008.

"미처 기록하지 못한 인용문헌이 있을 수 있습니다. 그리고 본문 중에는 선생님들로부터 가르침을 받은 내용도 일부 포함되어있습니다. 일일이 적시하지 못한 점 널리 양해를 구합니다."

인생이 묻고 붓다가 답하다

copyright ⓒ 2017 이필원

글 이필원

1판 1쇄 인쇄 2017년 2월 1일
1판 1쇄 발행 2017년 2월 10일

발행인 신혜경
발행처 마음의숲

대표 권대웅
편집 송희영
디자인 고광표
마케팅 노근수

출판등록 2006년 8월 1일(105 - 91 - 03955)
주소 서울시 마포구 동교로 144 - 13(서교동 463 - 32, 2층)
전화 (02) 322 - 3164~5 | 팩스 (02) 322 - 3166
페이스북 facebook.com/maumsup
ISBN 979 - 11 - 87119 - 87 - 6 (03220)

마음의숲에서 단행본 원고를 기다립니다.
따뜻하고 생동감 넘치는 여러분의 글을 maumsup@naver.com으로 보내주세요.

이 도서의 국립중앙도서관 출판시도서목록(CIP)은 e-CIP홈페이지(http://www.nl.go.kr/ecip)와
국가자료공동목록시스템(http://www.nl.go.kr/kolisnet)에서 이용하실 수 있습니다.
(CIP제어번호: CIP2017001872)